NEW CHICAGO ARCHITECTURE

Redazione/Compilation: Anna Maria Pavan

Impaginazione e grafica/Catalogue layout and design:
Maurizio Casari, Anna Maria Pavan, Vincenzo Pavan

Traduzioni/Translations: Alessandra Battei, Cristina
Beghelli, Penelope Brownell, Vittoria Cortese, Michael
Haggerty, Studio TRS

Copyright © 1981 Museo di Castelvecchio, Verona (Italy)

First published in the United States of America in 1981
by RIZZOLI INTERNATIONAL PUBLICATIONS, INC.
712 Fifth Avenue, New York NY 10019

All rights reserved
No part of this book may be reproduced in any manner
whatsoever without permission from Rizzoli International
Publications, Inc.

LC 81-51493
ISBN 0-8478-0411-9

Printed by Cooperativa Nuova Grafica Cierre - Verona (Italy)

MUSEO DI CASTELVECCHIO, VERONA   GRAHAM FOUNDATION, CHICAGO

BEYOND THE INTERNATIONAL STYLE

NEW CHICAGO ARCHITECTURE

A cura di/edited by
Maurizio Casari, Vincenzo Pavan

RIZZOLI
CHICAGO

CATALOGO DELLA MOSTRA ALLESTITA A VERONA, 11 SETTEMBRE – 31 OTTOBRE 1981 PALAZZO DELLA GRAN GUARDIA/CATALOGUE OF THE EXHIBITION HELD IN VERONA, ITALY, SEPTEMBER 11 – OCTOBER 31, 1981, AT THE PALACE OF THE GRAN GUARDIA

Organizzazione della mostra/Organizers of the exhibition: Museo di Castelvecchio Verona, Graham Foundation Chicago

Curatori della mostra/Curators: Maurizio Casari, Virginio Ferrari, Vincenzo Pavan, Peter Pran

Coordinamento a Verona/Coordinators in Verona: Alba Di Lieto, Denise Modonesi, Ester Piras, Penelope Brownell

Coordinamento a Chicago/Coordinators in Chicago: Virginio Ferrari, Peter Pran

Allestimento mostra/Installation of the exhibition: Maurizio Casari, Vincenzo Pavan, Giovanni Meloni

Collaboratori/Collaborators: Gilio Albi, Michele Cillari, Fulvio Don, Sergio Frigo, Antonio Prando

Segreteria/Business and office staff: Rosanna Anderluzzi, Rachele Ferrari, Armando Munno, Giovanni Perina, Aldo Stella

Si ringrazia/Special acknowledgments: Carter Manny, Clevon Pran, Marisa Bertolini, Daniela Capodaglio, Marisa Ferrari, Antonella Grillo, Sergio Marinelli, Gian Maria Colognese, Fabrizia Maschietto, Roberto Pasini, Rosanna Vinciguerra, Corrado Crivellato, Cosimo Le Rose, Giovanni Meloni, Edda Foggini, Nadia Garonzi, Paolo Mancini, Michael Lake, Paola Nicolis, Pierpaolo Brugnoli, Massima Lauriola, Fabio Garriba Giorgio Lucchini, Sandra Villa

L'informazione su un ventaglio di esperienze, vasto e in un certo senso unitario, è lo scopo di questa rassegna.

L'unità del luogo e della formazione dei protagonisti permette, noi speriamo, di cogliere i nessi fra i diversi casi in esame, e sottolinea la continua vitalità dello spazio forse più tipicamente americano; alle spalle di questi giovani, ma già affermati architetti, non si può non sentire le presenze delle affascinanti personalità di Sullivan, di Wright e di Mies, in un rapporto dialettico, anzi talora di sferzante contrasto. Più si esamina il fenomeno che è stato denominato "post-modern", più si avverte che, come in ogni tentativo di individuare attraverso una sigla di movimento un complesso di situazioni e di personalità, anche in questo caso ci troviamo di fronte ad una multiforme realtà.

In questa nuova Chicago, il rapporto con il recente e meno recente passato è dunque esemplarmente avvertibile, in un capitolo di cronaca *in fieri*; ma non è nostro intento segnalare questo fenomeno come un modello paradigmatico, che anzi le vicende qui illuminate di scorcio rientrano in un contesto più vasto, del quale non mancheremo col tempo di seguire la fisionomia e gli sviluppi.

Il fatto che in un Museo si sia elaborata questa rassegna rientra d'altra parte in un concetto di Museo che dal nome illustre dell'architetto che l'ha rinnovato, alla quotidiana serie di attività che vi si svolgono, aspira ad un contatto vivo con l'attualità oltre che con il passato, aspetti inscindibili dell'attività culturale.

Licisco Magagnato

The scope of this exhibit is the presentation of an array of experiences, vast yet at the same time unified. The unity of place and of the formation of its protagonists permits us, we hope, to bring them together despite their diversities and to underscore the continued vitality of that artistic realm perhaps most typically American. Behind these young, but already acknowledged architects, one cannot help but feel the presence of the fascinating personalities of Sullivan, Wright and Mies: a logical, deducible relationship, although at times one of lashing contrasts. The more we examine the phenomenon called "post-modern," the more we realize that, as in every attempt to attach a label to a movement of complex situations and personalities, we are confronted by a multiform reality.

In this new Chicago, the relationship to the recent and not so recent past is, at any rate, clearly manifest. But it is not our intention to signify this phenomenon as some sort of model or paradigm; on the contrary, the factors and occurrences merely glimpsed at here are part of a much broader context whose characteristics and developments we can only follow with time. The fact that this exhibition has been prepared in a museum suggests the concept of the Museum as a place which, as in our case, from the illustrious name of the architect who renovated it down to the daily activities that go on there, aspires to a live contact with the present as well as with the past: inseparable aspects of cultural activity.

Licisco Magagnato

9

Chicago: prassi e memoria

Maurizio Casari, Vincenzo Pavan

Non è certo questa la prima volta che in Europa e in Italia ci si occupa dell'architettura di Chicago. Anzi, meno di dieci anni fa, proprio a Monaco in Germania, fu organizzata la mostra "100 Years of Architecture in Chicago, Continuity of Structure and Form" che avrebbe dovuto sottolineare la continuità storica tra le esperienze dell'architettura del passato e quelle attuali, e celebrare l'affermazione dell'"International Style" nella città più "architettonica" d'America. Esposta nel 1976 al Museum of Contemporary Art di Chicago, non ricevette soltanto consensi ma provocò anche polemiche e una contromostra dal titolo "Chicago architects", con la quale un piccolo gruppo di architetti di quella città volle evidenziare come il processo di sviluppo dell'architettura di Chicago non fosse stato lineare ma contraddittorio e discontinuo. Era la prima presa di posizione contro il cristallizzarsi della prassi architettonica intorno alla "maniera" di Mies Van der Rohe e l'incapacità di rapportarsi al ricco patrimonio di tipologie e di immagini che la storia di Chicago offriva.

Irrigidita nel formalismo astratto l'architettura del dopoguerra sembrava non aver saputo cogliere l'emergere di nuove idee in altre realtà degli USA e in Europa, particolarmente all'inizio degli anni Settanta, ed essere destinata ad un ruolo provinciale.

Dalla contestazione emersa in "Chicago Architects" alla presente mostra la situazione è radicalmente mutata e il "ritardo" con cui il complesso di fenomeni oggi denominati "post modern" l'ha attraversata, sembra averle giovato. Vedremo più avanti i motivi che ci fanno valutare positivamente tale ritardo, mentre ora vorremmo cercare di chiarire che senso ha oggi proporre, nella realtà italiana, una esperienza così lontana, non solo geograficamente ma anche culturalmente.

Se si considera il vasto panorama di correnti ed esperienze che hanno segnato la storia del "movimento moderno" di architettura, appare innegabile il ruolo determinante avuto da Chicago nella diffusione di linguaggi e modelli, non solo negli Stati Uniti d'America ma anche, e in misura rilevante, in Europa. Sarebbe anzi più corretto parlare di un fitto intreccio d'influenze nei due sensi che, come documenta nel suo saggio John Zukowsky, ha attraversato più volte l'oceano, contribuendo al reciproco sviluppo della cultura architettonica nei due continenti. Basti ricordare alcune delle tappe più significative di questo scambio: come l'influenza avuta dall'Ecole de Beaux Arts che ha permeato l'opera dei principali architetti della prima Scuola di Chicago e il piano di Burnham del 1909; mentre il linguaggio di Frank Lloyd Wright ha trovato ampia diffusione in Europa – particolarmente dopo che fu pubblicata la sua opera dall'editore Wasmuth di Berlino, nel 1910 – incrociandosi con le esperienze delle nascenti avanguardie europee, in particolare con la corrente neoplastica. Per non parlare del duplice scambio Europa-America-Europa, avvenuto tramite Mies, per il modello di grattacielo "a scatola" di Berlino, che fu importato a Chicago nel '37 e successivamente imposto nei modi dell'"International Style" sino a ritornare in Europa sotto la spinta dell'espansione economica e culturale americana.

Ora è bene precisare che l'influenza dell'architettura di Chicago in Europa, e in Italia, non si è diffusa soltanto

Chicago: Praxis and Memory

Maurizio Casari, Vincenzo Pavan

This is certainly not the first time that an interest in the architecture of Chicago has been expressed in Italy or Europe. In fact, less than ten years ago the historic exhibition, *100 Years of Architecture in Chicago: Continuity of Structure and Form,* was organized in Munich. It sought to underscore the historical continuity between the architecture of the past and that of the present, and to celebrate the affirmation of the International Style in that most "architectural" of American cities. Transferred, in turn, to the Museum of Contemporary Art in Chicago in 1976, the exhibit did not meet with critical consensus. Rather it provoked sufficient polemics to be disputed by a counter-exhibit entitled "Chicago Architects", in which a small group of architects from Chicago set out to demonstrate that the development of the architecture of their city had not been so simple and linear, but indeed highly complex and discontinuous. This was the first instance of a critical-historical position that opposed the crystallizing of architectural method around the manner of Mies van der Rohe as well as the failure to utilize the rich patrimony of forms and types which the city offered. Rigidly set within an abstract formalism, the architecture of post-war Chicago, particularly in the early 1970's, seemed unable to avail itself of new ideas emerging elsewhere in the United States and Europe, and to have become isolated in its "provincial" role.

Since "Chicago Architects" contested this situation, things have changed radically, and the delay with which the whole complex of phenomena today called "post-modern" was accepted now seems to have been put to good use. We will see below the reasons why we evaluate this delay positively. First, however, we will attempt to show what sense it makes, from our present vantage point in Italy, to present an experience that is so distant to us both geographically and culturally.

If we consider the vast panorama of currents and experiences which have marked the history of the modern movement in architecture, the determinant role of Chicago in the diffusion of its language and forms, not only in America but also to a notable degree in Europe, appears undeniable. Indeed it would be more accurate to speak of a dense interlacing of influences which have crossed the Atlantic numerous times, stimulating reciprocal developments in the architecture of both continents. To cite a few of the more significant examples of this exchange, we might recall how the Ecole des Beaux Arts traditon of Paris permeated the work of the major architects of the first Chicago school and influenced the Burnham plan for Chicago in 1909. At the same time, the architectural vocabulary of Frank Lloyd Wright became widely diffused in Europe, above all following the publication of his work by the editor, Wasmuth, in Berlin in 1910; this it crossed with nascent European avant-garde trends, particularly that of Neoplasticism. Or there is the famous double exchange brought about by Mies, who imported the Berlin model of the box-shaped skyscraper to Chicago in 1937. There it became implanted in the mode of the International Style and then returned to Europe under the thrust of American economic and cultural expansion.

To be precise, the interest in Chica-

nell'area specifica della produzione dell'architettura, ma è stata talmente divulgata anche tramite i mass-media da proporsi come modello universalmente valido fino a penetrare profondamente nel gusto di larga parte della gente.

Ci riferiamo alla diffusione avvenuta in Italia e in altri paesi della "maniera" di Wright e di Mies, soprattutto negli anni Cinquanta/Sessanta in conseguenza della linea culturale di alcune università e di prestigiose riviste di architettura europee. Si può dire che il meglio della cultura architettonica italiana di quegli anni si confrontava sui temi dei due Maestri: ma se si volesse trarre un bilancio della divulgazione di quelle esperienze, esso ci porterebbe inevitabilmente ad evidenziare il meccanicismo e il formalismo con cui quei modelli si imposero in nome della "conquista dello spazio organico" e del "rigore funzionalista".

Dell'architettura di Chicago si erano assunte le innovazioni formali, tipologiche e spaziali, o le proposte tecnologiche, ma non si era compreso che queste nascevano dalla specifica realtà americana, ove elementi della tradizione, costruttiva e formale e le sue stesse contraddizioni, vi erano profondamente radicate. Pertanto il valore e il senso di quelle esperienze stava proprio nell'aver saputo incarnare quella società. Le conseguenze di una distorta e superficiale interpretazione di quella realtà si possono cogliere nelle tipologie edilizie unifamiliari, disseminate nelle periferie urbane o nelle numerose costruzioni per uffici che sono sorti negli ultimi decenni nelle aree centrali e direzionali delle nostre città.

Solo di rado la complessità del rapporto tra realtà locali e nuovi linguaggi è stata colta in Italia. È il caso di Carlo Scarpa, forse il più vicino allo spirito della scuola di Chicago tra gli architetti italiani: nel senso che ha saputo permeare la sua opera di contributi eterogenei ma efficacemente compenetrati in un discorso architettonico unitario, volto a cogliere con profonda adesione la tradizione colta o vernacolare delle nostre città e campagne. L'ultimo suo lavoro, la *Banca Popolare di Verona,* è in questo senso emblematico: non a caso quest'opera, come quelle più recenti, sta suscitando un grande interesse tra gli architetti americani e di Chicago in particolare. Il suo indirizzo ci sembra sia quello verso cui muove anche la nuova architettura di Chicago.

L'opera dei quindici architetti che proponiamo nella presente rassegna testimonia, pur nelle diverse personalità ed impostazioni, un comune *background.* La lezione di Robert Venturi, Michael Graves, Charles Moore o altri tra i più interessanti innovatori del linguaggio architettonico americano, viene qui assorbita e riproposta partendo da una pregnante realtà locale. Gli architetti che in questi anni si sono impegnati a Chicago per rinnovarne l'architettura hanno scavato in profondità nella vasta materia di tipologie, memorie e suggestioni che questa città ha prodotto nei più fecondi cento anni di storia della sua architettura. Questa riappropriazione del passato avviene spesso tramite codici della "tradizione" pop, del "fuori scala", della enfatizzazione e dell'ironia dell'abitudinario. Ma a Chicago due fattori garantiscono a questi architetti una qualità di opere affatto peculiare. Da un lato l'introiezione del proprio passato architettonico, di altissimo livello, dall'altro una consuetudine alla prassi e al pragmatismo che non consente fughe in avanti o tagli netti con uno "status" ben consolidato. Per stare sulla terra possiamo dire che la realtà sociale e il conformismo dei ceti di potere di questa città, in cui come ricorda Jencks in una efficace immagine

go architecture in Europe and here in Italy has not been realized merely in terms of architectural activity and production. Rather, Chicago images have become so completely diffused, even via the mass media, that they have acquired the legitimacy of universally valid models, commanding the taste of a large part of the public.

We are referring to the spread in Italy and in other European countries of the styles of Wright and Mies, especially in the 1950's and 1960's, via their inclusion in university courses and the cultural line assumed by prestigious European architectural journals. It might be said that the best Italian architectural culture of those years addressed the themes of these two masters. But if we attempted to weigh the evidence of the divulgation of those experiences, the scales would invariably tip towards the mechanistic characteristics and the formalism with which those models dominated in the name of the "conquest of organic space" and functionalist rigor.

Although the formal, typological, spatial and technological innovations of Chicago architecture were adopted here in Europe, it was never understood how deeply they were rooted in the specific nature of the American city, nor that even the formal and structural contradictions of Chicago architecture reflected the American urban experience. The consequences of a distorted, superficial interpretation on the part of Europeans can be seen here in Italy in the single-family housing on the outskirts of our cities, or in the numerous office buildings and complexes which sprang up in the last few decades.

Only seldom has the complexity of the relationship between local exigencies and new architectural vocabulary been grasped in our country. This is the case with Carlo Scarpa, perhaps the closest of all Italian architects to the spirit of Chicago. Scarpa has found a way to imbue his works with heterogeneous elements which reveal at once his love of Wright and the Chicago school. Yet he also adheres to the classic and popular architectural traditions of our cities and countryside. His latest work, the *Banca Popolare di Verona,* is symbolic of this heterogeneity; not by chance it and other recent works have stimulated great interest among American architects, Chicagoans in particular. It seems to us that Scarpa and the new architecture of Chicago are currently moving in the same direction.

The work of the fifteen architects exhibited here attests to the diversity of personalities and attitudes within a common background. The lesson of Robert Venturi, Michael Graves, Charles Moore, or others of the more interesting innovators in America, has been absorbed and reproposed from a strongly local point of departure.

The architects who in recent years have dedicated themselves to a renewal of Chicago architecture, have excavated deeply among the vast remains of forms, memories and suggestions which the city has offered in 100 fecund years of architectural history. This reappropriation of the past has often occurred via such "Pop" notions as disproportions of scale and ironical insistence on habit and the commonplace.

In addition, two other factors assure an emphatic peculiarity to the work of Chicago architects: on the one hand the interjection of Chicago's own architectural past, on the other a habitual propensity for the pragmatic method, which does not consent to flights of fancy from the status quo. Social reality and the power structure of Chicago (where, as Jencks states, tolerance of the individual was not very

del suo saggio «la tolleranza generale dell'individuo non vi è molto diffusa, il pluralismo non è molto profondo», hanno reso assai cauto e "reticente" il passaggio a una nuova architettura. Ma proprio questa cautela, a nostro avviso, ha consentito loro una riflessione più profonda sui mutamenti che si sono manifestati in altri centri degli Stati Uniti o dell'Europa, e ha evitato una superficiale e precipitosa irruzione nel "post-modern". Si può anzi dire che la "restituzione" di tipologie contenenti una grande forza di immagine come i tradizionali grattacieli americani, avviene, come osserva Klotz, «passando attraverso Mies».

In realtà tutta la nuova architettura di Chicago è ancora permeata della presenza miesiana e il distacco da Mies è avvenuto non per rottura ma per successive sottrazioni alla sua influenza, conservandone invece il patrimonio di esperienze tecnologiche. Anche la suggestione per le forme archetipe, provenienti da culture diverse, è qui filtrata attraverso i moduli di un ben radicato linguaggio costruttivo ormai profondamente acquisito nella prassi degli architetti.

La restituzione di "immagine" e "personalità" agli edifici che la nuova architettura di Chicago propone passa prima di tutto attraverso il recupero dell' "architettura disegnata", caratteristica questa comune a tutte le espressioni del "post-modern", ma in questo caso presente con ricchezza e forza di persuasione degne della migliore tradizione di Chicago. Tuttavia, il recupero del passato più che verso Sullivan o Wright sembra orientato verso ricerca di tratti "dimenticati" dell'architettura di quella città, come l'Art Deco e gli edifici "senza storia" degli anni Venti e Trenta.

Vi è un risvolto, in questo recupero di identità, che a noi preme sottolineare. Si tratta di una sensibilità affatto nuova per il riuso di ciò che rimane del tessuto storico della città.

In Chicago, che ha visto distrutta la sua area centrale da un gigantesco incendio nel 1871, la nozione di storico si sposta molto in avanti nel tempo, almeno fino agli anni Trenta. Alcuni dei progetti esposti evidenziano la tendenza al recupero di edifici di medio interesse architettonico presenti nella maglia del Loop che furono costruiti nei primi anni del secolo e originariamente destinati a magazzini, tipografie, ecc. Tale impegno rappresenta una importante novità per Chicago ove si è soliti compiere la sostituzione degli edifici obsoleti, anche di grande importanza storica, come la *Old Stock Exchange* di Sullivan, sacrificando all'interesse economico episodi importanti della sua storia architettonica.

Con questi interventi Chicago pone anche l'attenzione su un problema per noi importante ma non ancora acquisito, almeno istituzionalmente: riconoscere il valore di immagine all'architettura dell'epoca industriale e alle aggregazioni di certe zone suburbane, formatesi dallo sviluppo di intelligenti tipologie abitative o produttive.

Questa mostra può avere un senso per noi solo se, al di là della suggestione delle immagini, sapremo coglievi il significato e l'originalità dello sforzo di questi architetti: la capacità di rinnovarsi attingendo alla propria storia, recuperando l'identità della propria architettura e della propria città, anche a costo del ridimensionamento di miti che fino a ieri sembravano intoccabili. Questo è il significato racchiuso nella provocazione di Tigerman, *L'affondamento del Titanic*, questo è il senso della conclusione di Norberg-Schulz che noi condividiamo: «Il valore della nuova architettura di Chicago non risiede nel recupero di immagini architettoniche *per sé* ma nel loro uso localmente utile.»

widespread and pluralism did not run very deep) have upheld conformity and rendered the passage to a new architecture cautious and reticent.

Precisely this caution, in our opinion, granted a more profound reflection on the changes taking place in other cities in the United States and Europe, and helped avoid a superficial and precipitous irruption of the "postmodern" in Chicago. Indeed we might say that the "restitution" of such visually forceful building types as the traditional American skyscraper came about, as Heinrick Klotz observes, through Mies. In reality, the presence of Mies still pervades all the new architecture of Chicago. The detachment from Mies has resulted not from a break with him, but from the progressive withdrawal from his influence: conserving intact, hower, his legacy of technological experience. Even the suggestion of archetypal forms of diverse cultural origins is filtered through a firmly rooted structural language and praxis.

The restitution of image and personality to the new Chicago buildings results primarily from the recovery of "rendered" forms. These forms are characteristic of all post-modern expression, but now they are presented with a richness and persuasive force typical of Chicago. Anyway, the recovery of the past seems more oriented toward the search for forgotten traits and features, such as Art Deco and the history-less buildings of the 1920's and 1930's, than towards its masters, Sullivan and Wright. Or it is directed towards a reinterpretation of classical and vernacular types such as the townhouse.

Finally there is yet another aspect to this recovery of the city's identity which we wish to stress: a quite new sensibility for the reuse of what remains of the historic fabric of the city. In a city like Chicago, which saw its center destroyed by a gigantic fire in 1871, the notion of "historic" is of course rather pushed forward in time, up to the 1930's at least.

Some of the projects on this exhibition disclose the tendency to recuperate buildings of middling architectural interest that are situated in the Loop area, buildings erected in the early years of the century and originally destined as warehouses, printing shops, etc. Such dedication to restoration represents an important turnabout for Chicago, where it once was customary to substitute obsolete buildings, even those of historic importance, such as the *Old Stock Exchange* of Sullivan, sacrificing them to economic interest.

With these interventions on behalf of salvaging the past, Chicago calls our attention to a problem which is important for us even if not yet taken on by the institutions: the recognition of the value of the architectural appearance of our cities in the industrial age, and the concern for the development of intelligent building plans and types, whether for habitation or business, in our suburbs.

This exhibit can have sense for us only if we can see beyond the mere suggestion of architectural images and grasp the significance and the originality of these architects. We must generate their capacity for renewal that draws upon local history, recovering the identity of our own architecture and our own cities, even at the risk of challenging myths which only yesterday seemed untouchable. This is the intention behind the provocation of Stanley Tigerman's *Sinking of the Titanic* and it is what Christian Norberg-Schulz means – and we fully agree – when he states that the value of the new Chicago architecture does not lie in the recovery of images *per sé* from the architectural past, but in their meaningful local application.

15

Il classicismo post-moderno di Chicago: l'universalismo fra Mies e il "Free Style"

Charles Jencks

In alcuni periodi della storia il classicismo, come il cattolicesimo, ha preteso di essere universale. Infatti, come il modernismo di Gropius e Mies van der Rohe, esso ebbe (e ha tuttora) grandi pretese, perfino ideali imperialisti che cercano di convincere altre culture della sua applicabilità universale. Ecco perciò la presenza dello stile classico nelle colonie greche, così come il classicismo coloniale in India e in America. Un classicista dell'Ottocento potrebbe chiamare il suo stile, alquanto pomposamente, "eterno"; un teorico, come Choisy e Gaudet, avrebbe cercato di indicare gli archetipi (o "elementi") di base che sono comuni a tutta l'architettura ma che uno stile classico (soprattutto nelle sue fasi "classiche") rende in espressioni semplici e belle; un poeta come Paul Valery avrebbe potuto sottolineare la perfezione ottenuta attraverso l'evoluzione di un archetipo verso la sua essenza intrinseca (come se ci fosse veramente in atto una qualche entelechia); e poi un polemico come Le Corbusier poteva trasformarla in una teoria dell'evoluzione culturale, e dire che si può risolvere il problema della perfezione con il costante raffinamento di uno "standard". A qualche punto in ogni *revival* classico troviamo questi ideali che spingono gli architetti ad esprimere la soluzione astratta, perfetta ed universale di un problema.

Vengono soppresse le caratteristiche individuali, idiosincratiche, temporali e locali. Se uno crede veramente in

Christian H. Grosch, 1, THE UNIVERSITY, Oslo, 1851-54

2, NORWEGIAN "LOFT", Rotshus, 1754
Charles Atwood and Daniel H. Burnham, 3, RELIANCE BUILDING, Chicago, 1894-95

Chicago Post-Modern Classicism: Universalism between Mies and Free Style

Charles Jencks

At several periods in history classicism, like catholicism, has claimed to be universal. Indeed like the modernism of Gropius and Mies van der Rohe it had (and has) grand pretensions, even imperialistic ideals, which seek to convince different cultures of its universal applicability. Hence the classical style in Greek colonies, hence the colonial classicism of India and America. A 19th century classicist might call his style, rather pompously, "eternal"; a theorist such as Choisy or Guadet might point to underlying archetypes (or "elements") which all architecture has but which the classical style (especially in its "classic" phases) makes into simple and beautiful statements; a poet such as Paul Valery might stress the perfection achieved by the evolution of an archetype towards its inherent essence (as if there "were" some entelechy at work after all); and then a polemicist such as Le Corbusier might turn this into a theory of cultural evolution and speak of solving the "problem of perfection" by the constant refining of a "standard". Somewhere in every classical revival there are these ideals driving the architects on to express the abstract, perfect and universal solution to a problem.

The individual, idiosyncratic, timebound and regional are all suppressed. If one really believes in this universalism, he stops calling it classicism or modernism and terms it simply Architecture (with mandatory capital A).

17

questo universalismo, la smetta di chiamarlo classicismo o modernismo e lo chiami semplicemente Architettura (con la "A" maiuscola per forza).

Potremo vedere in seguito quanto siano radicate e locali queste soluzioni, ma al momento sembra una unione di ragione e tecnologia pura ed estetica (fig. 1)[1]. C'è un'altra versione più permissiva e pluralista di questo universalismo, paragonabile al regionalismo che si trova nella chiesa cattolica. Secondo questa interpretazione del "Free Style" gli archetipi universali esistono ugualmente, ma c'è una maggiore possibilità di manipolarli. Possono venire realizzati con materiali nuovi, essere combinati con stili esotici per produrre un ibrido, essere maggiorati o diminuiti fino al punto di divenire quasi irriconoscibili. Infatti le distorsioni nel classicismo del "Free Style" possono essere così grandi che si potrebbe preferire un neologismo o un termine nazionale all'alternativa di identificare gli elementi classici. È questa la strada solitamente scelta da quegli storici che si riferiscono a certe cose come "romanico", "stile vichingo", o Art Deco, malgrado tutti e tre quegli stili usino archetipi classici fondamentali e anche parti di un vocabolario classico (fig. 2)[2].

Nell'analizzare l'architettura recente di Chicago ci riferiremo a due tipi di classicismo: il canonico e il "Free Style", il generico e l'eclettico, o, secondo il gergo di Al Capone, dritto e storto. Gli architetti più impegnati di Chicago sono sempre stati capaci di adottarli entrambi.

Charles Atwood e Daniel H. Burnham furono capaci di produrre un discreto esempio, anche se noioso, di classicismo accademico nella loro *Hall of Fine Arts*, 1893, ma poi esasperarono il linguaggio fino al punto di rottura nel loro *Reliance Building* del 1894-95 (fig. 3)[3]. Qui possiamo appe-

na parlare di divisione classica tripartita in base, colonna e capitello, e soltanto per poco richiamare la trabeazione classica nell'espressione orizzontale e verticale della struttura tipica di Chicago. La decorazione applicata, risplendente di terracotta chiara e dissolvente la superficie, come pure gli stretti e verticali costoloni, la denota come classicismo gotico. Quindi l'edificio, che gli storici del modernismo come Siegfried Giedion hanno sempre preferito all'altro più strettamente revivalistico, dimostra pure di avere una parentela classica, anche se "storta". Può darsi che uno dei benefici del presente periodo classico sia di permetterci di godere nuovamente tali edifici ma per ragioni nuove. Certamente il post-modernismo ha forzato una generale rivalutazione dei pre-modernisti, cioè la generazione appena precedente quella degli anni Venti e quindi riusciamo a trovare motivi nuovi per apprezzare il lavoro di Mies prima che diventasse modernista.

Perls House (Berlino, 1911) di Mies, o il suo progetto per la *Kröller House*, 1912, sono entrambe versioni scarne e sottili di un classicismo alla maniera di Schinkel che ci possono ricordare dei lavori attuali di James Stirling, che è ugualmente severo nel suo metodo di riduzione. Questa maniera di lavorare potrebbe essere vista come il padre dell'attuale classicismo reticente che vuole essere molto riservato circa le sue parentele e le sue intenzioni. Per esempio, gli ampliamenti di Stirling alla *Rice School of Architecture* quasi spariscono dentro il neoromanico che le circonda e ciò è voluto, a parte l'occasionale ritmo sincopato o gli strani coni di luce o i "pilastri" manieristi (fig. 4)[4]. Le intenzioni sono ovviamente quelle di essere contestuale e perciò il complesso viene completato e non rotto dal nuovo edificio. Ma a questo punto possono sorgere dubbi.

Quanto deferenti al contesto dobbiamo essere prima che la reticenza diventi accomodante o noiosa, o conformista, o tutti questi peggiorativi che i modernisti hanno scagliato contro i loro avversari per trent'anni? È un vero problema, soprattutto per una professione che viene pagata per la creazione di immagini ripetitive e conformiste. È in questo contesto che bisogna considerare il recente classicismo di Chicago, e possiamo cominciare guardando la versione canonica, dato che questa tradizione è la più reticente e controllata nell'uso del linguaggio architettonico.

Il maestro indiscusso di quest'approccio è, almeno per me, Thomas Beeby. Il suo *Townhouse Project*, 1978, è un primo esempio della nuova sintesi tra modernismo e classicismo e si può descriverla in tutti e due i modi (fig. 5)[5]. Si potrebbero ammirare i fori circolari che ruotano attorno all'arco superiore come ruote bramantesche, o la serie stratificata di figure positive e negative che attraversano l'edificio con la consistenza delle strutture prussiane di Mies. Un modo di descriverla sarebbe nel dire «Mies che rifà Palladio invece di Schinkel», e questa congiunzione di nomi sembra inevitabile. Mies è stato il Palladio, il sistematore estetico della sua epoca e, quindi, Beeby non sembra fare altro che seguire questa logica fino in fondo. Ma a parte gli archetipi ("il" cerchio; "la" lunetta ecc.), c'è un uso inventivo dello spazio che crea un ritmo orizzontale A, B, A, e un ritmo verticale A, B, B, A, C. Questi ritmi sincopati vengono suggeriti anche sulla facciata che indica i veri contro-ritmi A, B, A. Nella cantina-/grotta della costruzione troviamo una bestia completamente non-miesiana, una faccia d'inferno, che ci costringe a menzionare elementi non-sintattici.

Beeby, lo si sente, sta per impegnarsi con l'ornamento e con la metafora,

We may, afterwards, see how rooted and local these solutions are, but at the time they seem a pure, aesthetic conjunction of reason and technology (fig. 1)[1]. There is another, more permissive and pluralistic version of this same universalism, comparable to a regionalism within the Catholic church. Under this Free Style interpretation the universal archetypes are also seen to exist, but there is much greater latitude in their manipulation. They may be realised in local or new materials, they may be combined with exotic styles to produce a hybrid, they may be enlarged or shrunken in scale so as to be almost unrecognisable. Indeed, so great may the distortions be in Free Style classicism that one may prefer a neologism or national appellation to the alternative of identifying the classical elements. This is the course usually adopted when historians refer to such various things as Romanesque, Viking Style or Art Deco, in spite of the fact that all three use basic classical archetypes and part of a classical vocabulary (fig. 2)[2].

In analysing recent Chicago architecture we will make use of the two kinds of classicism: the Canonic and Free Style, the generic and eclectic or, in the local argot of Al Capone, the straight and the crooked. Most good Chicago architects have always been able to do both. Charles Atwood and D.H. Burnham could produce a reasonable, if somewhat dull, essay in academic classicism for their *Hall of Fine Arts*, 1893, but then stretch the language to breaking point with their *Reliance Building* of 1894-95 (fig. 3)[3]. Here we may *just* speak of a classical tripartite division into base, shaft and capital, and only *barely* recall a classical trabeation in the horizontal and vertical expression of the Chicago frame. The applied decoration, glistening in cream terra cotta and dissolving the surface, marks it as Gothic classicism, as do the thin vertical ribs. And so the building, which modernist historians such as Siegfried Giedion have always preferred to the straight revivalist one, also turns out to have a classical ancestry, even if a "crooked" one. Perhaps a side benefit of the present classical period is that it allows us to once again enjoy such old favorites but for new reasons.

Certainly post modernism has forced a general revaluing of premodernists, the generation just prior to that of the twenties, and so we can find new motives for appreciating the early Mies before he went modern. Mies's *Perls House*, Berlin 1911, or his project for the *Kröller House*, 1912, are both sparse, understated versions of a Schinkelesque classicism that remind one of James Stirling's present work, equally severe in its reductions. We might term this the father of the present reticent classicism which wants to be very quiet about its parentage and cool about its intentions. Stirling's additions to the *Rice School of Architecture*, for instance, almost disappear into the background Neo-Romanesque (and are intended to do so) except for their occasionally odd syncopations, strange lighting cones, or mannerist "pilasters" (fig. 4)[4]. The positive intentions are obviously contextual, the campus is being completed, not fractured by a new building. But doubts may arise at this point. How deferential to the context must one be before the reticence becomes accomodating, or dull, or conformist, or all these pejoratives which modernists hurled at their adversaries for thirty years? It is a real problem especially for a profession which is paid to create images of repetition and conformity. Against such considerations the recent Chicago classicism has to be seen, and we might start by looking at the canonic variety, for this tradition is the most reticent and cool in its use of architectural language.

The undoubted master of this approach is, for me at any rate, Thomas Beeby. His *Townhouse Project* of 1978 was an early example of the new synthesis of modernism and classicism, describable in both terms (fig. 5)[5]. One might admire its circular voids whipping around the top arch like Bramantean wheels, or the layered series of positive and negative figures which march through the building as consistently as the Prussian structures of Mies. «Mies doing Palladio instead of Schinkel» is one way to describe it, and how inevitable this conjunction of names seems to be. Mies was the Palladio, or aesthetic systematiser, of his age and so Beeby seems to be doing nothing more than following the logic of this proposition through to its end. Yet of course, aside from the archetypes, (*the* circle, *the* fanlight etc.) there is an inventive use of space which syncopates in an A, B, A rhythm horizontally and A, B, B, A, C rhythm vertically. These syncopations are suggested on the front, which also indicates the real A, B, A cross rhythm. In the basement-grotto of the building is a very un-Miesian beast, a Hades face, which forces us to mention non-syntactic elements.

Beeby, one feels, is about to engage ornament and metaphor, but as yet has not fully done so. He has written brilliantly on the ornament of modernists such as Le Corbusier and Mies, and he told me in 1979 he awaits a programmatic imperative before he will design ornament. Thus his *Tri-State Center* has only a structural ornament of round pilasters and square windows, a suppressed *Serliana* in the center entrance, and topmost shells (which were never built). For all its

4

5

6

James Stirling and Michael Wilford, 4, RICE UNIVERSITY SCHOOL OF ARCHITECTURE, Houston, 1980-81

Thomas Beeby, 5, CHICAGO TOWNHOUSE GRAHAM FOUNDATION COMPETITION, Chicago, 1978 Plastico/model

6-7, TRI-STATE CENTER, Northbrook, Illinois, 1978-79

ma finora non l'ha fatto. Ha scritto brillantemente sull'uso dell'ornamento da parte di modernisti come Le Corbusier e Mies, e nel 1979 mi ha detto che per progettare l'ornamento dovrà esservi costretto dal programma costruttivo. Perciò il suo *Tri-State Center* ha un'ornamentazione strutturale, costituita solo da pilastri rotondi e da finestre quadrate, da una profonda serliana sull'ingresso centrale e da conchiglie in alto che non sono mai state costruite. Per tutta questa enfasi posta sugli archetipi classici come la colonna rotonda, il cerchio e il quadrato, potrebbe trattarsi della realizzazione di un altro edificio modernista per uffici (figg. 6, 7)[6,7]. Gli elementi dei marcapiano e delle finestre si ripetono senza nessuna gradazione verticale o orizzontale. È vero che percepiamo il tentativo di emergere di una proto-ornamentazione, come sentiamo l'inizio della colonna o della trabeazione, alle quali tuttavia non è mai permesso di farlo. Di positivo ciò ha una sobrietà eroica e puritana, di negativo una timida reticenza.

Dobbiamo allora lodare Beeby per la sua *gravitas classica* o biasimarlo per la noia? Possiamo, e probabilmente faremo entrambe, a seconda del nostro umore e dell'architettura regolare che abbiamo recentemente sperimentato. E questo contestualismo di una diversa sorte di giudizio architettonico indica il fatto ovvio che giudichiamo un edificio tramite i suoi rapporti con altri e con l'ambiente. Quando quest'ultimo diventerà strapieno di uffici regolari, simmetrici e tendenti al ponderoso (come tutti i classicisti di Chicago sembrano volere) torneremo con piacere a quelle costruzioni leggere, prodotte dagli architetti degli anni Trenta (Fuller, Goldberg e i Keck).

Il classicismo americano ha sempre avuto una qualità secca, precisa e *hard-edge* se lo si paragona alla con-

troparte europea. Questa tendenza "precisista" che si può identificare, per esempio, nel "Lincoln Memorial" di Henry Bacon, 1922, è stata posta in luce da Vincent Scully. Lo stesso stile sicuro caratterizza quei classicisti che erano seguaci di Mies. Laurence Booth, per esempio, distende strisce bianche ed argentee su una superficie di stucco e di vetro, come negli anni Venti, solo che ora le forme specifiche sono classiche e non "International Style". Nella *Lione House* i marcapiani e la chiave di volta sono delineati in modo meccanico, e gli archi scuri, nudi e piatti, delle finestre rendono questa finestra palladiana una astrazione meccanica. Dietro questa maniera fredda sembra porsi l'artista Frank Stella e il suo amico architetto *hard-edge*, Richard Meier. La *Adams Road Villa* di Booth è un altro incrocio reticente fra alcune figure meccaniche e una serie di archetipi classici: la pianta simmetrica, l'esedra, la loggia e le forme di Philon (figg. 9, 10)[9,10]. Ed ecco il Mies della *Kröller House* e i pre-modernisti come Loos che respingevano l'ornamento (Booth castiga il periodo *tail-fin* del classicismo postmoderno). È pur vero che i conci e la chiave di volta si distendono sopra l'arco d'ingresso, ma altrimenti il classicismo è sommerso e regolarizzato. A questo proposito bisogna ricordarsi dell'idea del "classicismo storico" di J.J.P. Oud, basato sui "metodi meccanici di produzione" e inoltre dell'estetica dell'integrazione armoniosa (Alberti). Booth, come Oud, potrebbe dire: «Tutta la decorazione è superflua, il mero compenso esterno per l'impotenza interna», secondo il suo punto di vista generalizzante degli anni Ottanta (e tenendo conto del suo fare della decorazione lineare).

Nel suo manifesto *Gentle Synthesis* (1981) enfatizza il generale e il collettivo nella buona maniera di De Stijl:

emphasis on the round column, circle and square, that is, classical archetypes, it could be just another modern, extruded office building (figs. 6, 7)[6,7]. Floor and window elements repeat without horizontal or vertical gradation. True, a proto-decoration is trying to get out of the construction, as we feel the beginnings of column and entablature, but it is never allowed to do so. Positively this has a heroic, fundamentalist sobriety, negatively a timid reticence. Should we praise Beeby for his classical *gravitas*, or fault him for the boredom? We can, and probably will, do both in turn depending on our mood and how much regular architecture we have recently experienced. This contextualism of a different sort, of architectural judgement, points to the obvious fact that we judge a building by its relation to others and by the statistical mix of the environment. When it becomes too filled with regular, symmetrical offices of a slightly grand type (as all the Chicago classicists seem intent on filling it) then we will welcome back those lightweight structures which the Chicago architects of the thirties produced (Fuller, Goldberg and the Kecks).

American classicism has always had a brittle, precise, hard-edge quality when compared with its European counterpart. Vincent Scully has identified this "precisionist" strain which we can see, for instance, in Henry Bacon's *Lincoln Memorial*, 1922. The same crisp style characterizes these classicists who used to be Miesians. Laurence Booth stretches thin white and silver trim over a taut skin of stucco and glass, as if it were still the twenties, but now the specific forms happen to be classical, not International Style (fig. 8)[8]. The *Lione House* etches floor lines and keystones in a mechanical way, and the dark blank flatness of the window arches make

this Palladian window into a machine-tooled abstraction. Frank Stella and his hard-edge architect friend Richard Meier seem to be behind this cool manner. Booth's *Adams Road Villa* is another reticent cross between a thin mechanical imagery and set of classical archetypes: symmetrical plan, exedra, loggia, and Phileban forms (figg. 9, 10)[9,10]. Here is the Mies of the *Kröller House*, here are the pre-modernists such as Loos who spurned decoration. (Booth chastises the "tail-fin period" of post-modern classicism.) It is true that voussoirs and keystone flare out over an entrance arch, but otherwise the classicism is subdued and universalised. One must recall in this context the idea of J.J.P. Oud's "unhistorical classicism" based on following "the mechanical methods of production" plus the aesthetic of harmonious integration (Alberti). Booth, like Oud, might say «all decoration is inessential, mere outward compensation for inner impotence», although from his generalising standpoint of the eighties (and allowing for his etched decoration). His manifesto *Gentle Synthesis* (1981) emphasises the general and collective in good De Stijl manner: «Survival of mankind depends upon the regulation and control of individuals and groups to insure benevolent use of powerful technologies. Problems grow beyond the scope of only individual concerns.» and «Overemphasis of small, particular aspects of architecture has created obscure styles, meaningful only to their designers.»

This last rebuke is a typical Chicagoan barb aimed at the esoterica of the East Coast, and it stems from an "ideology" Booth wants to build up that will defend a "noble and gentle civilisation" based on "affection between men" where ideals of "economic satisfaction", "flexible organisa-

Laurence Booth, 8, LIONE HOUSE, Chicago, 1979
9, ADAMS ROAD VILLA, Oakbrook, Illinois, 1979-81
Plastico/model

«La sopravvivenza dell'umanità dipende dall'ordine e dal controllo di individui e di gruppi per assicurare l'uso corretto di tecnologie potenti. I problemi sono al di sopra degli interessi individuali». E prosegue: «L'enfasi esagerata di piccoli aspetti particolari nell'architettura ha creato stili oscuri che hanno senso soltanto per i loro progettisti.» Quest'ultimo rimprovero è una tipica frecciata di Chicago all'esoterismo dell'Est degli Stati Uniti e deriva da un'ideologia che Booth vorrebbe stabilire a difesa di una "civiltà nobile e mite", basata sull' "affetto fra gli uomini" e dove gli ideali del benessere economico, dell'organizzazione flessibile, del risparmio energetico e della forma e della proporzione possono essere realizzate. Questa miscela, composta di Grecia e di *high-tech* con risonanze decisamente maschili, può essere considerata tipica di tanto classicismo di Chicago, e trova la sua incarnazione più chiara nella figura e nell'opera di Helmut Jahn.

Jahn è il giovane leader della C.F. Murphy Associates, una delle famiglie di punta della vecchia linea miesiana (un'altra è il SOM) e a vederlo, assomiglia a Curt Jurgens: snello, senza monocolo ma con quell'accento tedesco che esce dalle sue labbra elegantemente curvate. Questa somiglianza è importante perché sottolinea che Jahn è l'erede dell'immagine miesiana sia nel lavoro sia nella personalità (anche se i suoi epigrammi devono ancora arrivare alla sinteticità di "il meno è il più"). Il suo lavoro esagera nel realismo tecnico, come quello di Mies, fino a diventare fine a se stesso. Il suo cerchio segmentale per il *Department of Energy* crea un'architettura dalle reti stradali, il "cerchio interiore" di meandri; dall'angolazione dei raggi solari, vetro inclinato; e dal risparmio dell'energia, il cerchio comprende "un massimo di spazio con il minimo di

mezzi materiali" (fig. 11)[11]. Ma non ci sono dubbi sul fatto che dietro a questa giustificazione tecnologica esista un linguaggio classico. Non solo il cerchio viene definito in termini platonici che potrebbero derivare da un Alberti o da un Palladio, ma la grande forma massiccia deriva da Boullée. Il lavoro di Jahn cerca il sublime. Come una grande forza impersonale, come il fiume che formò il Grand Canyon o come lo *zeitgeist* al quale si richiamavano Mies e Le Corbusier, l'intenzione è quella di sopraffare con la sua pura presenza maschile e divina. L'individuo viene incorporato da quest'utero e ripagato della sua perdita di personalità, come sempre, attraverso richiami alla collettività, al necessario e alla bellezza. Il classicismo impersonale e il tardo-modernismo s'incontrano tramite le loro pretese di universalità.

Nel suo ampliamento al *Board of Trade* di Chicago, Jahn ha dato una risposta da "Mercedes-Benz" alla proposta da "Rolls Royce" che si trova nel ATT di Philip Johnson (fig. 12)[12]. Se questo riferimento all'iconologia tedesca sia stato cosciente lo sapremo solo da qualche futura indagine psicologica (o dall'ammissione di Jahn) perché la forma è ovviamente generata dal contesto e dal grande atrio interno di quindici piani che è situato come viene indicato dalla forma esterna) sopra il dodicesimo piano. Il classicismo Art Deco della costruzione originale ha fornito il pretesto per il ritmo A, B, A, per la serliana e per il tappo del radiatore. Ma la maggior parte della struttura è di vetro imitante la muratura, e la vecchia stereometria di travertino è stata sostituita da un *curtain wall*. Questo grasso tempio al commercio dimostra un'arguzia sottile che è una risposta alle metafore del postmodernismo. Jahn considera il proprio lavoro come una sintesi: vuole mettere assieme varie influenze, essere

"sia interessante sia bravo" e trasformare l'affermazione alternativa "o/o" di Mies in una risposta che comprenda il "sia/sia". Rallegra che Jahn e la sua grande ditta possano rispondere alle pressioni a cui tanti ideologi del tardo modernismo hanno resistito. Queste pressioni sono state precisate da Venturi, Stern, SITE e Rowe, dagli scritti sul post-modernismo e dalle polemiche in Chicago da parte di Tigerman, Cohen e Pran. Questi ultimi, che operano in modi diversissimi, possono tuttavia essere considerati simili in almeno tre aspetti importanti: il loro classicismo è libero, le motivazioni per le loro forme sono culturali e non tecnologiche e permettono, anzi, cercano, influenze esterne – cioè fuori Chicago – ciò rende il loro classicismo "Free Style".

Stuart Cohen, lo storico fra gli architetti, ha studiato con Colin Rowe ed è stato chiaramente influenzato da Robert Venturi arrivando all'espressione più idiosincratica dei temi classici. Dice, come se volesse compensare quest'atteggiamento atipico rispetto a Chicago: «Il mio interesse per il classicismo è l'interesse per i 'principi primi'. Quegli elementi della mia architettura che potrebbero suggerire il classicismo sono: una chiara gerarchia spaziale e organizzativa sia degli spazi utili sia dei percorsi, una planimetria assiale e l'uso non-strutturale di colonne come indicatori dello spazio (Alberti diceva che erano il principale ornamento dell'architettura).» Ma questa serie astratta e quasi canonica di atteggiamenti è seguita da un elenco di altri elementi che si aggiungono, o che modificano, questo contesto: gli spazi residui e i soffitti ondulati di Aalto e gli spazi ad incastro di Le Corbusier. «Il confluire di elementi, alcuni dei quali classici, che si trova nel mio lavoro rispecchia un atteggiamento che ritengo sia piuttosto eclettico che clas-

tion", "energy conservation" and "form and proportion" may be realised. This conflation of Greece and high-tech with its definite male overtones, we may take as standing for much Chicago classicism. Its embodiment is most clear in the work and figure of Helmut Jahn.

Jahn is the young leader of the corporate firm C.F. Murphy Associates, one of the main ruling families of the older Miesian lineage (another being SOM) and in appearance he is a svelt Curt Jurgens, without monocle, but certainly with the long German accent that emerges cryptically from between his beautifully curled lips. The strong physiognomic appearance is important because Jahn is the inheritor of the Miesian image: both in building and persona. (His cryptic remarks have yet to be reduced to the spare "less is more"). His work exaggerates a technical realism, as did Mies's, until it becomes an end in itself. His segmental circle for the Department of Energy makes an architecture from road networks (the "inner circle" of loops) from sun angles (sloping glass) and energy efficiency (the circle "encloses a maximum amount of space with a minimum material means"), (fig. 11)[11]. But there is no doubt that behind all this technical justification is a classical language. Not only is the circle referred to in Platonic terms that could come from an Alberti or Palladio, but the overall weighty, massive form stems from Boullée. Jahn's works seek the sublime. Like a vast, impersonal force, the river that shaped the Grand Canyon, or the *zeitgeist* to which Le Corbusier and Mies appealed, it is meant to overwhelm one with sheer, masculine, divine presence. The individual is swallowed into the corporate womb and reconciled to the loss of personality, as always, by appeals to the collective, to

necessity, to beauty. Impersonal classicism and late-modernism meet in their claims to universality.

In his addition to the *Chicago Board of Trade*, Jahn has answered Philip Johnson's Rolls Royce for the ATT with a Mercedes-Benz (fig. 12)[12]. Whether or not this German iconology was intended will have to await a future psychological probe (or Jahn's admission), for the form is quite obviously generated by the background context and large interior atrium of fifteen floors located (and signified on the exterior) above the twelfth floor. The Art Deco classicism of the original building has provided the pretext for the A B A rhythm, *Serliana* and "radiator" cap. But most of it is in glass imitating masonry and the curtain wall grid has replaced the old travertine stereometry. This fat temple to trade has an understated wit that is a response to the metaphors of postmodernism. Jahn considers his work synthetic: he wants to pull in various influences, "be interesting as well as good" to turn Mies's either/or statement into a both/and response. It's refreshing that Jahn and his large firm can be responsive to pressures which so many ideologues of late-modernism have resisted.

These pressures have been articulated by Venturi, Stern, SITE, Rowe, the writing on post-modernism and the polemicising within Chicago of Tigerman, Cohen and Pran. These last three, who operate very differently, nevertheless can be considered as similar in some important respects: they draw their classicism freehand, they make cultural, not technological, arguments for their forms, and they allow, even seek out, influences from abroad (which means outside of Chicago) that make their classicism Free Style.

Stuart Cohen, the historian among

architects, has studied with Colin Rowe, been clearly influenced by Robert Venturi, and has achieved the most idiosyncratic expression of classical themes. He says, as if to compensate for this non-Chicago attitude: «My interest in classicism is an interest in 'first principles'. The elements of my architecture which might suggest classicism are: clear spatial and organizational hierarchy of both usable spaces and movement spaces, axial planning, and the non-structural use of columns as spatial markers (Alberti said they were the chief ornament of architecture).» But this rather abstract and canonic set of attitudes is followed by a list of other elements which he adds to, or modifies with, this background: the residual spaces and undulating ceilings of Aalto and the interlocking spaces of Le Corbusier. «The conflation of elements – some of them classical – that occur in my work reflect an attitude which I think of as eclectic rather than classic.» The implied conflation here of classical and classic is, of course, just the point on which canonic designers insist, and Cohen may be granting them too much when he also makes this equation. However that may be, his classicism "is" Free Style. The *Mackenbach House* is a woodsided box which elides various classical themes within a modernist (even Corbusian) envelope (figs. 13/15)[13/15]. We can pick out the pediment and just discern a keystone above the garage, but the *piano nobile*, "attic windows" and other formulae which Cohen mentions are undercoded or unperceivable. They are absorbed into the vertical wood siding, the boxed, Citrohan shape of Le Corbusier. Because the siding is treated as Jahn's curtain wall, as an homogenous form that elides things together, it smothers distinctions and semantic identity. This implicit coding, this

sico». La confluenza qui suggerita del classicheggiante e del classico è, naturalmente, proprio quel punto sul quale insistono i progettisti canonici e al quale probabilmente Cohen concede troppo quando fa questo paragone.

Comunque sia, il suo classicismo è "Free Style". La *Mackenbach House* è una scatola di legno che elide diversi temi classici con un involucro, modernistico e addirittura Corbusiano (figg. 13-15)[13-15]. Riusciamo a individuare il frontone e, appena, la chiave di volta sopra l'autorimessa: ma il "piano nobile" le "finestre attiche" e altri elementi, che Cohen menziona, sono impercettibili o meno espliciti. Vengono assorbiti dal rivestimento verticale di legno, dalla forma di scatola come la *Maison Citrohan* di Le Corbusier. Poiché il rivestimento è trattato come il *curtain wall* di Jahn, cioè come una forma omogenea che elide tutti gli elementi, smorzando le diversità e l'identità semantica. Questa codificazione sottintesa, questa freddezza sono di nuovo tipiche di Chicago e del suo amore per l'universale. Permettono a Cohen, però, di fare un collage delle sue forme idiosincratiche in modo che non notiamo la loro stranezza. Le finestre del primo piano e il vuoto che sta sopra la porta creano una forte configurazione erosa, una forma ad "L" che rompe la scatola. Lo spazio interno si raggruppa attorno ad un ovale a due piani, ondula liberamente in una direzione e viene spinto diagonalmente in un'altra. Qui si è appropriato del metodo di Rowe di fare un collage per dare il massimo effetto alle figure classiche, gli archetipi ideali, accanto a uno spazio residuo distorto.

I due progetti di Pran per ospedali mescolano forme diverse in un modo sommesso per dare così una sensazione di inevitabilità. Ma questa miscela dello stile degli ospedali degli anni Venti, con le basse, lunghe, sterili linee orizzontali di Aalto e con il post-modernismo di Graves (le colonne rosse, le curve leggere e le arretrature) è diversa dalle combinazioni di Beeby. Pran ha cominciato a manipolare la superficie e la profondità dell'edificio in un modo quasi pittorico, ed è interessante che i suoi prospetti leggermente ombreggiati incomincino a riprendere una modulazione che diversi scrittori, come Geoffrey Scott, trovano centrale nella tradizione rinascimentale. Non è possibile descrivere queste costruzioni in termini classici: non c'è il piano nobile né la chiusura né il ritmo delle ripartiture nel suo *Facilities Center* (figg. 16, 17)[16,17]. L'intenzione fondamentale non è classica ma eclettica. Pran la descrive così: «Tentativi di spingere oltre la linea dura del modernismo ci portano alla costruzione di edifici che mancano di significato. Il numero limitato di possibili variazioni formali nel linguaggio scarnificato del modernismo è stato usato fino alla nausea, e poiché il modernismo è disgiunto dal passato è molto difficile conquistare nuovo terreno. Quindi è necessario rivolgersi al ricco vocabolario dell'architettura tradizionale che piace alla gente e che la gente capisce; sia esso popolare o classico... sembra naturale che diventi eclettico. La tradizione comunica un significato e noi possiamo sfruttarlo... Oggi un approccio più informale e 'Free Style' alla tradizione e al classicismo sembra essere quello più appropriato.»

Questi appunti richiamano le affermazioni di James Stirling sull'impasse del linguaggio modernista e sul suo bisogno di arricchirsi. Quello che troviamo nel lavoro di Pran è un vero eclettismo, nato proprio dal significato originale della parola "scegliere". Egli sceglie frammenti, come le colonne rosse, e li assorbe in un volume fluido di una configurazione quasi pittorica

(ma con un orizzonte piatto). Nel suo *Bloomington Hospital Addition* prende un grande blocco classico (un portico con tetto inclinato, colonne rosse, un frontone semplificato) e lo inserisce nel contesto più sommesso del classicismo dell'"International style" (fig. 18)[18]. Riducendo questo portico all'essenziale viene prodotta un'immagine fresca e memorabile. Viene in mente la serliana, ma in questo caso c'è un timpano e non una curva; si intravedono cornicioni egiziani e anche Schinkel, ma la loro presenza è stata integrata. L'eclettismo di Pran sembrerebbe, allora, estremamente sintetico nel suo modo di riassorbire e generalizzare frammenti precedenti, senza usarli come citazioni. È comunque più plastico, più pittorico e più personale, rispetto al lavoro degli architetti canonici, e rappresenta la più completa rottura con il tardo-modernismo che Pran e gli altri abbiano mai praticato.

Di tutti questi architetti è Stanley Tigerman che ha rotto più nettamente col suo passato miesiano: è stata una rottura di legami tanto forte al punto che Tigerman scrive ancora lettere a Mies e pratica elaborati scherzi miesiani. In parte fa così perché il fantasma del maestro riesce ad avere ancora una forte influenza su Chicago, un'influenza che Tigerman trova soffocante, in parte perché egli è ancora affascinato da Mies e non vorrebbe esserlo. Se l'emozione proverbiale di odio/amore è un'opposizione troppo forte per identificare questo sentimento allora può darsi che la paura e il rispetto possano sostituirla. Il fantasma di Mies non viene esorcizzato in una sola generazione. La *House Done in the Intention of the Villa Madama* di Tigerman è, come il suo titolo, piena di riferimenti espliciti che avrebbero snervato il Maestro. Non solo usa il cortile circolare di Raffaello per acco-

coolness, is, once again, typical of Chicago and its love of the universal. It allows Cohen, however, to collage together very idiosyncratic shapes in such a way that we don't notice their oddity. The first floor windows and void above the door set up a powerful eroded figure, an L-shape, that fractures the box. Internally space nestles around a two storey oval: undulates freely one way and gets a diagonal push the other. Here Rowe's method of collage has been appropriated so that classical figures, ideal archetypes, can gain maximum effect next to distorted residual space.

Peter Pran, in designing two hospitals, has mixed genres in an understated way so that they fell quite inevitable. The mixture of twenties' hospital style, the low, long, sterile horizontals of Aalto, with Gravesia post-modern – the red columns, slight curves and cutbacks – is however quite different from Beeby's combinations. Pran is beginning to manipulate surface, the depth of a building, in an almost painterly way and it's interesting that his lightly shaded elevations begin to recapture a modulation which several writers, such as Geoffrey Scott, find central to the Renaissance tradition. One can't describe these buildings in classical terms: no *piano nobile*, closure or bay rhythm can be found in the *Facilities Center* (figs. 16-17)[16-17]. The basic intention is not classical, but rather eclectic: as Pran describes it: «Attempts to explore straight-line modernism further today leads to the construction of buildings lacking in meaning. The limited number of formal variations possible within the stripped-down language of modernism has been used *ad nauseum*, and since it is cut off from the past, it is very difficult to break new ground within its framework. Therefore, it is necessary

to turn to the rich vocabulary of traditional architecture that people like and understand, be it vernacular or classical... It seems natural to become an eclectic. Tradition conveys meaning and we draw on this... Today a more informal, free style approach to classicism and tradition seems to be the most appropriate and successful.»

These remarks are rather reminiscent of James Stirling's strictures on the impasse of the modernist language and its need for enrichment. What we find in Pran's work is a true eclecticism coming from the origin of the word meaning "to select". He selects fragments, such as the red columns, and then absorbs them into a freely flowing volume, almost a picturesque layout (with however a flat skyline). His *Bloomington Hospital Addition* takes a whole classical chunk, a portico with pitched roof, red columns, simplified entablature, and collages this onto a more subdued background of International Style classicism (fig. 18)[18]. By reducing this portico to its essentials a fresh but memorable image is produced. One is reminded of the *Serliana*, but it now has a pediment and no curve; one can see Egyptian cornices and Schinkel here, but their presence is subdued into a new whole. Pran's eclecticism would thus seem to be highly synthetic in that it generalizes and absorbs previous fragments, and doesn't allow them as quotations. It is nevertheless more sculptural, painterly and individual than the work of the canonic designers and reflects a cleaner break with the late-modernism that Pran and the others practiced previously.

Stanley Tigerman, of all these designers, has made the sharpest break with his Miesian past: a break of bonds which were so strong that he still writes letters to Mies and constructs

elaborate Miesian spoofs. Partly this is done because the ghost of the master still exerts a powerful pressure on Chicago, one that Tigerman finds constricting, and partly the satires are done because Tigerman still is fascinated by Mies and wants to get him out of his system. If the proverbial emotion "love/hate" is too strong an opposition to identify this feeling then perhaps "respect/fear" will do. The ghost of Mies can simply not be exorcised in one generation.

Tigerman's *House Done in the Intention of the Villa Madama* is, like its literary title, full of explicit references that would have annoyed the master. Not only does it use Raphael's circular *cortile* to welcome the visitor, but it orients this circle to the four parts of the landscape in a way that is comparable to the *Villa Madama* (figs. 19-20-21)[19-20-21]. One is brought through a sequence of spaces layered as exedra, hall and living room, roughly similar to the Roman villa (but the latter has grand, domed spaces placed asymmetrically to the garden facade). Where Raphael makes a complex set of spaces from figures, *poché* and landscape, Tigerman achieves a slick amalgam of these same three elements. Where Raphael's villa is an unfinished fragment, Tigerman's seeks the "partial" nature of several figures (especially the entrance colonnade and its truncated columns). Michael Graves, who has also been influenced by the *Villa Madama*, abstracts its lessons to a higher level of generality, whereas Tigerman, in a more raw, Chicago manner, likes his references up front. We can see several of his previous concerns quite explicitly here: the favorite piano-shapes (now one actually embraces a piano), the undulating erosion at the front door, the "dumb" detailing of mouldings etc. Several of these references are meant to shock by

gliere il visitatore, ma orienta questo occhio verso le quattro parti del paesaggio in modo tale da farlo paragonare alla *Villa Madama* (figg. 19-21)[19-21]. Si viene condotti attraverso una sequenza di spazi successivi come esedra, anticamera e soggiorno, simili a quelli della villa romana (solo che quest'ultima ha grandi spazi a cupola, posti asimmetricamente alla facciata sul giardino). Dove Raffaello crea una serie complessa di spazi da figure, *poché* e paesaggio, Tigerman compie un facile amalgama di questi tre elementi. Dove la villa di Raffaello è un frammento incompiuto, Tigerman cerca la natura *partial* di certe figure (soprattutto il colonnato d'ingresso con le sue colonne tronche). Michael Graves, anch'egli influenzato dalla *Villa Madama*, ne apprende la lezione per farne un estratto e portarlo ad un alto livello di generalizzazione, mentre invece Tigerman, in una maniera più cruda, più tipica di Chicago, preferisce dimostrare apertamente le sue influenze.

Qui possiamo vedere chiaramente alcuni dei suoi interessi precedenti: le sue forme preferite da pianoforte (adesso il pianoforte viene addirittura abbracciato), l'erosione ondulata all'ingresso, i dettagli *dumb* della modanatura ecc. Numerosi di questi riferimenti dovrebbero stupire per la loro chiarezza e anche per il loro corteggiamento del kitch. Tigerman, come un eroe di Philip Roth, usa dell'imbarazzo autobiografico, l'humour nero e le emozioni crude per attirare e respingere il suo auditorio. Se nella parte Est degli Stati Uniti, dove queste cose sono accettate solo nei romanzi, esse hanno causato una certa diffidenza hanno anche portato Tigerman ad una posizione e a uno stile sempre più personali: abbastanza raro a Chicago dopo Frank Lloyd Wright. Posso immaginare, Tigerman fra un po' di tempo, avvolto in un fluente mantello.

Alla Graham Foundation Tigerman, assieme a Cohen, Pran e Carter Manny, ha fatto molto per aprire Chicago a influenze sia esterne sia interne; la loro esposizione "Chicago Architects" nel 1976 ha procurato un riconoscimento a diversi architetti poco noti. Uno di questi, Andrew Rebori, un eclettico molto bravo, sembra aver influenzato Tigerman con i suoi vortici industriali e la sua ornamentazione figurativa. L'approccio al classicismo sia di Rebori sia di Tigerman sembra essere quello del "Free Style". Perché non lasciare che le ondulazioni, le immagini rinascimentali, le modanature e la scultura coesistano in un contesto *high-tech* e, a volte, vengano costruite con elementi industriali? Questa proposta certamente sovverte lo scopo unitario della seconda scuola di Chicago che pretendeva di subordinare tutti gli elementi a quelli strutturali.

Il classicismo di Tigerman, nel senso inteso finora, è in fin dei conti più libero del "Free Style" perché seleziona e mette assieme elementi di tutti i sistemi senza freni (anche i freni del buon gusto, si è costretti ad aggiungere). Per quanto detto, non risulta necessariamente il migliore o il più convincente: più elementi vengono assorbiti da un architetto, maggiormente egli deve diventare controllato e creativo. Borromini, uno dei grandi eclettici, riusciva a far funzionare bene le sue mescolanze ibride, non solo a livello geometrico ma anche a livello iconografico. Sembra che Tigerman stia aprendo la porta di Chicago all'eclettismo piuttosto che esserne il creatore degli ultimi capolavori: questo, poi, non è un ruolo di poco conto, e questi sono soltanto i primi giorni di un eclettismo rinnovato.

Per tanti aspetti Chicago è ancora la città cruda che era settant'anni fa, il luogo dove il sindaco Daley può vantarsi dicendo che in essa è nata l'archi-

tettura moderna, trascurando il fatto che è anche la città che ha trattato male Sullivan ed altri: un luogo dove è difficile diventare vecchio con dignità se non si è il capo di qualche impresa, un luogo dove il conformismo, il potere e i soldi ancora dirigono, se non governano, l'architettura. Sebbene gli aspetti più crudeli della città di frontiera e dei mercati di bestiame siano stati coperti da una sofisticata realtà urbana, la tolleranza generale dell'individuo non vi è molto diffusa, il pluralismo non è molto profondo. Ecco il perché dello stile reticente, così facilmente identificabile; il perché del classicismo piatto, pulito, rigido e imbalsamato fatto con la riga a "T" e gli strumenti meccanici, e il perché del classicismo miesiano che ha espulso ogni traccia della fallibilità umana, perfino della presenza umana. Certamente non tutti questi elementi universalizzanti sono del tutto negativi, in particolare nell'arte civica dell'architettura. Tuttavia, li potremmo mettere a confronto con il classicismo tradizionale, non-rigido di Michelangelo o, oggi, di Michael Graves. Quest'ultimo ha qualità che sono più flessibili ed espressive e hanno un ruolo importante nell'architettura come arte simbolica ed estetica, capace di esprimere umori e significati precisi. Questo è un universalimo diverso da quello ricercato dalle scuole classiciste di Chicago, universalismo che si basa sulle particolarità del luogo e della retorica. Gli architetti di Chicago sono più vicini ai Greci che alle personalità del Rinascimento: mantengono le loro forme chiare e distinte in modo logico, generale, facile, impersonale e archetipo. Date le giuste condizioni sociali, le giuste commissioni ed una volontà di svilupparsi in certe direzioni che possono ancora rimanere primitive (il simbolismo, l'ornamento e la scultura, per nominarne solo tre) questi archi-

their explicitness, even flirtation with kitsch. Tigerman, like a Philip Roth hero, uses autobiographical embarassment, black humour and raw emotions to entice and repel his audience. While this has led to raised eyebrows on the East Coast, where this sort of thing just isn't done except in a novel, it has also led Tigerman to an increasingly identifiable style and position: something of a rarity in Chicago since Frank Lloyd Wright. One can imagine Tigerman soon wearing the equivalent of a long, flowing cape.

Tigerman, along with Cohen, Pran and Carter Manny at the Graham Foundation, has done a lot to open Chicago to outside and even to inside influences: their exhibit "Chicago Architects", 1976, brought several previously overlooked designers to the forefront. One of these, Andrew Rebori, a very accomplished eclectic, seems to have influenced Tigerman with his heavy industrial swirls and representational ornament. Both Rebori's and Tigerman's attitude towards classicism seems to be Free Style. Why not let undulations, Renaissance imagery, mouldings and sculpture exist within a high-tech context, and occasionally be built with industrial elements? The proposition certainly subverts the unitary aim of the Second Chicago School which wished to subordinate all concerns to the structural frame. In the sense that I have been using the term, Tigerman's classicism is ultimately the free-est of Free Style because it selects and combines from all systems without restraints (even those of good taste, it need hardly be added). This does not necessarily make it the best or most convincing: the more elements an architect absorbs into his language, the more creative and controlled he has to become. Borromini, one of the great eclectics, worked his hybrid compilations

through very finely, not only on the geometrical level but also on the iconographical plane. It seems that Tigerman is opening the door to a Chicago eclecticism more than he is creating its ultimate masterpieces, but then this is no small, or unimportant, role to play, and these are still the early days of a renewed eclecticism.

Chicago, in several respects, is still the tough, raw city it was seventy years ago, a place where Mayor Daley can boast that modern architecture started and then carefully overlook what it did to Louis Sullivan and others, a place where it is hard to grow old gracefully unless you are the head of a corporation, a place where conformity, power and fast money still direct, if not rule, architecture. Although the more brutal aspects of the frontier town and stockyards have been overlaid by an urbane sophistication, the general tolerance of individuality is not very great, the pluralism not very deep. Hence the reticent Chicago style which is quite identifiable, hence the flat, rigid, clean, fumigated classicism done with T-square and mechanical instruments, hence the Miesian classicism which has expunged every last trace of human fallibility, even presence. All these universalising features are not altogether negative, to be sure, especially in the communal art of architecture. And yet we might contrast them with a more traditional, freehand classicism, that of Michelangelo, or today, Michael Graves. The latter has qualities which are more flexible and expressive, more immediate to architecture as an aesthetic and symbolic art which can express precise moods and meanings. This is a different kind of universalism than the Chicago schools of classicism seek, one that is based on the particulars of place and rhetoric.

The Chicago architects are closer to the Greeks than they are to the Renaissance individualists, they keep their forms logically clear and distinct; general, slick, impersonal and archetypal. Given the right social conditions and commissions and a willingness to develop in certain directions which still remain primitive (symbolism, ornament and sculpture to name three), these architects could produce works that compare with the best of their past: Richardson, Sullivan and Wright.

(I am grateful to Peter Pran for his efforts in collecting the material for this article, which includes many unpublished papers from the architects. The quotes above are taken from these).

Notes
1 Christian H. Grosch, *The University*, Oslo, 1851-54. «Canonic Greek elements, such as Ionic portico, are combined in an abstract, logical and quite beautiful way.» (C. Jencks)
2 *Norwegian "loft"* (storehouse) from Rotshus, 1754. «Expression and ornamentation of the Greek post, lintel and pediment system. Free Style classicism distorts the universal archetypes with new materials, for new functions, and with local symbols.» (C. Jencks)
3 Charles Atwood and Daniel H. Burnham, *Reliance Building*, Chicago 1894-95. «Chicago frame, 'the' expression of Modernism, also relates to classical post and lintel framing; here also the tripartite organisation, symmetries, decoration and ribs are Free Style Classical.» (Howard N. Kaplan)
4 James Stirling & Michael Wilford, *Rice University, School of Architecture*, Houston, Expansion, 1980-81. «"Neo-Romanesque" with asymmetries, cones of light, horizontal "Modernist" windows combined with classicism in a free style manner.» (Val Glitsch)
5 Thomas Beeby, *Townhouse Project*, Chicago, 1978. Adamesque and Palladian elements fused with a Miesian structural ordering.
6, 7 Thomas Beeby, (Hammond, Beeby, Babka), *Tri-State Center*, Northbrook, Illinois, 1978-79. «Square windows, circular columns and pilasters, *Serliana* (without its decorative shell) on a Modernist office of five equal floors. All elevations are symmetrical, but the syntax is

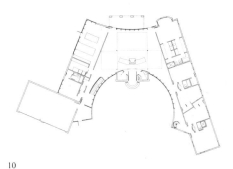

10

11

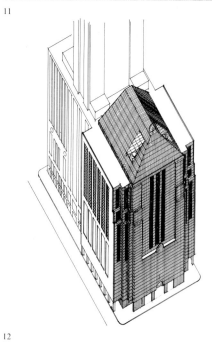

12

Laurence Booth, 10, ADAMS ROAD VILLA, Oakbrook, Illinois, 1979-81
Piano terra/floor plan
Helmut Jahn and C.F. Murphy Associates, 11, ARGONNE NATIONAL LABORATORIES SUPPORT FACILITY, Argonne, Illinois, 1979

tetti potrebbero produrre opere da paragonare con il meglio del loro passato: Richardson, Sullivan e Wright.

(Ringrazio Peter Pran per i suoi sforzi nel raccogliere il materiale per questo articolo che comprende diversi scritti inediti di questi architetti. Le citazioni provengono da essi.)

Note

1 Christian H. Grosch, *The University*, Oslo, 1851-54. «Elementi canonici greci, come il portico ionico, vengono combinati in modo astratto, logico e molto bello.» (C. Jencks)

2 *Loft norvegese* (deposito) da Rotshus, 1754. «Espressione ed ornamento del sistema greco del pilastro, architrave e timpano. Il classicismo 'Free Style' distorce gli archetipi universali con l'uso di materiali nuovi, funzioni nuove e simbolismo del luogo.» (C. Jencks)

3 Charles Atwood e Daniel H. Burnham, *Reliance Building*, Chicago, 1894-95. «La struttura tipica di Chicago, l'espressione del modernismo, si mette anche in rapporto al modo classico di costruire una struttura con il pilastro e l'architrave; qui troviamo anche un'organizzazione tripartitica; la simmetria, la decorazione e i costoloni sono tutti del classico 'Free Style'.» (Howard N. Kaplan)

4 James Stirling e Michael Wilford, *Rice University, School of Architecture*, Houston, Expansion, 1980-81. «'Neo-romanico' con asimmetrie, coni di luce, finestre orizzontali 'moderniste' mescolate con il classicismo in una maniera 'Free Style'.» (Val Glitsch)

5 Thomas Beeby, *Townhouse Project*, Chicago 1978. Elementi palladiani ed adamiani uniti ad un'organizzazione strutturale miesiana.

6, 7 Thomas Beeby (Hammond, Beeby, Babka), *Tri-State Center*, Northbrook, Illinois, 1978-79. «Finestre quadrate, colonne e pilastri rotondi, serliana (senza conchiglia di ornamentazione) in un edificio modernista per uffici a cinque piani. Tutti i prospetti sono simmetrici ma la sintassi viene trattata in modo modernista, all'infinito, poiché continua senza avere né inizio né fine.» (Howard N. Kaplan)

8 Laurence Booth, della Booth/Hansen Associates, *Lione House*, Chicago, 1979. Booth scrive: «La *Lione House* richiama le case urbane dell'Europa e della vecchia America dove il colore era impiegato su edifici contigui dal volume semplice. Le porte francesi ad arco creano un ritmo

piacevole attraverso il grande soggiorno. Una cucina/sala da pranzo si estende lungo la parte posteriore e termina con una serra. Il volume semplice permette una costruzione economica della casa ed un risparmio energetico negli impianti. Rifiniture in pietra forniscono un contrasto piacevole allo stucco colorato.» (Sadin Karant)

9, 10 Laurence Booth, *Adam Road Villa*, Oakbrook, Illinois, 1979-81. Booth scrive: «Questa casa riesce a definire sia luoghi particolari sia spazi fluttuanti tramite il rapporto con una pineta e il suo porsi in relazione al movimento degli uomini sul sentiero e delle macchine sulla strada. Le ali della casa sono rettilinee e lo spazio centrale ne fornisce il 'riempimento'. Il centro è diviso in 'stanze aperte' a volta. La biblioteca a torre si contrappone alle parti orizzontali, con forme tradizionali costruite con l'uso di una tecnologia moderna (stucco). L'insieme delle finestre e la torre forniscono una ventilazione naturale; la tecnologia avanzata comprende un raccoglitore attivo di energia solare ed una pompa di calore geo-termica.»

11 Helmut Jahn e C.F. Murphy Associates, *Argonne Nationale Laboratories Support Facilities*, Illinois, 1979. «La forma 'Boullée-troncata' è spesso una figura retorica per un progetto di Jahn. Prende una grande forma primaria – un cono – nel suo *State of Illinois Center*, poi ne tronca una parte obliquamente per dare un'impressione di incompiutezza, 'una perfezione imperfetta'. In questo progetto il cerchio è incompiuto, in un lato si vedono delle erosioni sovrapposte.» (C.F. Murphy)

12 Helmut Jahn e C.F. Murphy, *Board of Trade Addition*, Chicago, 1979. «Un tempio in vetro e acciaio che imita la muratura; l'edificio di dietro elide tutte le superfici attraverso una rete verticale ripetuta, un segno della prima, seconda e terza scuola della vecchia Chicago. Un richiamo ironico alla Mercedes-Benz?» (C.F. Murphy)

13-15 Stuart Cohen e Sisko/Lubotsky Associates, *Mackenbach House*, Bloomingdale, 1979. «Una scatola con un 'piano nobile', una 'rotonda' interna a due piani, una 'cupola' ovale, finestre 'attiche' e una chiave di volta, appena visibile, sull'autorimessa. La pianta aperta e la sezione ad incastro permettono che diversi 'pezzi di bravura', come l'ovale, vengano inseriti a mo' di collage.» (Stuart Cohen)

16 Peter Pran (Schmidt, Garden e Erickson), *Facilities Center*, Indianapolis, 1979/81. Un ospedale basso e lungo che nella sua orizzontalità è tipico della Prairie School. Un arco simboli-

28

treated in a Modernist, or endless way, as it runs on without beginning or end.» (Howard N. Kaplan)

8 Laurence Booth, of Booth/Hansen Associates, *Lione House*, Chicago, 1979. Booth writes: «The *Lione House* recalls the urban housing of Europe and early America where color was employed on flush buildings of simple volumes. The arched French doors create a pleasant rhythm across the large front living room. A kitchen-dining room extends across the rear, complete with greenhouse. The simple volume makes the house economical to build and to heat and cool. Stone trim provides a pleasant contrast to the colored stucco.»

9, 10 Laurence Booth, *Adams Road Villa*, Oak Brook, Illinois, 1979-81. Booth writes: «Focusing on a grove of pine trees and responding to the movement of men on a footpath and machines in the drive, this house makes particular places combined with flowing spaces. Rectilinear structures form the ends with the major space being the "in between". The center is divided with vaulted "open rooms". The tower library counters the horizontal with references to traditional forms made with modern (stucco) technology. Window systems coupled with the tower provide natural ventilation; advanced technology includes an active solar collector and a geo-thermal heat pump.»

11 Helmut Jahn and C.F. Murphy Associates. *Argonne Support Facility*, 1979. «'Chopped-off-Boullée' is often a rhetorical figure with a Jahn scheme. He takes a great primary form, the tapered cylinder, in his *State of Illinois Center*, then chops off part at an angle to give an unfinished look, an 'imperfect perfection'. In this scheme the circle is incomplete, and one side shows various overlapping erosions.» (C.F. Murphy)

12 Helmut Jahn and C.F. Murphy, *Board of Trade Additions*, Chicago, 1979. «A glass and steel temple imitating masonry and the building behind elides all surfaces with the repetitive vertical grid, a sign of the old Chicago's First, Second and Third Schools of Architecture. Ironic recapitulation as a Mercedes-Benz?» (C.F. Murphy)

13-15 Stuart Cohen and Sisco/Lubotsky Associates, *Mackenbach House*, Bloomingdale, Illinois, 1979. «Box with 'piano nobile', interior two storey 'rotunda', oval 'dome', 'attic windows', 'pediment', and barely visible garage 'keystone'. The open plan and interlocking section accept

various set-pieces such as the oval, as incidents collaged on a background.» (S. Cohen)

16 Peter Pran (Schmidt, Garden and Erickson), *Facilities Center*, Indianapolis, Indiana, 1979-81. «Long, low Prairie School horizontals unite a hospital building. A central symbolic arch, red columns and square windows are set against "anti-classical" elements: no closure at the ends, no repeated vertical divisions or closure, no symmetry or discernable bay rhythm. Pran writes: 'The Facilities Center is a hybrid, meshing classical allusions with high-tech sensibilities. Distinctions are made between the machine half – identified by boiler stacks and the solid punched out walls (alluding to classical stone buildings), and the people half; with laundry, offices and cafeteria – identified by red columns and outdoor cafeteria deck'.»

17 Peter Pran, *Facilities Center*. Pran writes: «The arched limestone and glass entry represents a Free Style reinterpretation of images from Italian Renaissance architecture. The arch emphasizes the centrality of the entry and dignifies the act of entry. This major arched shape, which is proportioned to the scale of the whole building, also contains a secondary, undulating curve, scaled appropriately to human size. The building goes beyond the sterile Modernist notion of an institutional building by giving it a new image and a new poetic content.»

18 Peter Pran, *Bloomington Hospital Addition*, Bloomington, Indiana, 1980-82. «The entrance portico shows the thin, linear detail reminiscent of Schinkel's and Stone's incisions. Otherwise details are consciously kept primitive and archetypal.»

19-21 Stanley Tigerman, *A House Done in the Intention of the Villa Madama*, 1980. Entrance exedra pulls one symmetrically through the building, unlike the *Villa Madama*; a slick set of undulations and mouldings take the place of fragments and rustication. Tigerman writes: «... the symmetry and anthropomorphism support a nineteenth century humanism. The house and its adjacent "outdoor rooms" are thought of as containers into which the human being – not the object – is the central character in the linear movement through a site. The house is for a family of five with one live-in-staff. The project is an attempt at the redevelopment of the "estate concept", the utilization for one's reflection and the pleasure in experiencing one's grounds. In this case a croquet court, arboured rose garden, tennis court, maze, pool, gazebo and lawns are

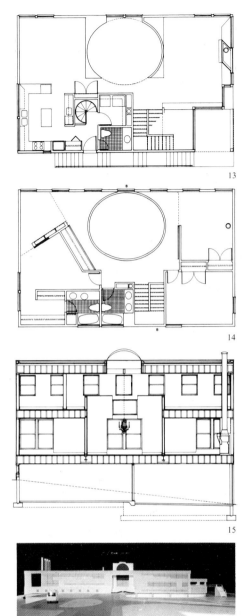

13

14

15

16

Plastico/model
12, BOARD OF TRADE ADDITION, Chicago, 1979
Assonometria/axonometric

Stuart Cohen and Sisco/Lubotsky Associates, 13-15, MACKENBACH HOUSE, Bloomingdale, Illinois, 1979
Assonometria, pianta, sezione/axonometric, plan, section

29

co centrale, colonne rosse e finestre quadrate sono contrapposti agli elementi "anti-classici": non c'è chiusura ai lati estremi, né ripetute divisioni verticali o simmetria o ritmi delle ripartizioni. Pran scrive: «Questo centro è un ibrido che unisce allusioni classiche a una sensibilità *high-tech*. La parte 'tecnologica', identificata dalle ciminiere e le pareti che alludono alle costruzioni classiche in pietra, viene distinta dalla parte vissuta, con la sua lavanderia, gli uffici e la caffetteria, che si riconosce dalle sue colonne rosse e la terrazza esterna della caffetteria.» (SGE)

17 Peter Pran, *Facilities Center*. Pran scrive: «L'ingresso ad arco in calcare e vetro rappresenta una reinterpretazione 'Free Style' di immagini dell'architettura rinascimentale. L'arco enfatizza la centralità dell'ingresso e dà dignità all'entrare. Questa forma importante, proporzionata alle dimensioni della struttura interna, contiene anche una curva secondaria ondulata che corrisponde alle dimensioni umane. La costruzione va oltre la sterile nozione modernista di un edificio per istituto, investendola di una nuova immagine e di un nuovo contenuto poetico.» (SGE)

18 *Bloomington Hospital*, Bloomington, 1980/82. «Il portico d'ingresso dimostra dettagli sottili e lineari che richiamano Schinkel e Stone. Gli altri sono volutamente mantenuti semplici ed archetipi. (SGE)

19-21 Stanley Tigerman, *A House in the Intention of the Villa Madama*, 1980. L'esedra d'ingresso ci attira simmetricamente nella costruzione, diversamente dalla *Villa Madama*; una serie facile di ondulazioni e modanature prende il posto di frammenti e bugnati. Tigerman scrive: «La simmetria e l'antropomorfismo rimandano ad un umanesimo ottocentesco. La casa e le sue adiacenti 'sale esterne' vengono considerate come contenitori dentro i quali l'essere umano – e non l'oggetto – è centrale al movimento lineare attraverso il luogo. La casa è per una famiglia di cinque persone con una domestica solo. Il progetto è un tentativo di sviluppare di nuovo il concetto della 'tenuta', cioè l'utilizzazione della proprietà per la riflessione e per il diletto. In questo caso, gli spazi vengono definiti da piante sagomate in un campo da croquet, un giardino di rose, un campo da tennis, un labirinto, una piscina, un gazebo ed un prato inglese: le forme sagomate sono simili, diversamente dalle forme del *poché* attraverso il quale bisogna passare per entrare nella biblioteca. La stratificazione, lo storicismo, il *poché* e le allusioni costituiscono i diversi livelli di questo concetto.»

17

18

19

20

defined in topiary as edged spaces, the topiary edging of which is not dissimilar to the *poché* through which one moves to enter the library. Layering, historicism, *poché* and allusion constitute the thrusts of the concept.»

Copyright © Architectural Design, London
Printed by permission of Architectural Design

Peter Pran, 16-17, FACILITIES CENTER, Indianapolis, Indiana, 1979-81
Plastico, veduta esterna/model, exterior view
18, BLOOMINGTON HOSPITAL ADDITION, Bloomington, Indiana, 1980-81
Prospetto/elevation
Stanley Tigerman, 19-20, A HOUSE DONE IN THE INTENTION OF THE VILLA MADAMA, 1980
Plastico, prospetto/model, elevation

Il "rinascimento" di Chicago

Heinrich Klotz

Quando alcuni anni fa gli architetti europei non si accontentarono più di andarsi a guardare le più moderne strutture abitative in Inghilterra e nei Paesi Bassi ma estesero i loro viaggi di studio negli USA, cominciammo a comprendere quanto l'architettura americana si era liberata della dipendenza dalla tradizione europea. Andammo a Filadelfia per vedere edifici di Louis Kahn e di Robert Venturi, a New York e a New Haven per visitare la *Ford Foundation* di Kevin Roche e l'*Art and Architecture Building* di Paul Rudolph, e in California per ammirare il *Sea Ranch* di Charles Moore.

A Chicago ci limitammo per lo più a ciò che era "storico": a Sullivan, Wright e Mies. Ma che cosa vi era nato negli anni Sessanta che ci portava al di là della pura e semplice perfezione di "ladies levigate in corsetto d'acciaio"? C'erano forse edifici che potevano far apparire Mies come una figura ormai storica, che non sottostavano al dogma dominante del H-Beam? Nelle morbide curve dell'ondulata *Sea Point Tower* non c'era forse una risposta agli spigoli netti delle strutture di vetro di Mies? A Chicago gli architetti hanno sempre trovato motivazioni sorprendentemente tempestive contro l'irrigidirsi delle convenzioni. L'argomento senza dubbio più convincente ed efficace contro Mies erano le opere di Bertrand Goldberg, *Marina City* e *Hillard Center* (figg. 1, 2). Esse sono come punti esclamativi contro il dominio del *box* in questa città ed esse solo contrastano i blocchi spaziali perfettamente squadrati che caratterizza-

Bertrand Goldberg, 1, MARINA CITY, Chicago, 1963
2, RAYMOND HILLIARD CENTER, Chicago, 1964-66
Thomas Beeby, 3, CHICAGO TOWNHOUSE GRAHAM FOUNDATION COMPETITION, Chicago, 1978
Plastico/model

The Chicago "Renaissance"

Heinrich Klotz

A few years ago, when European architects were no longer content with looking at the latest housing schemes in England and Holland, and began to extend their study trips to the USA, it became evident that even in Europe we had realized that American architecture had emerged from the shelter of European tradition.

We went to Philadelphia to see the work of Luis Kahn and Robert Venturi, to New York and New Haven to visit Kevin Roche's Ford Foundation and Paul Rudolph's *Art and Architecture Building,* and to California to admire Charles Moore's *Sea Ranch.*

In Chicago, we mainly stopped at the "historical": at Sullivan, Wright and Mies van der Rohe. But what had happened there in the sixties to take us beyond the bare perfection of "sleek ladies in steel corsets"? Were there any buildings at all that already could make Mies look like a historical figure, buildings that did not submit to the prevailing dogma of the H-Beam? Were not the soft undulating curves of the *Lake Point Tower* an answer to Mies's sharp-edged glass boxes? In Chicago, architects have again and again been amazingly quick to find arguments against stultifying conventions. Probably the most convincing and impressive arguments against Mies were Bertrand Goldberg's *Marina City* and *Hilliard Center* (figs. 1, 2). They stand out in this city like exclamation marks against the domination of the box, they alone challenge the neatly tied-up packages of space which almost exclusively determine

4

5

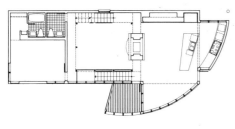

FIRST FLOOR PLAN

6

Frederik Read, 4, CHICAGO TOWNHOUSE GRAHAM FOUNDATION COMPETITION, Chicago, 1978
Plastico/model
Laurence Booth, 5-6, VALHALLA, Telluride, Colorado, 1979
Prospetti, piante/elevations, plans
Peter Pran, 7, CHICAGO TRIBUNE TOWER COMPETITION, Chicago, 1980
Prospettiva/perspective
Helmut Jahn, 8, XEROX CENTER, Chicago, 1979

no nettamente il paesaggio urbano di Chicago. Sembra che Goldberg abbia voluto dimostrare il contrario: al posto della costruzione in acciaio egli impiega gettate di cemento, invece dell'angolo retto il cilindro, il cerchio, il tubo modellato in una fitta maglia ricurva. Con la sua architettura Goldberg continua anche una tradizione tipica di Chicago, quella di dare risposte elementari e dirette non di escogitare – come spesso succede a New York – raffinati giochi formali, né di perdersi in un sottile eclettismo. Da quando esiste una architettura americana le risposte sono state trovate a Chicago e non solo le più tempestive e decise ma anche le più dirette ai problemi che via via si ponevano. Pertanto la nuova architettura del "post-modern" non era un po' troppo sottile e occupata in giochi formalistici per poter prendere piede a Chicago, dove si preferiva un'estetica che garantiva soluzioni tecniche e strutturali ai problemi? E ancora, quello inventato a Filadelfia e a New York non era un vocabolario architettonico troppo denso di termini teorici e ricercati per essere utilizzato a Chicago? Tuttavia quel che Mies e Goldberg, Murphy e SOM non avevano tenuto in considerazione nella loro architettura era ciò che Charles Moore e Robert Venturi avevano definito "carattere letterario". I grattacieli di Mies van der Rohe stavano nel contesto comunicativo della City come strutture sì eleganti ma del tutto mute, prive di messaggio. E anche gli edifici di Goldberg avevano conservato il *touch of pure architecture*; essi erano rimasti come dice Venturi «explicit, heroic architecture».

Al di là delle controversie della East-Coast, l'architettura di Chicago, che pur poteva ancora pretendere validità internazionale, appariva improvvisamente stagnante a livello provinciale. Dopo Mies e Goldberg niente di

significativo era più successo e rimanevano soltanto affannosi tentativi di imitazione convenzionali; a quel punto, però, così come a New York si era costituito il gruppo dei "Five" a Chicago si formò il gruppo dei "Seven", il cui portavoce fu Stanley Tigerman. Ben presto, con la mostra della "Townhouse Competition" del 1978, si ebbe una prima dimostrazione della creatività di questo gruppo, e i denigratori furono costretti a ricredersi.

Agli occhi europei la *Casa-a-tre-piani* di Stanley Tigerman apparve come una trasposizione poetica di un vecchio tema americano: costruita su di un lotto limitato, ricavato all'interno di un blocco edilizio, nonostante la straordinaria angustia era in grado di comunicare un'impressione di libertà architettonica.

Un architetto fino a questo punto ancora poco noto al di fuori di Chicago, Thomas Beeby (fig. 3), progettò una casa a schiera, la cui struttura spaziale ricordava castelli fiabeschi pur conservando un impianto razionale. La facciata georgiana apparteneva ai primi esempi storicizzanti del "post-modern", superando quell'architettura commerciale che da sempre aveva utilizzato gli elementi decorativi georgiani per il confezionamento estetico degli edifici. Beeby raggiunse invece un livello estetico che evita la mancanza di cattivo gusto di una banale ripetizione del modello storico. Questo grazie all'impiego dell'arco bramantesco-palladiano, la cui corona d'occhi perfora in un monumentale crescendo la sottile facciata della casa. Incluso fra i progetti ce n'era uno di Frederick Read (fig. 4) che con la massima coerenza isola la casa dal rumore della strada eliminando addirittura tutte le finestre, chiudendo interamente la facciata, ad eccezione dell'ampio ingresso. Il fregio del tetto dalle considerevoli dimensioni infrange le regole pro-

Chicago's city scape. Goldberg's intention seems to have been to demonstrate the opposite effect: against steel construction he sets poured concrete, against the right angle he sets the cylinder, rounded forms, and rigid, though modified, tubes. Nevertheless, in his architecture, Goldberg too is continuing a Chicago tradition, that of responding in a direct and elementary way, and not – as so often in New York – dreaming up decorative refinements and losing himself in subtle eclecticism. In Chicago, for as long as an American architecture has existed, architects have found not only the quickest but also the most direct answers to the problems in hand.

So, was the new "post-modern" architecture perhaps not too refined and too concerned with formalistic play to catch on in Chicago, where they preferred a constructive problem-solving aesthetic? Had yet another rich vocabulary of architecture evolved in New York and Philadelphia that could not be used in Chicago?

What Mies, Goldberg, Murphy and SOM had not taken into consideration in their architecture was what Charles Moore and Robert Venturi had called "narrative character". Mies van der Rohe's tower blocks stood as elegant but completely mute, uninformative presences in the communication context of the city. Goldberg's buildings, too, had kept the "touch of pure architecture"; to quote Venturi, they had remained "explicit, heroic architecture". Far from the controversy of the East Coast, though it could still claim worldwide importance, Chicago architecture seemed suddenly to have been left behind in a provincial backwater. Since Mies and Goldberg, nothing much had happened, and it looked like trendy image-consciousness when a group of Chicago architects got together and set up the "Chicago Se-

ven", with Tigerman as its spokesman, against the "New York Five".

But soon, with the "Townhouses" exhibition in 1978, the potential of this group was revealed and the scoffers were silenced. To European eyes, Tigerman's three-story house looked like a poetic transposition of an age-old American theme: a house built on a narrow site, reaching deep into the center of the block, which despite its extreme narrowness managed to convey an impression of architectonic freedom.

Thomas Beeby, a Chicago architect till then even less known outside that city, (fig. 3) exhibited a terraced house, with a spatial structure that recalled fairy-tale castles but preserved a rational groundplan. The houses' Georgian facade belonged to the first of the "post-modern" historicizations, outside commercial speculative building which had always used Georgian decorative elements as stylistic packaging. Beeby however achieved an aesthetic level which eliminates the distastefulness of direct application of historical detail. This is due to the dominating motif of the Bramantesque-Palladian arch, with its series of round windows perforating the narrow facade of the building like a monumental crescendo.

Among the projects was one of Frederick Read's buildings (fig. 4), which was most effectively insulated against street noises by the simple elimination of all windows and the complete closing of the whole facade, with the exception of the wide entrance. Oversized roof eaves set the scale and simultaneously liven up the uniformly flat facade by contrasting with the entrance and the flight of steps leading up to it. An unexpectedly sensitive interest in the semantic potential of architectural form found expression in these and similar works. The *Graham Founda-*

7

8

33

9

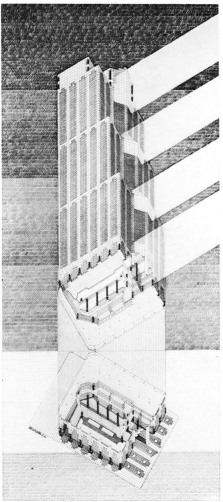

10

porzionali e contemporaneamente ravviva, in contrasto con portone e scale, la superficie uniforme della facciata.

In questi e simili lavori si esprimeva un interesse inaspettatamente vivo per il potenziale semantico della forma architettonica. Il piccolo catalogo della Graham Foundation è oggi già un documento di valore storico, in quanto qui per la prima volta divenne manifesto che anche a Chicago ci si era messi su una nuova strada.

Così non c'è da stupirsi se fra i progetti di nuove costruzioni, che sono attualmente in via di realizzazione, ce ne sono alcuni che si confrontano in modo particolarmente intelligente con le più importanti correnti dell'architettura odierna. Laurence Booth ha elaborato un progetto per una casa unifamiliare (figg. 5, 6) che esemplarmente unisce una pianta alla Mies di spazi quadrati in successione con un'idea alla Venturi. Un elemento a segmento d'arco entra in conflitto con la semplicità della struttura spaziale e suscita una impressione di complessità e contraddizione, senza che peraltro ne sia nata una ripetizione di Venturi alla Robert Stern.

Viene alla mente il progetto di Venturi per la prima *Brant House*. E nel contempo viene mantenuta una semplicità che nuovamente rimanda al postulato di Mies "less is more", contro cui aveva polemizzato appunto Venturi con il suo "less is a bore".

Quando poi nel 1980 ebbe luogo la mostra "Late Entries to the Chicago Tribune Tower Competition", organizzata da Stanley Tigerman, Stuart Cohen e Rhona Hoffman, nessuno si meravigliò più dell'originalità di questa esposizione bella e geniale.

Era come se ci fosse ancora qualcosa da correggere nella *Chicago Tribune Tower*, che qualcosa potesse essere ancora modificato con estro, humour e un più profondo contenuto. Sintomatico era comunque che erano stati presentati solo pochi progetti realizzabili, mentre al contrario si insisteva su contributi che commentavano ironicamente i progetti del 1922.

Così Fred Koetter si divertiva a prendere in giro il progetto di Walter Gropius inclinando lievemente l'edificio verso destra. Thomas Beeby avvolge la sua costruzione con la bandiera americana e pone alla sommità una solenne coppa da cui salgono vapori. Il normale fumo di scarico viene impiegato simbolicamente.

Uno dei più bei progetti lo fornì Peter Pran (fig. 7) che concepì un grattacielo Art Deco in vetro. Un reticolo rigido risale la facciata per alcuni piani, ma ad un certo punto si arresta, in modo che la luccicante cuspide di vetro verde e blu a gradoni possa emergere. Le colonne agli ingressi segnano le vie d'accesso. I grandi cilindri si evidenziano in modo netto rimarcando i luoghi d'interesse pubblico.

Con la "Late Entries" ancora una volta gli architetti di Chicago si sono rifatti al loro modello costruttivo originario: il grattacielo. Il "post-modern" prende possesso delle moderne teorie architettoniche ponendosi in generale il problema di quali mutamenti di stile questo tipo di costruzione possa tollerare, come nel progetto di Peter Pran.

A questo punto appare un architetto, grazie al quale l'architettura di Chicago potrebbe raggiungere nuovamente validità internazionale, nella misura in cui si realizzeranno effettivamente i grandi edifici che si trovano ancora a livello di progetto nello studio Murphy-Jahn.

Lo studio C.F. Murphy Associates cambiando il nome in Murphy-Jahn ha conferito il giusto riconoscimento al suo capo-designer Helmut Jahn di Norimberga. A Jahn, infatti, va il merito se il modello di grattacielo a scato-

tion's Little Catalogue is already a historic document, because here for the first time it is made manifest that in Chicago, too, the scene has shifted.

It is not surprising that some of the new building projects, now being worked on, have come to terms with the most important currents in modern architecture in a particularly intelligent way. Laurence Booth (figs. 5, 6) has a project for a house which in exemplary fashion combines a Mies-style ground plan, consisting of a series of square spaces, with a Venturi idea. A segmented arch element collides with the simple spatial shapes and together give a suggestion of "complexity and contradiction", without going as far as a re-working of Venturi *à la* Robert Stern. Memories of Venturi's project for the first *Brant House* are reawakened, and at the same time a simplicity is preserved which recalls Mies van der Rohe's maxim "less is more", and to which Venturi had countered, "less is a bore".

When, therefore, the "Late Entries to the Chicago Tribune Tower Competition" exhibition, organized by Stanley Tigerman, Stuart Cohen and Rhona Hoffman, opened in 1980, no one was surprised at the originality of this attractive and inventive show.

The pretence was that it was still possible to make improvements in retrospect to the *Chicago Tribune Tower,* as though something might still be done with "wit, humor and profundity". It was however notable that only very few praticable projects had been submitted; instead, entrants presented contributions which were ironic comments on the 1922 projects.

Thus Fred Koetter amused himself making fun of Walter Gropius' project, by tipping the building over to the right. Thomas Beeby wrapped his building up in the American flag and placed a solemn-looking dish-shape

on the top, from which incense fumes floated up. Ordinary heating fumes are incorporated for symbolic effect.

One of the most attractive projects was submitted by Peter Pran (fig. 7), who conceived an Art Deco glass skyscraper. A rigid screen rises along the main facade several stories high, but finally drops back so that the stepped, green and blue shimmering glass bulk is liberated from it. The columns at the entrances mark the way in. The big round cylinders are a feature which stands out, accentuating the points which concern the public.

With the "Late Entries", Chicago architects turned to the most archetypal Chicago building project, the tower block. With Peter Pran's project the post-modern concept takes over present day building projects, and the more general question arises as to what kind of new stylistic interpretations this kind of architecture could be open to. At this point an architect emerges, whose work could lend Chicago architecture renewed world importance, assuming that the large-scale schemes of the Murphy/Jahn partnership, at present in the planning stage, can be successfully carried out.

In changing its name to Murphy/Jahn, the firm of C.F. Murphy Associates has given due recognition to its head officer, Helmut Jahn of Nuremberg. For it is thanks to Jahn that the high-rise frame building type, an established concept of modern construction since Mies van der Rohe, can be included in a cultural tradition. The attempt had already been made at the beginning of this century, particularly in Chicago and New York, to avoid accentuating the total break with the past, despite the entirely novel nature of high-rise architecture, and instead develop forms that would somehow civilize these skyscrapers so

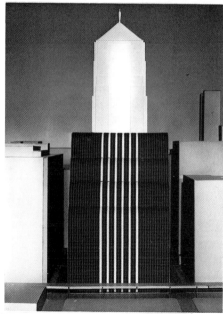

Helmut Jahn, 9, ONE SOUTH WACKER, Chicago, 1981
Plastico/model
10, ONE SOUTH WACKER, Chicago, 1981
Assonometria/axonometric
11, BOARD OF TRADE Addition, Chicago, 1981
Plastico/model
12, BOARD OF TRADE Addition, Chicago, 1981
Plastico/model

la, consolidatosi a partire da Mies van der Rohe come quintessenza del costruire moderno, può essere recuperato nella tradizione culturale. Soprattutto a Chicago e a New York già all'inizio di questo secolo era stato fatto il tentativo di evitare nell'architettura del grattacielo, nonostante la sua assoluta novità, la completa rottura col passato e di sviluppare, invece, forme che permettessero alla cultura architettonica una sorta di recupero di questi grattacieli, di per sé estranei alla tradizione. Ciò che ne uscì non furono giganti brutti e sproporzionati ma opere fortemente individualizzate, come il *Chrysler Building* o l'*Empire State Building*. Mies, al contrario, mirava a formulare prima di tutto un modello in senso universalmente valido spingendo le nuove possibilità della struttura a scatola ad una forma elementare.

Tuttavia le intenzioni di definire modelli tipicizzanti, come quelli su cui Mies insistette sino alla morte, caratterizzati da principi di serialità miranti alla costruzione di un canone, hanno nel contempo come esito il pericolo di far apparire il generale e l'oggettivo così superiori da far cadere nel ridicolo ogni intenzione individualizzante. E in effetti per molto tempo il *Chrysler Building* con la sua cuspide raggiante sembrò una spiritosaggine al cospetto del *Seagram Building*. Ben presto però divenne manifesto qual era il destino delle città se la grandiosa bellezza del riservato, del tipico e dell'oggettivo delineavano lo "skyline", in particolare delle città americane. La mancanza di differenziazione e lo splendore dell'incomparabilmente moderno, del non-convenzionale e del nuovo si diffusero al punto che sembrava esistesse soltanto un assoluto presente, un "ora" assoluto. Il tipico e l'astorico ci circondavano e ciò che si desiderava era l'anonimo.

Jahn dovette anche constatare che i suoi committenti, gli uomini d'affari e i magnati di Chicago, preferivano le costruzioni anonime e rifiutavano le forme personalizzate. La spinta all'autorappresentazione e alla differenziazione fu arginata dall'estetica dell'anonimo, dell'universalmente valido, del luccicante e del levigato. Traccia di questa esperienza si ha nel primo progetto di grattacielo realizzato da Jahn, lo *Xerox-Center* (fig. 8), che con la sua superficie riflettente e la sua struttura di alluminio corrisponde a questa aspettativa, e tuttavia con i livelli differenziati dello spazio tra le finestre elimina l'impressione di una superficie troppo risolta; allo stesso modo i netti spigoli dei lati entrano apertamente in conflitto con la dolce curvatura del corpo dell'edificio, così che da determinati angoli visuali l'effetto complessivo è determinato dal diverso interagire di dettagli frammentari. Gli ulteriori progetti di grattacieli, ancora per lo più in costruzione, rompono la convenzione dell'anonimità modernistica, tanto che il critico d'architettura finlandese Juhani Pallasmaa poté affermare che Helmut Jahn, contro l'intenzione dei suo committenti, trasforma i grattacieli in strutture individuali, anti-anonime. E Jahn stesso constata che la tecnologia odierna ha sviluppato possibilità tali da giustificare la nuova estetica. Così egli trova per le sue intenzioni estetiche i necessari fondamenti tecnici. A chi però fa suo questo tipo di argomentazioni, Jahn obietta: «Io non creo ornamenti ma adorno la costruzione.» Una tale considerazione avrebbe potuto adattarsi anche a Sullivan. Ornamentali sono, ad esempio, i diversi colori del vetro, fatti allo scopo di adornare le levigate facciate di un grattacielo (*One South Wacker Street Office Building*, figg. 9, 10), che mostra un certo riferimento stilistico all'Art Deco.

L'arco a "gradini", un motivo ornamentale che era in voga negli anni Trenta, nuovamente introdotto nell'architettura da Moore, diventa qui un motivo della facciata stranamente familiare e, allo stesso tempo, nuovo che non emerge dalla profondità del rilievo della pietra ma articola nel rivestimento di vetro la struttura a più piani del grattacielo.

Superfici di vetro blu, nero e trasparente si alternano l'una all'altra e formano un motivo che, senza eccessiva elaborazione, ha come esito una forte individualizzazione dell'edificio. Con lo storicizzante motivo avviene una trasformazione della struttura dell'edificio, in cui vengono evidenziati angoli spezzettati e interruzioni. L'esito di questo processo non sono né la linea aerodinamica, come nei lisci corpi di trota, e neppure i levigati blocchi ad angolo retto ma, al contrario, strutture angolari grezze, immerse decisamente nella city, caratterizzanti questa forma inusitata che richiama associazioni storiche: rimanda al contesto cittadino degli anni Trenta, senza cadere nella moda dell'Art Deco.

Un esempio di questo procedimento si ha ancora più chiaramente nell'edificio annesso alla *Board of Trade Building* di Chicago (fig. 11). La costruzione, situata proprio nel cuore della città, viene prolungata sul retro come un secondo edificio che, in scala minore, ripete il corpo principale. I fianchi dell'edificio, costruiti a mo' di stalattite, incorniciano uno spazio centrale alla cui base si apre un portale che sale per più piani. Un analogo sistema prospettico fu sviluppato da R. Hood nel *Rockfeller Center* di New York, realizzazione dell'architettura Art Deco. Tuttavia, Jahn trasforma questo corpo forte e massiccio in una struttura di vetro blu. E non solo le pareti a gradini del blocco dell'edificio subiscono una metamorfosi, ma anche il tetto a padiglione diventa di vetro e

utterly alien to tradition. It was not the out-of-scale and unsightly giants that survived, but buildings of individualized character, like the *Chrysler Building* or the *Empire State Building*. Mies, however, insisted that first of all the standard had to be formulated in a universally valid way and the new possibilities of frame construction given a basic form.

But single-minded adherence to a standard, with a repetitiveness suggesting belief in a sacred canon, as maintained by Mies until his death, also causes the danger of making the general and objective seem so much more important, so that all attempts at individuality are made to look ridiculous. And in fact, for a long time the *Chrysler Building*, with its sunburst crest, seemed a joke beside the *Seagram Building*. But it eventually became clear where cities would end up if the great virtues of self-effacement, standardization and objectivity were to fill the skylines of American cities in particular. The indistinguishability and gloss of the incomparably modern, the unconventional and new spread, as if there were only one absolute Present, one total Now. Standard structures and buildings without history surrounded us and anonymity became desirable.

At this time Jahn, too, found that his clients, the business magnates, preferred the anonymous buildings and shied away from individualistic forms. The urge to self advertisement and individuality was repressed by the aesthetic ideal of the anonymous, the universal, the shining and smooth.

Jahn's first completed high-rise building, the *Xerox Center* (fig. 8), incorporates something of this experience, fulfilling expectations with its reflective surface and aluminum screening. With the differentiated levels of the horizontal plates between the windows it counters the impression of an over-finished surface, just as the sharp edges of the sides strongly counteract the gentle rounding of the building's mass, so that from certain angles the overall effect is determined by the chance interaction of fragmentary details.

Subsequent high-rise projects, mostly still under construction, shatter the conventions of modernistic anonymity, so that the Finnish architecture critic Juhani Pallasmaa was able to declare that Helmut Jahn transforms high-rise buildings against his clients' intentions, into individual, anti-anonymous images. Jahn himself notes that present-day technology has developed possibilities by means of which the new aesthetic concepts can be justified. Thus even for his aesthetic aims he has found the required technical basis. To anyone who thinks he can see throught this reasoning, however, Jahn replies: «I don't build ornaments, I ornament buildings.» Sullivan himself could have said the same.

We can class as ornamental, for instance, the different colors of glass used to create an effect on the smooth expanses of the glass facades of a skyscraper (*One South Wacker Drive Office Building*, figs. 9, 10), which demonstrate a certain stylistic harking back to Art Deco. The stepped arch, a favorite decorative motif of the thirties and reintroduced into architecture by Charles Moore, here becomes a strangely familiar yet unusual and novel facade ornament, which, instead of being cut in deep stone relief, articulates the multi-story frame of the building in its glass skin. Blue, black and transparent glass surfaces intermingle and form a pattern that without great elaboration results in a strong individualization of the building. Together with the historicizing glass pattern there is a transformation of the building's mass, with accentuation of abrupt corners and interruptions. The result of such a design process is not streamlining; this unfamiliar form is characterized by rough angled shapes, almost dumped down in the city, which nevertheless recall historic associations and suggest the urban context of the Thirties, though without falling prey to the Art Deco fashion.

This process is even more drastically demonstrated in the example of the annex for the *Chicago Board of Trade* (figs. 11, 12). The building, in a prominent position in the city center, is given an extension at the back, which is like a second building repeating – on a smaller scale – the form of the main building. Its body is built up at the sides, in stalactite fashion, framing a central space with a gateway under it which rises to a height of several stories. A similar system was developed by Raymond Hood for Rockefeller Center in New York, the embodiment of Art Deco architecture. But Jahn transforms the whole thing, this muscular, stubby Art Deco mass, into a blue glass creation! Furthermore, not only does the stepped relief of the building's walls undergo a metamorphosis: the hip roof, too, is turned to glass and changes its visual consistency. The historicizing extension to a historic building is imperceptibly transformed into a piece of modern architecture. The simple decision to turn a stone building into a glass one has the mark of that imaginative redefinition, by which a piece of "Chicago architecture" has once again been made from Mies's glass boxes. Mies, in fact, had brought the glass high-rise block, like an importation from Berlin into the USA, and had implanted it as a sort of emigrant's memorial in Chicago and New York. Helmut Jahn has given back to the Americans the

muta perciò la sua consistenza ottica. Lo storicizzante edificio, annesso ad uno già storico, si trasforma impercettibilmente in un pezzo di architettura contemporanea. Questa semplice decisione di trasformare un edificio di pietra in uno di vetro, contiene una fantasiosa novità: quella di aver fatto della scatola di vetro di Mies ancora una volta un pezzo di architettura di Chicago. Mies, infatti, aveva portato il grattacielo di vetro da Berlino negli USA, come una sorta di prodotto di importazione e là, a Chicago e a New York, l'aveva come tale semplicemente trapiantato. Helmut Jahn restituisce agli americani la tradizione americana del grattacielo. Egli trasforma l'invenzione di Mies van der Rohe, mirante alla generalizzazione, in una architettura americana "regionale", storicizza il "modern" e fonde il nuovo con l'Environment americano.

Quanto sbalorditivamente moderna sia poi a sua volta questa reinterpretazione storicizzante del nuovo, Jahn lo mostra in un precedente progetto (fig. 12) che conserva la prima idea, ossia un'onda di vetro che, come mensola Art Deco ampliata sino al gigantesco, diventa l'edificio annesso. Infatti Jahn ha eletto a *leitmotiv* di questa concezione il più evidente tra gli ornamenti dell'atrio esistente: una mensola. I committenti, però, rifiutavano una tale idiosincrasia. Essi inorridivano del mezzo espressivo di cui già si era servita la pop-art, nel frattempo divenuta popolare: ossia la trasformazione del contesto e l'ampliamento iperbolico del rapporto di scala. A tal riguardo ci si rende conto di quanto l'anonimità dell'architettura del grattacielo abbia ridotto le aspettative non appena si tratta di conferire a tali costruzioni capacità espressive. Il potenziale semantico dei grandi edifici cittadini si è ridotto pressoché al punto zero. Jahn ha capito ciò: e sta cercando metodi per

ottenere un tipo di "decorum" anche per edifici dai corpi tozzi, così da integrarli in un contesto culturale storico e permettere loro di partecipare al contesto comunicativo della città.

Jahn riconosce apertamente di aver acquisito gli stimoli per questo procedimento da Cesar Pelli, il quale si era posto come obiettivo dichiarato di elaborare intensivamente il rivestimento esterno dei grattacieli in modo che essi diventassero gradevoli all'occhio, così che non si imponessero come massa gigantesca, senza poter essere recepiti come individualità. Pelli, però nelle sue costruzioni aveva rinunciato alla dimensione storica. Per lo *State of Illinois Center* (fig. 13) Jahn ha scelto un procedimento del tutto diverso. Non la citazione storicizzante nelle facciate carica l'edificio di significati semantici, ma la scelta della struttura di base dell'edificio, al di fuori della tipologia tradizionale, e la contemporanea rinuncia ad ogni convenzione ornamentale trasformano l'edificio in un pezzo di architettura del tutto moderno e libero, per descrivere il quale ancora deve essere trovata una terminologia e quindi anche il giusto mezzo interpretativo. L'edificio sarebbe una presenza completamente aliena al contesto cittadino, se questa creazione del tutto anticonvenzionale non fosse tagliata da tutti i lati fino a divenire un frammento per adattarsi, proprio in quanto corpo estraneo allo spazio dato.

Gli schizzi del progetto (fig. 14) mostrano quanto fossero convenzionali le idee da cui Jahn era partito: una struttura quadrata che riempie completamente il blocco. Passaggi diagonali portano a un centro a cupola. Nessuna mediazione vi è tra questo concetto e il pensiero successivo, quel segmento a quadrante che sembra rimasto lì quasi come una focaccia. Questa costruzione che nega qualsiasi simmetria e che, grazie al suo carattere frammentario,

elimina qualsiasi impressione di monumentalità è in grado di rappresentare l'idea dello stato dell'Illinois (fig. 15). Decisivo è il fatto che l'edificio non si chiude verso l'esterno, ma che l'ampio spazio circolare dell'interno si apre come un atrio centrale, circondato dai piani adibiti ad uffici.

Lo *State Building Foyer* dell'edificio statale, accessibile da ogni parte, è anche una piazza coperta. A partire dalla *Ford Foundation Building* di Kevin Roche di New York è diventato abituale negli USA che grandi istituzioni come banche, assicurazioni e amministrazioni statali mettano a disposizione del pubblico spazi come questi. Anche per la copertura di questa piazza, Jahn ha scelto una forma del tutto atipica che di nuovo evidenzia l'anticonvenzionalità e ignora ogni forma già storicamente collaudata: non sarebbe stata infatti normale e comprensibile come tetto dello spazio centrale una cupola? Jahn sceglie invece una lastra di vetro rotonda che è adagiata obliquamente sulla struttura circolare come un coperchio. Così il corpo frammentato viene sottolineato nella sua antimonumentalità dalla forma altrettanto antimonumentale del tetto.

Quando questa costruzione sarà finita di fronte alla *Marina City* (fig. 16) di Bertrand Goldberg, allora a Chicago si potrà trovare di nuovo un pezzo di architettura unico che disponga liberamente dei concetti di standardizzazione e contemporaneamente neghi le immagini convenzionali. Non la storia collega l'edificio alla città ma la sua indovinata stereometria che rimanda alla perfezione di forme primarie e, nel contempo, gioca con questa perfezione.

Ancora una volta quelle forze che sono parte integrante dell'architettura di Chicago stanno lottando per fare emergere un'espressione: mentre da tre lati i limiti del blocco tagliano nettamente la struttura edilizia con una

American skyscraper tradition. He transforms Mies van der Rohe's invention, tending to become generalized, into a "regional" American architecture, historicizes the modern and combines the new with the American environment.

Jahn demonstrates just how breathtakingly innovative this historicizing reinterpretation of the modern is in an earlier project incorporating one of his first proposals, a glass wave; which becomes a building extension like a gigantically enlarged Art Deco console. And, in fact, Jahn used the most conspicuous ornamentation of the existing hallway – just such a console – as the theme of his design. But the clients did not take to such idiosyncratic ideas. They were quite aghast at the means of expression employed, which had already been used by Pop Art and penetrated popular consciousness: alteration of context and exaggeration of scale. As soon as we try to make these buildings communicate again, it becomes clear how high-rise architecture has reduced our expectations. The semantic potential of large scale city buildings has shrunk to practically zero. Jahn has recognized this, and is coming up with ways of achieving a kind of "decorum" even for crude masses of buildings, in order to integrate them into a historical context and thus allow them to take part in the city's communication. Jahn openly admits to receiving the inspiration for his thinking from Cesar Pelli, who made it his declared aim to make the outer skin of large buildings acceptable to the human eye, so that they should not simply stand around in gigantic masses without individual appreciation. Pelli, however, did not take the historical dimension into consideration in his work.

For the State of Illinois Center (fig. 13), Jahn chose a completely different approach. The building is semantically "opened", not by play with historicizing elements in the facades, but by the choice of a basic form for the building which is outside the traditional canons and, simultaneously, by dispensing with any convention of ornament, which turns the building into a completely innovative, untrammelled "piece of architecture", for which first of all a language and thence a means of comprehension must be found. The building would be a completely alien presence in the city context, if it were not that this totally unconventional creation has been tailored all round and trimmed down to the best detail to fit into the available space. The sketch for the project shows in the top-right hand corner (fig. 14) how conventional Jahn's starting points were: a square mass totally filling the block. Diagonal passageways lead to a domed center. From this conception there is no intermediate step to the next thought, that quarter circle that seems to have been left behind like a slice of cake. This building which denies all symmetry and refuses all monumentality by its fragmented character, nevertheless manages to convey the idea of the State of Illinois. A key point is that it is not closed to the outside; the broad circular space inside opens out to become a central hall, surrounded by office floors (fig. 15). The State Building's Foyer, approachable from all sides, is also a covered open square. Since Kevin Roche's Ford Foundation Building in New York, it has become customary for big organizations like banks, insurance companies and government departments to provide spaces like this for the public. To roof this space, too, Jahn chose a totally non-standard form, which again emphasizes unconventionality and ignores every historically tested shape. Would not a dome to roof over the central space have been both usual and comprehensible? Instead Jahn chose a circular glass plate lying diagonally like an opening lid over the circular space. Thus the anti-monumental attitude of the building's fragmented mass is underlined by the anti-monumental form of the roof. If this building (fig. 16) is completed to stand beside Bertrand Goldberg's Marina City, there will be yet another unique piece of architecture in Chicago which negates conventional images. It is not history which links the building with the city, it is its matching stereometry, which recalls the perfection of primary forms and yet plays on this perfection.

Once again those forces which are such a clear ingredient in Chicago's architecture are struggling for expression. On the one hand, the prescribed limits of the block cut off and fragment the architectural mass with an accentuated and thus rigorous finality on three sides. On the fourth side the building makes room for itself by drawing back the front edge of the circle-segment from the street, thus creating open space in a place where there otherwise is hardly any. The secret of this design's success is to have brought this gesture to a pitch of aesthetically attractive form. In it may perhaps be seen the promise of a new Chicago architecture, rich in innovation.

evidente e quindi rigorosa incisività, sul quarto lato l'edificio si apre retrocedendo dalla strada e continua nel segmento circolare creando spazio aperto là dove non ve ne sarebbe stato. Aver elevato questo gesto ad una forma esteticamente molto evidente è il merito di questo progetto. Vi si potrebbe forse vedere la promessa di una nuova architettura di Chicago, ricca di innovazioni.

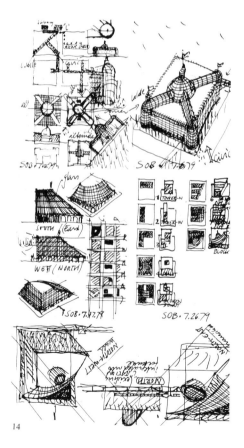

13

15

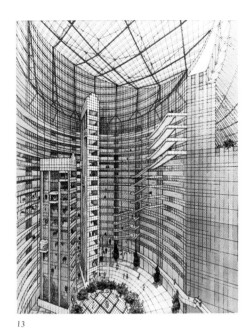

14

16

Helmut Jahn, 13, STATE OF ILLINOIS CENTER, Chicago, 1981
Interno/Interior
14, STATE OF ILLINOIS CENTER, Chicago, 1981
Schizzi/Sketches
15-16, STATE OF ILLINOIS CENTER, Chicago, 1981
Plastico/model

Chicago rivisitata

Nory Miller

Questo testo non è altro che una descrizione piena di rimandi e sintetica, che non giunge a una teoria né, anche se è storica, a una storia essendo meno completa ed esauriente di quello che le storie sono di solito. È una descrizione. È quindi un tentativo di ampliare i soliti discorsi sull'architettura di Chicago, sia quella del passato sia quella attuale, per metterla in prospettiva e, nello stesso momento, per cambiare il nostro modo di vederla.

Una storia selettiva

Chicago si sviluppò durante la rivoluzione industriale. I movimenti sociali, l'arte, i romanzi, gli affari e l'architettura che si generarono furono i prodotti diretti della rapidità e della misura dello sviluppo industriale. Oggi la città si muove più lentamente e con più eleganza; è una capitale regionale con una base solida e una cittadinanza che lo è altrettanto. Nel 1981 la sua arte e la sua architettura non possono più essere considerate fonti primarie come lo furono cento anni fa. Ciò nonostante ci sono sotto la sua superficie certe attitudini, sia formali sia filosofiche, che derivano, anche inconsciamente, dalla vecchia Chicago dell'acciaio e del bestiame, degli inventori dilettanti, e dall'"utopia" della frontiera.

Il nome della città significa "cipolla selvatica". Fu fondata da un negro e, non più di duecento anni fa, era un luogo ove avvenivano i commerci con i pellirosse. La sua prima fase storica è piena di esploratori, cacciatori, inglesi

Henry Ives Cobb, 1, LAKE FOREST PRESBYTERIAN CHURCH, 1886
Graham, Burnham & Co., 2, FIELD MUSEUM OF NATURAL HISTORY, 1911
Salon S. Beman, 3, THE ARCADE OF "MODEL" COMPANY TOWN, Pullman

Chicago Revisited

By Nory Miller

What follows is intended as excerpted, cross-cut, argumentative description. It is not really theory, nor, though historical, not thorough and complete as histories should be. It is description. It is the attempt to flesh out the usual discussions of Chicago architecture, past and present; to give it a kind of perspective and, in so doing, alter the perception of it.

A Select History

Chicago rose to prominence in the industrial revolution. The novels, social movements, art, entrepreneurial arrangements and architecture it spawned were direct products of the extent and speed of industrialization. Today it moves more slowly and more elegantly; a regional capital with a solid base and a more stolid citizenry. Its art and architecture cannot be described as primary sources in 1981 as they had been a century before. Nonetheless, there are underlying predilections, both formal and philosophical, that derive, however subconsciously, from the earlier Chicago of steel and stockyards, of inventors tinkering in basements, and of American frontier utopianism. The city's name means "wild onion". It was founded as an Indian trading post by a Black man not much more than two hundred years ago. Its early history is full of explorers and trappers and the British and French mixing it up in the backwoods, but Chicago as Chicago begins in the second half of the 19th century. As

e francesi che trafficavano nelle foreste, ma Chicago in quanto tale nacque nella seconda metà del XIX secolo. Come viene celebrata da Carl Sandburg nella sua poesia, la città diventa capitale del cuore dell'America. Era il macellaio, l'ammassatore di grano, l'artigiano; era il nodo ferroviario più importante degli Stati Uniti e un polo d'attrazione per gli insoddisfatti della provincia e d'oltremare. Cresceva in fretta e triplicò la sua popolazione negli ultimi venti anni del secolo scorso.

Lontana dal resto dell'America, ben consolidata e piena di ogni tipo di immigrati Chicago divenne la città dove le idee nuove, le invenzioni, le nuove configurazioni politiche e sociali ed ogni tipo di cambiamento trovarono poca opposizione. Finché continuò a funzionare. Cyrus McCormick vi arrivò dall'Est dell'America e metteva in azione la sua macchina mietitrice che rivoluzionò la coltivazione del grano. La *balloon frame* dava la possibilità di costruire case velocemente ed economicamente. Un nuovo tipo di commercio – la vendita per corrispondenza – si sviluppò per rifornire i contadini e la gente della frontiera occidentale. Anche le mogli venivano offerte nei cataloghi.

Quando si accorsero che Chicago non sarebbe mai diventata capitale del mondo degli affari e del divertimento nel Midwest finché le sue strade erano piene di fango e sporcizia, il Comune ordinò il rialzamento della città di 12 piedi, ancora prima che esistesse una tecnica per tale operazione. Addirittura Chicago invertì poi il corso del suo fiume, facendolo tornare indietro, per migliorare la situazione sanitaria. Era una città che si era fatta da sé con uomini fatti da sé, pressoché senza burocrazia, dove nell'arco di una generazione si poteva far fortuna e i contadini potevano mandare i figli all'università. Se oggi è più conosciuta per le

politiche corrotte e per i gangster del Proibizionismo, viene anche considerata il luogo di nascita della televisione, delle *settlement houses,* delle case a più livelli in periferia, dei cul-de-sacs, del rinnovamento urbano del dopoguerra, del cinema commerciale, della rivista "Playboy" e del vagone letto Pullman.

Che cosa segue la forma?

Quest'elenco non è dovuto allo sciovinismo ma vuol suggerire che la città ha avuto fino ad un certo punto un carattere riconoscibile che spiega la sua passata architettura in modo diverso da quello dei teorici moderni[1]. Una parte di quel carattere è romantica, ottimista e spesso innocentemente convinta non solo che le cose dovrebbero migliorare ma che miglioreranno. Questo non sorprende in una città dove quasi tutti riescono e riuscivano a migliorarsi, anzi, può esserci anche una relazione con l'idealismo particolare di qualche suo immigrato. Da una parte venivano i rifugiati socialisti ed anarchici della fallita rivoluzione tedesca del 1848 e del successivo declino economico, che formavano un quinto della popolazione di Chicago fino alla prima guerra mondiale. Dall'altra venivano i figli e i nipoti degli agricoltori del Midwest. Quando gli agricoltori vennero dal New England, la terra sembrò una rivelazione. La ricca terra scura delle praterie era molto più fertile di quella del New England e il luogo veniva considerato come l'Arcadia. Sembrò il paradiso Jeffersoniano della democrazia agraria, e qua e là si stabilirono comunità religiose e socialiste che conservano tuttora nomi come "New Harmony".

D'altro canto il carattere di Chicago è fondamentalmente pratico. Non in modo cinico, ma fantasiosamente terra

terra. È la città degli inventori di oggetti brevettati e di promotori di nuovi modi di fare le cose. I suoi scrittori sono stati realisti, riformisti e umoristi, con il gusto per i dettagli e l'aneddoto[2]. I suoi architetti sanno porre le cose assieme, dalla messa in opera di una finestra alla costruzione di un grosso stabilimento industriale, e non si preoccupano se si sporcano d'olio. Chicago è un posto tattile, perfino sensuale, di cose che puoi toccare e di sistemi che puoi usare[3].

Non c'è mai stato a Chicago un vero senso dell'astrazione. Nella interpretazione di questa città Mies passava da Platone al prefabbricato. Fuori Chicago, Mies è apprezzato per la sua eleganza eterea. Nella sua città adottiva egli viene onorato per la sua onestà strutturale e materiale. I suoi studenti hanno diminuito l'interesse per la sua estetica classica e costruttivista, per la sua filosofia basata su S. Tommaso e su S. Agostino e del perché alcune sue espressioni strutturali, come il Museo a Berlino, non sono immediate. I suoi lavori e il suo insegnamento non sono stati mai approfonditi per le loro implicazioni ma venivano copiati come da un manuale. E quando c'erano varianti (e ce n'erano anche di brillanti) erano dovute a questioni di politica economica o ad espressioni di temperamento (come nella parte più forte della produzione di Jacques Brownson e di Gene Summers, per esempio) e non ad una propria opinione.

Si potrebbe sostenere che il significato della griglia, dei rapporti fra il reale e l'ideale siano stati di centrale importanza nello sviluppo dell'architettura di Mies. Ma per gli architetti di Chicago fu importante l'aver imparato il suo metodo. Un metodo progressivo e adatto alla costruzione di grandi edifici a basso costo che assicurino le richieste continue dei costruttori edili.

Ciò che è inteso come astrazione a

Carl Sandburg's poem made famous, the city became the capital of America's heartland. It was the hog butcher, wheatstacker, toolmaker, the hub of the country's railroad system and a magnet for the dissatisfied from the countryside and from across the sea. It grew fast, tripled in population in the last twenty years of the century alone.

So far from the rest of established America, and so full of every kind of emigré, Chicago became a city in which new ideas, new-fangled contraptions, new social and political arrangements, change of any kind, found little resistance. As long as it worked. Easterner Cyrus McCormick came there to manufacture the reapers that revolutionized wheat farming. Balloon-framing was invented to build houses cheaply and quickly. A new kind of commercial venture, the mail order business, developed to serve surrounding farmers and the western frontier. For a while even brides were offered by catalog.

When it was decided that Chicago would never be the entertainment and shopping capital of the midwest as long as its streets were mired in swamp mud and muck, the city council passed an ordinance requiring the entire city to be raised 12 feet, before there was even a technique for doing so. Years later, Chicago was also actually to reverse the course of its river, make it flow backwards, for the improvement of sanitation.

Chicago was the self-made city of self-made men. It was a place almost without an establishment, where fortunes were made in one generation and peasant immigrants sent their children to college. If it is known more today for its corrupt politics and Prohibition gangsters, it is also considered the birthplace for television and settlement houses; suburban split-levels, cul-de-sacs and post-war urban renew-

al; commercial motion pictures, *Playboy Magazine* and the Pullman sleeping car.

Form Follows What?

This is presented not in the way of chauvinism but to suggest that the city had, and to some extent still has, a recognizable character that explains its architectural past rather differently than the modern theorists did[1]. Part of that character is romantic, optimistically often naively convinced that things not only should get better, but will. It is not surprising in a city to which almost everyone came to better their lot, and did. But there may also be a correlation with the particular idealism of some of its emigrés. From one direction came the socialist and anarchist refugees from Germany's failed 1848 revolution and the economic decline that followed, who formed fully one-fifth of the population of Chicago before the First World War. From another direction came the children and grandchildren of midwestern homesteaders. When the homesteaders first came west from New England, the land had been a revelation. The rich black soil of the prairie was so much more fertile than the rocky hills of New England that it was thought a kind of Arcadia. It seemed the place for the Jeffersonian ideal of an agrarian democracy. And here and there in little pockets of land came religious and socialist collectives dotting the wheatfields with utopian communities, some of which still retain names like "New Harmony."

On the other hand, the Chicago character is also fundamentally practical. It is not cynically practical, but inventively, imaginatively down-to-earth. It is a town of inventors with patents pending and promoters with a

new way to do something. Its writers have been realists, reformers and humorists with a taste for detail and anecdote[2]. Its architects know how to put things together, from butt glazing to large firms, and don't mind getting grease under their fingernails. It is a place of tactility, even sensuality, of things you can touch and systems you can use[3]. Oddly enough, despite its reputation, what there has not been in Chicago is any real feeling for abstraction. It is a city in whose interpretation Mies went from Plato to pre-fab. Outside Chicago, Mies is appreciated for his ethereal elegance. In his adopted home, he is honored for his structural and material honesty.

Interest in his classical and constructivist aesthetics, his philosophical underpinnings in Acquinas and Augustine, or in why some structural expressions by him (e.g. the Museum in Berlin) are anything but direct, is discouraged by his students. His work and teachings were never weighed for implications, they were copied as if from a handbook. And when there were variations, and there were brilliant ones, it was inevitably a question of bottom-line economics or expressions of temperament (the more muscular productions of Jacques Brownson or Gene Summers, for instance), not point of view. The abstract significance of the grid, the relationship of real to ideal has been argued to have been crucial to the development of Mies's architecture. But to Chicagoans what was crucial was that Mies's was the way they had been taught; it was progressive, and it could be used to build big buildings cheaply enough to keep developers coming back.

What passes for abstraction sometimes is Chicago's literalness, its tendency to be diagrammatic, like the famed skeleton frame of the supposed First Chicago School. But it was never

volte non è altro che la qualità "letterale" di Chicago, la tendenza ad essere diagrammatica, come il famoso scheletro strutturale della presunta prima "Chicago School". Non fu un fatto ideologico, ma semplicemente una questione pratica presentata con una vivacità simbolica[4].

Questo punto è importante in quanto la mancanza di un'ideologia o di un particolare gusto visivo permisero che un giovane come Frank Lloyd Wright sviluppasse un'architettura radicale. I suoi clienti erano persone fatte da sé: la prima generazione uscita dai sobborghi di Chicago, aperta ai suggerimenti[5]. Infatti la città ha sostenuto anche una serie continua di architetti piuttosto interessanti e eccentrici: come Andrew Rebori, l'inventore della radio da polso "Dick Tracy"; Sol Kogan, il Simon Rodia di Chicago.

Uno sguardo attento alla storia dell'architettura di Chicago rivela la città come un contenitore e mecenate di ogni stile importante che sia stato intrapreso in America nell'ultimo secolo. Quando la città fu distrutta dall'incendio del 1871 chiunque avrebbe potuto arrivare per ricostruirla. Venne Louis Sullivan da Filadelfia, John Wellborn Root dalla Georgia, William Le Baron Jenney era di Chicago, ma educato a Parigi. Nello stesso periodo in cui straordinarie conquiste tecnologiche permettevano la costruzione di grattacieli ad armatura d'acciaio, gli architetti progettavano facciate romaniche e piante in stile Beaux Arts. Se da una parte Root aveva a disposizione così pochi soldi che la torre Monadnock è risultata una costruzione quasi nuda, Sullivan dall'altra si considerava fortunato ad avere clienti con fondi sufficienti per costruire facciate abbastanza ornate e composte, in modo da incarnare il messaggio e lo spirito della sua architettura americana. La "World's Colombian Exposi-

tion" del 1893 riportava lo stile Beaux Arts alla moda e vi resta durante il movimento City Beautiful dando forma alla maggior parte delle istituzioni culturali. Un altro stile importante è stato l'Art Deco che lasciò l'impronta su diverse torri e cinema, così come il primo stile internazionale (George Fred Keck), l'eclettismo grazioso (David Adler), e il neo gotico delle università. Mentre gli ultimi quattro stili godettero dei favori della città.

Intanto, l'estetica della scuola di Chicago – cioè le facciate romaniche con i bay-window e le piante dai grandi cortili – veniva assorbita dal gergo architettonico vernacolare e questo rapporto non è stato ancora riconosciuto. Dall'inizio del secolo fino alla fine della seconda guerra mondiale i quartieri residenziali si riempivano di queste costruzioni a tre e a quattro piani (Rogers Park, Hyde Park), e sono infatti un tipo di abitazione di grande efficacia. Uno dei limiti della teoria dell'espressionismo strutturale consiste nella possibilità di applicarla soltanto ai grattacieli del centro commerciale. Questa teoria quindi taglia fuori Wright come altri architetti di grande qualità, come David Adler, Henry Ives Cobb, Howard Van Doren Shaw, Hugh Garden e Dwight Perkins.

La seconda città

Come per altri suoi aspetti, Chicago dal punto di vista architettonico è una capitale di provincia, che tiene un occhio puntato su New York e sull'Europa e un altro sul proprio orgoglio sciovinistico. In parte vorrebbe sviluppare (o, in questo caso, avere sviluppato) uno stile dall'immediato carattere e in parte vorrebbe emulare il più velocemente possibile gli stili più "legittimi" e riconosciuti. Per l'architettura questo fatto ha significato a volte un

ondeggiare della "Chicago Bandwagon School", piuttosto che seguire il destino abbozzato dagli espressionisti strutturali. C'è un senso di inadeguatezza rodente: la città si sente seconda rispetto a New York sebbene, ormai, sia anche al terzo, quarto o quinto posto. Questo significa che fino a poco tempo fa esisteva un orgoglio civico retorico che soltanto recentemente ha cominciato a sgretolarsi. Chicago, come altri centri industriali del Midwest, era ansiosa di dimostrare agli orientali "superiori" di aver fatto alcuni gesti imponenti nei primi decenni del secolo; seguì la pianificazione di Daniel H. Burnham che mirava a creare non solo larghi viali ma "sprecava" l'intero lungolago adattandolo a parco. È la seconda città degli Stati Uniti per l'estensione dei suoi parchi. Essa, o i suoi "primi" cittadini, costruiva un museo d'arte, una biblioteca con cupole alla Tiffany, una sala da concerti, un teatro d'opera e localizzava tutto ciò vicino ai primissimi grattacieli. Quando si decise di avere un'università fu costruita una copia del King's College di Oxford, servendosi del calcare in modo da creare una patina in breve tempo[6]. Una parte di quell'orgoglio rimane ancora nelle scelte di architetti, materiali e sculture perfino nelle costruzioni speculative.

Ed ecco che arriva Mies van der Rohe. C'è un punto senza il quale non si può capire il fenomeno di Mies a Chicago e cioè il fatto che una città provinciale sia riuscita ad ottenere attraverso Mies un importante, anzi il perfetto, simbolo di legittimazione. A Harvard c'era Gropius, ma egli non costruiva in modo tanto spettacolare quanto insegnava. E a New York – e qui siamo al dunque – non c'era proprio nessuno.

Quando si constatò che l'architettura di Mies comprendeva anche uffici a bassi costi e blocchi di appartamenti, e

an ideological point, merely a practical matter presented with only token flounce[4]. It is an important point because it is this lack of ideology or particular visual taste in Chicago that allowed a brilliant young man like Frank Lloyd Wright to develop a radical architecture. His clients were the self-made first generation out of the tenements, men of Chicago's suburbs, and they were open to suggestion[5]. Actually the city has supported a continuing series of rather interesting, eccentric architects as well: Andrew Rebori, who also claimed to have invented the Dick Tracy wrist radio: and Sol Kogan, Chicago's Simon Rodia, to name two.

A close look at Chicago's architectural history shows the city as a receptacle and patron of every major style undertaken in urban America in the past century. When the fire of 1871 destroyed most of its buildings the city opened its pocketbooks to anyone who would come and rebuild it. Louis Sullivan came from Philadelphia, John Wellborn Root came from Georgia. William Le Baron Jenney was native but educated in Paris. At the same time that extraordinary technical advances made steel frame skyscrapers buildable and affordable, the architects designed facades that were generally Romanesque and Beaux Arts plans. If Root's client kept the Monadnock's budget so low that the tower was presented bare, Sullivan considered himself fortunate to have clients that would pay for facades sufficiently composed and ornamented to convey the message and spirit of his American architecture.

The Columbian Exposition of 1893 brought Beaux Arts more fully into favor and its tenure lasted solidly through the City Beautiful movement, giving form to most of the city's cultural institutions. Art Deco was an important style in Chicago from downtown towers to outlying movie theaters. So was early International Style (George Fred Keck), gracious eclecticism (David Adler) and collegiate gothic. The last four held the city's attention simultaneously.

Meanwhile, the Chicago school aesthetic – that is, the Romanesque bay-windowed facades and block letter courtyard plans – were quietly subsumed into a housing vernacular, whose connection is still unrecognized. From the turn of the century until the Second World War these three and four-story brick courtyard buildings grew to line residential neighborhoods (Rogers Park, Hyde Park) and indeed are a particularly successful housing type. One of the problems of the structural expressionist theory has always been that it only deals coherently with high-rise downtown buildings. Not only does this effectively leave out Wright, it leaves out other unarguably accomplished designers: David Adler, Henry Ives Cobb, Howard Van Doren Shaw, Hugh Garden, Dwight Perkins.

The Second City

Chicago is architecturally exactly what it is in other ways, a provincial capital with one eye on New York and Europe and the other on its own jingoistic pride. Partly it wants to develop (or, in this instance, to have developed) a style out of its own forthright character. And partly it wants to ape more "legitimate" and recognized styles as fast as it can. For architecture this has sometimes meant a constantly shifting Chicago Bandwagon School rather than the theorists' structural expressionist manifest destiny. There is a gnawing sense of inadequacy – it sees itself as the second city – second, that is, to New York, though it may well nowadays be third or fourth or fifth. But what this has also meant is a strong tradition of blustering civic pride that has only recently begun to erode seriously.

Chicago (and most midwestern industrial centers) was so anxious to prove how civilized it was to its Eastern "betters" that it made a series of grand gestures in the early decades of the century. It followed a plan by Daniel H. Burnham that not only created wide avenues but "wasted" the entire lakefront as parkland. It built the second most parks of any city in the country. It or leading citizens built an art museum, library with Tiffany domes, orchestra hall, opera, and laid them gracefully next to the early skyscrapers. When they decided they needed a university, they copied King's College from Oxford, in fast-aging Indiana limestone for authenticity[6]. Some of that catch-up pride remains in the choice of architect, material, sculpture, even in speculative buildings.

Enter Mies van der Rohe. It is hard to understand the phenomenon of Mies and Chicago without understanding this point about the provincial city capturing a major – no, the perfect – legitimizing symbol. Harvard had Gropius but Gropius didn't build as spectacularly as he taught. And New York – this was of course the point – hadn't signed up anybody.

When Mies's architecture turned out to build cheap office buildings and apartment houses, instead of just expensive, impractical, altogether too elegant little houses, he even got to build outside the campus of the Illinois Institute of Technology.

The other point it is necessary to understand is that IIT was the Armour Institute of Technology when Mies arrived, not a university of stature like Harvard, not a university of any kind.

non solo casette eleganti, poco pratiche e costose, egli poté progettare anche fuori della zona dell'Illinois Institute of Technology.

Un altro punto da capire bene è che l'IIT era all'arrivo di Mies l'Institute Armour e non un'università del prestigio di Harvard o di qualsiasi altra università. Non aveva neanche una biblioteca. Vi si insegnavano poche materie oltre a ingegneria. E i suoi studenti provenivano dalla operosa, ma non sofisticata, classe operaia di Chicago. Non si differenziava molto, insomma, da quei posti dove si mandano i ragazzi ad imparare a riparare le televisioni. Non dico certamente che gli studenti non fossero intelligenti né che, dopo l'arrivo di Mies, non incominciassero ad essere sofisticati. Sottolineo il fatto che la maggior parte degli studenti lasciava l'Institute preparata per entrare nel commercio. Se c'era annessa un'ideologia essa era più una comoda copertura che una fede radicata. D'altro canto, per quelli che sapevano sfruttarlo, il commercio era renumerativo. Quei laureati che fondavano delle ditte prosperavano. Quelli che si mettevano a costruire casette di vetro e d'acciaio, che progettavano interni di cuoio e di marmo si trovavano spesso in difficoltà.

L'accordo bi-polare

Durante il periodo di Mies, tuttavia, esistevano sempre alternative visibili, una specie di opposizione leale. Gli architetti più conosciuti di questa opposizione furono Harry Weese, Walter Netsch e Bertrand Goldberg. Non formavano un gruppo, né politicamente né ideologicamente, ma la loro indipendenza da Mies e dall'IIT costituì nella Chicago degli anni Sessanta e all'inizio degli anni Settanta una specie di compromesso più che un gruppo

unito e clamoroso. Erano degli importanti leader locali – nel caso di Ben Weese si potrebbe dire che ebbe anche un'influenza sull'architettura – ed erano di Chicago.

Bertrand Goldberg, lavorò con Mies nella Germania degli anni Trenta ma, più tardi, divenne più disincantato. I suoi interessi, però, rimasero inalterati: la tecnologia e l'architettura come forze per il cambiamento sociale. Negli anni Trenta si interessava alla tecnologia del legno compensato e, più tardi, a quella delle strutture sottili di calcestruzzo. Oggi si trova nel mezzo della rivoluzione del computer. La sua immagine è sempre stata quella di un riformatore visionario. La sua *Marina City* è la prima pietra delle sue teorie psico-spaziali[7].

Anche Walter Netsch, collaboratore al SOM per decenni, cominciò come "miesiano". Il suo pensiero poi diventò più matematico (aveva frequentato il MIT e non l'IIT) e sviluppò la sua teoria del campo: una nozione sul come ruotare quadrati e raggrupparli; le risultanti piante e costruzioni erano piene di angoli netti, di simmetrie radiali e di spazi interpenetranti verticalmente. Tuttavia il senso di questo, Netsch sosteneva, non era quello della gioia creata dalle forme cristalline ma un riferimento alle sensazioni dello spazio illimitato e alle possibilità di libere scelte.

Al contrario dei suddetti, Weese non ebbe nessun rapporto con l'ex maestro della Bauhaus. La sua uscita dal MIT avvenne tramite lo studio di Saarinen ove rimase impressionato, anche se non dimostrò una coerenza molto consistente, dall'eclettismo e dal rispetto per il linguaggio popolare.

I suoi progetti sono passati dai campus di mattoni al "village square", al Corten e allo specchio bronzeo, dall'esuberante centro artistico di Milwaukie Arts Center a fedeli restauri, ai

soffitti a cassettone della metropolitana di Washington e alla facciata delle carceri locali che assomiglia a una scheda perforata. La sua intensa carriera di urbanista è stata egualmente vistosa con le continue richieste da lui fatte per salvare una parte o l'altra della città. La sua è stata spesso più una posizione di conservazione che di rinnovamento, e in diverse zone ha perfino investito i suoi soldi in tali proposte ottenendo la ripopolazione ma anche notevoli profitti.

Anche se Weese non è un fanatico della conservazione forse il suo attivismo nel salvare importanti edifici storici ha avuto la maggiore influenza sulla generazione più giovane. È importante che egli abbia aperto gli occhi di Chicago sul proprio passato in una maniera molto eclettica. Mentre i suoi restauri hanno avuto un buon risultato architettonico, il suo gusto per lo stile romanico dei primi grattacieli e per il gergo vernacolare che ne è derivato lo ha portato ad incorporare nei suoi progetti facciate a più partiture, finestre con marcati davanzali e architravi, mattoni rossi e perfino vecchi candelieri a muro d'epoca. Ciò che è tipico di Chicago in essi non è la loro particolarità estetica. Tutti gli architetti negli anni Sessanta si interessavano al senso della comunità, espressa tramite l'uso di mattoni rossi all'eclettismo non-didattico, alla geometria e alla tecnologia del calcestruzzo.

Ciò che distingue Weese da Edward Larrabee Barnes o da Edward Durell Stone, Goldberg da Felix Candela e Netsch da John Hejduk è la convinzione che ad ogni costo si possa creare un mondo perfetto, partendo subito. Chicago è la città che ha costruito veramente la *Ville Radieuse* di Le Corbusier[8], la perfetta città industriale di Pullman, il perfetto sobborgo Riverside di Olmsted ed altre bene intenzionate città nuove[9].

It was a trade school. It didn't really even have a library. It had only perfunctory courses in non-engineering subjects. And its student body came from the hard working but not terribly sophisticated Chicago working class. It was, in fact, not that different from the places children are sent to learn how to repair television sets. This is not to say that the students weren't intelligent or even that more sophisticated students didn't start showing up when Mies arrived. Only what most students left IIT with was a trade. If an ideology went with it, it was often more as justifying armature than the tugged and tethered stuff of belief.

On the other hand, for those who knew how to apply it, it was a lucrative trade. The graduates who went to and formed the large firms did well. The graduates who built tiny steel and glass houses, designed cantilevered exhibits and leather and marble interiors have altogether too often barely maintained offices.

Bipolar Detente

All during Mies's tenure, however, there were always visible alternatives, a kind of loyal opposition. The best known are Harry Weese, Walter Netsch and Bertrand Goldberg. They were not a group, politically or ideologically. But their wildcat independence of Mies and IIT made Chicago in the Sixties and early Seventies more of a bipolar detente than a marching band. They were important local leaders – Weese could even be called influential architecturally – and they were very much Chicagoans.

Goldberg actually began his practice under Mies in Germany in the thirties, but later became disenchanted. His interests, however, have remained firm: technology and architecture as a force for social change. In the thirties he worked on stressed skin plywood, later on concrete shell technology. Today he is in the middle of the computer revolution. Throughout, his self-image has been that of visionary reformer. His twin corncob *Marina City*, is not only the first post-war downtown mixed use development but the cornerstone of his psycho-spatial theories[7].

Walter Netsch, a design partner at SOM for decades, also began as a "Miesian." His thoughts turned mathematical (his education was taken at MIT not IIT) and he developed the field theory. Not actually a theory but a notion of rotating squares and clustering them, the resulting plans and buildings were full of sharp angles, radial symmetries and vertically interpenetrating spaces. But the point, according to Netsch, had not to do with the joy of crystalline form. It had to do with yielding sensations of unlimited space and unfettered choice.

Weese, in contrast, never had any filial connection with the ex-Bauhaus Meister. His journey out of MIT had been through Saarinen's office, and the impression that eclecticism and respect for vernacular had made on him there was to be permanent, if not altogether consistent. His designs have careened from village square brick campuses to Corten and bronze mirror, from the gaudy *Milwaukee Arts Center* to faithful restorations, to the coffered vaults of Washington's subway or the computer punch card facade of his downtown jail. His career as an urban gadfly has been equally visible, with one proposal after another to save some part of the city. Retrenchment has been his position more than renewal and in several areas he has backed up belief with investment, resulting in Soho-like repopulation and handy profits to Weese and his investor friends.

While Weese is no born again preservationist, it is probably his activism in the cause of both great buildings and plausible neighborhoods that has influenced the next generation most directly. More profoundly, his influence has been to open Chicago's eyes self-consciously to its own past, in an openly eclectic manner. While his restorations have been more successfully architecturally, his unabashed taste for the Romanesque of early skyscrapers and surrounding vernacular led to incorporations of repeating bay facades, windows with identifiable sills and lintels, ubiquitous red brick and even period lighting sconces.

What is Chicagoan about these three is not their aesthetics particularly. Architects all through the Sixties were interested in red brick neighborliness and nondidactic eclecticism, in geometry, in concrete technology. What distinguishes Weese from an Edward Larrabee Barnes or Edward Durell Stone, Goldberg from Felix Candela, or Netsch from John Hejduk is that wide-eyed, hell-bent, sometimes common sense-eluding conviction that a perfect world can be created, starting now. Chicago is a city that actually built Le Corbusier's *Ville Radieuse*[8]. Pullman's perfect factory town, Olmsted's perfect suburb, Riverside, and less clear but equally well-intended recent new towns[9].

Inciting to Riot

If the previous situation could be characterized as detente, the current one has been more of a media coup d'etat. It began with an exhibit not unlike this one, of Chicago work shown abroad. Put together by a German architect who had spent a year at SOM, Oswald Grube, it reflected the usual First Chicago School/Second Chicago

Incitamento alla rivolta

Se la situazione precedente si poteva definire come quella dell'accordo, l'attuale è più simile ad un colpo di stato da parte dei mezzi di comunicazione. Tutto è cominciato con una mostra all'estero, non dissimile a questa in Italia, dell'architettura di Chicago. Era stata scelta dall'architetto tedesco Oswald Grube, che aveva trascorso un anno al SOM, e rifletteva sulla solita interpretazione lineare del rapporto prima scuola di Chicago/seconda scuola di Chicago; attirando poco interesse. Due anni più tardi (1976), però, quando stava per essere montata al Museo d'arte contemporanea decisero di montare una contro-mostra. Era cominciata la battaglia delle esposizioni! Stanley Tigerman assunse il ruolo di agitatore e di padrino e Stuart Cohen diventò l'accademico della casa; la mostra frugava nella storia alla ricerca di materiali meno conosciuti e più idiosincratici. Ancora nel primo entusiasmo i quattro architetti (i due già menzionati più Booth e Ben Weese) divennero sette. Si chiamarono "Chicago Seven", un nome mutuato dal processo ad Abbie Hoffman e associati per le loro attività nella convenzione democratica del 1968. I sette tennero mostre d'arte e salirono ad undici e continuarono a tenerne altre, poi indissero un concorso per giovani architetti e il "Late Entries to the Tribune Tower Competition"; formarono il Chicago Architectural Club, un'organizzazione di circa cinquanta persone, che si interessava di far pubblicare articoli e organizzare conferenze.

Questo colpo riuscì tanto che i duri cominciarono, un anno fa, una controffensiva e presero il controllo del comitato locale per l'assegnazione di borse di studio e pubblicarono dei manifesti. Ma il Museo d'arte contemporanea è ora nelle mani dei ribelli che esportano le mostre in Europa. Sicché, anche se spesso viene considerato un conflitto di ideologie, questo è soltanto il solito cambiamento di generazione. Il gruppo è stato infaticabile nell'aprire Chicago ad altre voci, attraverso gli avvenimenti e le tavole rotonde organizzate nella città, inserendo problemi *au courant* e corsi fondamentali nel programma dell'"altra" scuola d'architettura della città (Circle Campus). La vecchia generazione, sia i seguaci di Mies sia l'opposizione leale, è stata estromessa. E, ancora, nessun gruppo può essere considerato come detentore di una posizione filosofica o di un'estetica consistente.

Chicago oggi

Il gruppo presentato in questa mostra comprende diversi architetti dei "cinquanta" ed alcuni seguaci. Essi sembrano dire alcune cose su Chicago. Prima di tutto, la presentazione di lavori di progettisti non-indipendenti dimostra fino a che punto lo spirito del complotto abbia creato un senso di cameratismo. Anche se complica i compiti del critico – il lavoro è stato eseguito sotto la direzione di un'altra persona – perlomeno c'è un contrasto notevole nel solito modo di elencare i ringraziamenti nel catalogo. La varietà dei tipi di costruzione, da grattacieli, ampliamenti di case, ospedali e alle conversioni di scuole supervisionate da architetti, è una continuazione della pratica quotidiana dell'architettura nella città. Gli architetti di Chicago non sono dandy, e non sono neanche dilettanti né accademici. Anche i più famosi di loro sono disposti ad intraprendere sia la ristrutturazione di una casa sia la progettazione di un museo d'arte. E una perfetta conoscenza delle tecnologie di costruzione è ancora un motivo di orgoglio personale.

Se il pragmatismo li distingue ancora, ogni inclinazione verso l'utopia è assente. Nel 1981 Chicago non è più una città nuova e le sue istituzioni non sono più in uno stato di cambiamento costante. Il romanticismo qui, come altrove, è diventato la nostalgia, un senso non-specifico di perdita. Più che mai gli architetti sono molto coscienti della storia dell'architettura della propria città, anche se diversamente da altri architetti dell'Est il loro approccio all'eclettismo è come quello di un compratore al supermercato. Non sono tesi verso la riscoperta zelante della tradizione, come fa un Allan Greenberg, né verso la brillante gara della citazione erudita.

Stilisticamente Chicago rimane la capitale della ragione, che tiene sempre sott'occhio le cose interessanti che si fanno altrove in modo ambivalente, interessato e resistente. Ci si può trovare quasi ogni "ismo" contemporaneo: razionalismo, classicismo, il Pop e il gergo locale. Ci sono erosioni, giustapposizioni ed inserzioni; spostamenti di dimensione e di rete; dei riferimenti all'arte moderna e all'arte precolombiana. Se avessimo preso in considerazione il lavoro dei più giovani progettisti le influenze Gwathmoyane, Gravesiane, giapponesi e moresche sarebbero state ancora più evidenti.

Non è possibile illudersi che esista una scuola contemporanea di Chicago. Per trovare un raggruppamento bisogna basarsi sugli atteggiamenti e le condizioni di Chicago. Non dico che ogni sua caratteristica sia unica, ma semplicemente cerco di offrire un'altra interpretazione di una città alla quale l'attenzione architettonica è stata indirizzata per tanto tempo. In questo senso più generalizzato l'irriverenza continua di Stanley Tigerman è tipica dell'ambivalenza difensiva di Chicago verso il decoro. E i lavori di Beebe sembrano aderire al gusto di Chicago

School straight line interpretation and drew only perfunctory notice. Two years later (1976), however, when it was due to be shown at Chicago's Museum of Contemporary Art, some of the architects left out decided to stage a counter-exhibit. The battle of the exhibits was on!

Spearheaded by Stanley Tigerman, whose role is both agitator and godfather, and Stuart Cohen, whose role has been resident academic, the exhibit rustled the bushes of history for more idiosyncratic and lesser known material. With the blood still up, the exhibit four (the two plus Booth and Ben Weese) expanded to the Chicago Seven, a name appropriated from the trial of Abbie Hoffman and travellers for their activities during the Democratic Convention of 1968. Chicago Seven held art shows, expanded to eleven, held more art shows, sponsored a competition for even younger practitioners, held last year's "Late Entries to the Tribune Tower Competition", and formed the fifty or so member Chicago Architectural Club to bring in lecturers and publish papers.

The coup has been so successful that the hardliners began a counter-offensive a year ago, taking over the local awards committee and issuing manifestoes. But it is too late. The Museum of Contemporary Art is in the hands of the infidels and it is they who are now exporting exhibits to Europe.

Yet, though it is sometimes spoken of in ideological terms, this has been only the ritual changing of the generations. The group has been indefatigable in opening Chicago up to outside voices, providing events and forums within the city, and injecting *au courant* studio problems and background courses into the "other" architectural school in town (Circle Campus). But the older generation is neatly excised from its inner ranks, whether high Miesians or loyal opposition. And, more to the point, neither in crowd nor out crowd can be viewed as presenting a consistent aesthetic or philosophical position.

Chicago Today

The group represented in this Italian exhibit includes many of the established fifty-and-under designers in town and several of their more talented underlings. What it seems to say about Chicago is four-fold. If nothing else, the inclusion of work by the non-independent designers shows the extent to which the conspiracy spirit has created a sense of camaraderie. While it makes the task of the critic difficult – the work shown was done under the direction of someone else – it is in notable contrast to the usual situation in regard to credits. The array of building types from office towers to house additions to hospitals to architect-developed school conversions is a continuation of the city's day to day architectural practice. Chicago architects are not dandies. Nor are they gentlemen designers or academics. The most famous are still almost as likely to take on a housing subdivision as an art museum. And a thorough knowledge of construction technology is still a point of pride and personal pleasure. If pragmatism is still one of the hallmarks, however, the utopian inclination is noticeably absent. In 1981, Chicago is not such a new city, its institutions no longer in a state of constant upheaval. Romanticism here, as elsewhere, has turned to *nostalgia*, a nonspecific sense of loss. More than ever before, the architects are self-consciously aware of the city's architectural history. Although, unlike some of their Eastern counterparts, their approach to eclecticism is that of a shopper at the market. There is no inclination to the earnest reinvestment in tradition of an Allan Greenberg, nor much thrill in the clever game of recondite quotation.

Stylistically Chicago remains the regional capital, forever with its eye on the glamorous elsewhere, both resistant and eager. Almost every contemporary "ism" can be found: rationalism, classicism, pop imagery and contextual vernacular. There are erosions, juxtapositions and insertions; scale and grid shifts; references from Art Moderne to Pre-Columbian. Had the youngest layer of self-employed designers been included, the Gwathmoid, Gravesian, Japanisme and Mooresque end of the spectrum would be even more complete.

It is not possible to nurture the idea of a contemporary Chicago school. As a basis for grouping, Chicago is more of a series of attitudes and conditions. This is not to say that each of its characteristics is unique, simply to offer another interpretation of a city to which architectural attention has so long been directed. In this more general sense, Tigerman's perpetual nose-thumbing is quite typical of Chicago's defensive ambivalence toward gentility. And Beeby's art work seems consonent with Chicago's taste for high ideals delivered with sensual immediacy. Both reflect the city's quite literal feeling for narrative. On the other hand, Krueck's architecture of sensibility says not so much about Chicago taste as about Chicago's ability to tolerate private journeys.

The frequency with which almost all of the designers have and still do change styles reflects not only the current state of architectural affairs but also Chicago's singular detachment from a recognizable point of view as a useful piece of equipment.

4

5

Holabird & Root, 4, DIANA COURT BUILDING, Chicago, Illinois, 1929
Interno/interior
George Fred Keck, 5, HOUSE OF TOMORROW, World Fair, Chicago, Illinois, 1933

per gli ideali elevati, presentati con un'immediatezza sensuale. Ambedue riflettono la vera inclinazione della città per la narrativa. D'altra parte, l'architettura sensibilista di Krueck non parla il gusto di Chicago ma della sua capacità di tollerare esperienze personali. La frequenza con la quale quasi tutti gli architetti hanno cambiato, e cambiano tuttora, i loro stili riflette non solo lo stato attuale dell'architettura ma anche il singolare distacco della città dall'usufruire di un solo punto di vista riconoscibile.

Stanley Tigerman

Tigerman non è tanto il leader quanto il fulcro e la fonte d'energia. Booth e Nagle hanno cominciato nel suo studio, ma si trovano segni della sua influenza su tanti altri e, ciò che è più significativo, un'influenza discontinua ma che riflette il suo metodo. Negli anni Tigerman ha formalmente ripreso ogni problema importante: dalle megastrutture all'appartamento, considerato secondo un linguaggio popolare, dalle immagini Pop alla *high-tech* e alla *Villa Madama*. Mastica gli stili e le filosofie, a volte li digerisce, ma sono sempre la base per un'invenzione e sono manipolati nel modo in cui la gente di Chicago riesce a capire le cose, cioè come tecnica ed esperienza.

Quasi sempre egli si spinge in diverse direzioni. Da una parte verso la ricchezza di forme, di materiali e di complessità spaziale. Ed è qui che diventa sia più esigente nei dettagli sia più inventivo (come negli stretti corridoi rivestiti di cedro che separano zona privata e comune nella *Daisy House*). Dall'altra mostra un gusto marcato che rivela la mano dell'inventore, dando importanza all'artigianato e fornendo una qualità quasi di giocattolo sia alle costruzioni sia ai dettagli.

A volte contro queste inclinazioni agisce in lui una contrarietà sarcastica spesso scambiata per iconoclastia. L'impulso a fare della caricatura e a creare l'imbarazzo è diffuso a Chicago e, se da una parte esso è mancato finora nella sua architettura, è sempre stato evidente nella sua arte. Alla fine degli anni Sessanta e negli anni Settanta gruppi di artisti dai nomi come "The Hairy Who" e "The Non-Plussed Some" buttavano fantasia e funk sui loro fruitori, lavori disegnati con una volgarità gioiosa da fumetti con un imbarazzante biomorfismo contagioso, usando i più oltraggiosi giochi di parole. Questi lavori, pieni di energia, spesso estremamente comici e molto attraenti dal punto di vista visivo, venivano riconosciuti subito come un tutt'uno con Chicago e venivano anche comprati[10]. Se l'immagine sessuale di Tigerman è meno graffiante e i suoi doppi sensi sono meno volgari, l'intento satirico è comunque quello. Con i soliti risvolti le opere più recenti di Tigerman sembrano spostarsi dal Pop al palladianesimo e a qualcos'altro. Le immagini sessuali e classiche vengono rimpiazzate da immagini arcadiche, le curve sinuose da forme bisezionate e i colori primari dai colori del giardino. Il discorso rimane assolutamene letterale (dove Graves suggerisce soffitti celesti, Tigerman dipinge le nuvole *trompe l'oeil*). Dal lato più pragmatico, uno dei suoi lavori più belli è un insediamento economico: *Marion*.

Helmut Jahn

Quando Jahn partí dalla Foresta Nera per studiare con Mies si trovò in una città molto più adatta a lui che al suo insegnante. Dopo tre mesi che era all'IIT entrò nello studio di C.F. Murphy (attualmente Murphy/Jahn), una ditta che diventò famosa presentando i

Stanley Tigerman

Tigerman is not so much the leader as the pivot and energy source. Booth and Nagle began in his office, but his formal influence extends through a number of the group, revealingly only in bits and pieces a reflection of Tigerman's own approach. Over the years, he has taken up formally almost every burning issue of the day from megastructure to vernacular housing, pop imagery, high-tech and the *Villa Madama*. Styles and philosophies are chewed up, sometimes digested, always invented on, and freely manipulated in the way Chicagoans understand things, as technique and experience. Tigerman is pulled, more or less at any given time, in several directions. One is toward a lushness of form, material and spatial incident. And it is here that he is both exacting in detail and most inventive (e.g. the narrow, undulating, cedar-lined corridors that separate public from private in the *Daisy House*). Another is a marked taste for the visible hand of the inventor that both gives craftsmanship (from cabinetry to topiary) a prominent place and frequently lends a toy-like quality to both buildings and details.

Working sometimes with and often against these inclinations is a jeering, prankish contrariness often mistaken as iconoclasm. The impulse to caricature and embarrass is common in Chicago and if it has heretofore been missing from its architecture, it is well identified with its art. In the late sixties and seventies groups called things like "The Hairy Who" and "The Non-Plussed Some" threw funk and fantasy at their audiences, drawn with a cartoonlike cheerful vulgarity and an infested biomorphism, sometimes embellished with outrageous puns. Full of energy, often very funny and surprisingly appealing visually, the work was not only recognized as "of a piece" in Chicago but appealed greatly to Chicago collectors[10].

If Tigerman's sexual imagery is less scratchy and his puns further from the gutter, the mocking intent is nonetheless in concert. With the usual overlaps, Tigerman's most recent work seems to be moving from pop to Palladian to something else. Sexual and classical imagery is being replaced by Arcadian, sinuous curves by bisected forms, primary colors by those of the garden. The narrative remains absolutely literal (Graves suggests celestial soffits; Tigerman pants *trompe l'oeil* clouds).

On the more pragmatic side, one of his loveliest recent works is a very low dollars-per-square-foot subdivision house (Marion).

Helmut Jahn

When Jahn left the Black Forest to study with Mies he found a city that suited him far better than it ever had his would-be mentor. After three months at IIT he joined C.F. Murphy (now Murphy/Jahn), a firm that made its reputation showcasing the talents of Mies's finest students. Though his designs were more German high-tech than IIT from the beginning, the deviation seemed not to concern the firm. In the intervening years, Jahn has moved from shaped silhouettes and superstructures to eroded form, mannerist pediments, grain silos and a house so exaggeratedly rationalist it could pass for Japanese[10].

Unlike Mies, his interests have been nuts and bolts, physical seductiveness and, more recently, narrative imagery, executed with a great deal of imagination, energy and facility; as happy, if not happier, in big buildings as in more intimate ones and without bene-

6

7

Andrew Rebori, 6, HOUSE, World Fair, Chicago, Illinois, 1933
Harry Weese, 7 FIRST BAPTIST CHURCH, Columbus, Indiana, 1965

51

lavori degli studenti migliori di Mies. Sebbene i suoi progetti all'inizio dimostrassero più la *high-tech* tedesca che l'influenza dell'IIT, questa diversità non sembrava preoccupare troppo la ditta. Nel frattempo Jahn si è spostato dalle *silhouette* sagomate e dalle megastrutture alle forme erose, ai timpani manieristici, ai silos per il grano e perfino ad una casa così esageratamente razionale da sembrare giapponese[11]. Diversamente da Mies, egli si interessa alle cose fondamentali, alla attrazione fisica e, di recente, all'immagine narrativa portata a termine con molta fantasia, energia e facilità e impiegata felicemente sia nelle costruzioni grandi sia in quelle più piccole; e tutto senza un'erudita base filosofica.

Influenzato senz'altro dagli altri architetti di Chicago, Jahn ha cominciato a rivestire le sue costruzioni *high-rise* con la classica organizzazione tripartita, con un riferimento specifico alla *Transportation Bulding* di Sullivan. Nel frattempo si è interessato a riferimenti più evidenti: la rotonda dello *State Office Building*, come simbolo del governo; la *Station Office Tower* come una macchina maschilista che ti aggredisce. L'immagine Pop (ed anche qualche forma specifica) deve qualcosa a Tigerman, ma per Jahn l'eccitazione si trova invariabilmente nella magia dei materiali moderni e in una certa forma "muscolare".

Thomas Hall Beeby e Ronald Krueck

Krueck lavorava per Beeby. Ciò che hanno in comune è la tenacia con cui perseguono certe ossessioni private nell'architettura. I lavori di Beeby cominciarono come estensioni intelligenti e pulite di Mies. Ma i suoi disegni erano paesaggi edonistici e incantati dai colori deliziosi. Era attratto dalle immagini romantiche della poe-

sia e della pittura tedesca dell'Ottocento, dalle praterie del Midwest e dall'idealismo della vecchia America: elementi importanti nello sviluppo di Chicago stessa. Beeby riempì i suoi disegni di immagini innocenti e di rinascita, trasformazioni, casupole di legno, silos, dell'occhio che si trova dietro una banconota... la loro organizzazione è nello stile puro di Caspar David Friedrich tutto primopiano e sfondo, ma la pienezza lirica del colore tradisce una sensualità libera. Da anni i due architetti hanno cercato di arrivare ad una risoluzione delle influenze sul loro lavoro. A Champaign e a Hewitt, Beeby cercò di uscire dalla sfera d'influenza di Mies attraverso Le Corbusier. Poi abbandonò questa strada per un'approccio più storico, istintivamente indirizzandosi verso l'ordine del classicismo; con esperimenti prima di piacevolezza, di colore e di disegno e poi di combinazioni di elementi più libere e un'organizzazione più fluida, sta ora muovendosi gradualmente verso costruzioni che riflettono le sue visioni romantiche. Un grande rifiuto dell'astratto per abbracciare questioni di umore e corrispondenza.

Krueck non si ritira in un ideale agreste ma nella sensibilità infinitamente tenue. È stato educato all'IIT, ma è molto legato al mondo dell'arte contemporanea, e nei suoi progetti traspare Mies con delicate alterazioni percettive, proiezioni concettuali; sottili modulazioni di colore, luce e di occasionali interventi eccentrici.

Laurence Booth, Benjamin Weese, James Nagle

Malgrado il fatto che il fratello Ben sia l'unico di questi tre architetti ad avere lavorato assieme a lui, Harry Weese è il padre spirituale del loro profondo interesse per gli alloggi, in generale, e

in particolare con le case fatte con il linguaggio popolare dei mattoni e di bay-window. Sono intervenuti non solo nelle zone eleganti ma anche nei sobborghi e nei quartieri poveri che mostrano i segni dei disordini sociali. Di recente le allusioni storiche sono diventate più manifeste nei tetti inclinati, abbaini, conci angolari, archi d'ingresso nella maniera di Sullivan, le finestre tipiche di Chicago e perfino metafore. In aggiunta sia Nagle (che proviene dall'Ohio) sia Weese introducono immagini derivate dalle stalle e dalle fattorie delle praterie. Diversi anni fa Weese sviluppò un modo di "contorcere liberamente" gli edifici *high-rise* di appartamenti in modo da suggerire bay-window senza doverli pagare. Di recente ha trattato le loro superfici con fasce di mattoni policromi o in stucco per diminuire la percezione delle dimensioni. Il lavoro di Booth è sempre stato quello più ecumenico o stilisticamente discontinuo, essendosi divertito negli anni con tutto, dalla teoria del campo di Netsch allo stile palladiano e, adesso, con forme arcaiche. Le sue ultime opere dimostrano in più una ricerca cosciente per il lusso: sia in un senso plastico sia nell'uso dei materiali (vedi i pannelli di porcellana usati nella *Herman Miller Health Science Division* o l'ingresso dicalcestruzzo policromo e marmo lavorato dell'*Apartment Building*.

Gerald Horn, Peter Pran

Sia Horn sia Pran sono forestieri (Horn della California e Pran della Norvegia) che progettano per le venerabili ditte di Chicago: Horn per Holabird & Root, Pran per Schmidt, Garden & Erickson. Da anni Horn ha lavorato usando sapientemente elementi del linguaggio non solo di Mies ma anche degli altri primi modernisti. I suoi

fit of erudite philosophical underpinning. Influenced undoubtedly by the Chicagoans around him, Jahn has begun reinvesting high-rises with "19th century" classical tripartite organizations and, at Northwestern, a specific reference to Sullivan's *Transportation Building*. At the same time, he is interested in more recognizable connotations: the rotunda of the *State Office Building* as a symbol of government; *Northwestern Station Office Tower* as a "macho engine coming at you". The pop imagery (as well as some of the specific forms) owes something to Tigerman, but for Jahn the excitement reposes invariably in the magic of modern materials and in a certain simple muscularity of form.

Thomas Hall Beeby and Ronald Krueck

As it happens, Krueck used to work for Beeby. What they have in common is the tenaciousness with which they pursue private architectural obsessions. Beeby's work began as intelligent, immaculate extensions of Mies. But his drawings were of hedonic, enchanted landscapes in melting color. Drawn to the romantic imagery of 19th century German painting and poetry, and to the midwestern prairie and the idealism of early Americana (all important to Chicago's own development), Beeby filled the drawings with images of innocence and rebirth, transformation, a log cabin, silo, the eye from the back of the dollar bill... The organization is pure Caspar David Friedrich – all foreground and background – but the lyrical ripeness of the color betrays a less guarded sensuality. For several years the two have been struggling toward resolution. In Champaign and at Hewitt, Beeby tried to work his way out of Mies through

Le Corbusier. He abandoned that for a more openly historicist approach, instinctively heading for the orderliness of classicism. Through experiments first with amenity, color and pattern; now with a freer combination of elements and looser organization, he is gradually moving toward the romantic visions in built work. It is a considered rejection of abstraction as inevitably short-lived, and a forthright embrace of mood and association.

Krueck's retreat is not into an agrarian ideal but into infinitely attenuated sensibilities. Educated at IIT but closely associated with the contemporary art world, his design pulls Mies through delicate perceptual alterations, conceptual projections, subtle modulations of color, light, texture, and occasional eccentric interventions.

Laurence Booth, Benjamin Weese, James Nagle

While brother Ben Weese is the only one to have practiced with him, Harry Weese is the spiritual father of these architects' long-standing interest in housing in general and Chicago's red brick, bay-windowed vernacular housing in particular. Their involvement has not only been in stylish neighborhoods but also in suburban subdivisions and riot-burned slums.

In recent years the historic allusionism has become more self-conscious with peaked roofs, dormers, quoining, Sullivan entry arches and lunettes, Chicago windows and even occasional diagrammatic metaphors of transition. In addition, both Nagle (who is from Iowa) and Weese bring in imagery from the barns and farmhouses.

Weese developed, a number of years ago, a way of "freely contorting" high-rise apartment buildings in a way that suggests bay-windows without paying

for them. Recently he has rendered their surfaces in banded, polychrome brick or stucco to further diminish the perception of size. Booth's work has always been the most ecumenical (or leapfrogging) of the three, having played over the years with everything from Netsch's field theory to Palladiana and now archaic form. His latest work displays as well a conscious search for luxurience: both of plasticity and material (witness the porcelain panels of the *Miller Health Science Division* or the polychromed shaped concrete and sculptured marble entryway of the *Apartment Building*).

Gerald Horn, Peter Pran

Both Horn and Pran are immigrants (Horn from California, Pran from Norway) who design for noble old Chicago firms: Horn for Holabird & Root, Pran for Schmidt, Garden & Erikson. Horn has worked selectively for many years in the vocabulary of Mies and other early modernists. His interests have centered on panel systems, campus arrangements of building blocks, bridge entries, long-span structure and exposed technology. He is a perfect Chicagoan, which is perhaps why, when he came there from his native state for a couple of years experience with high-rises and large firms, he never left. He is self-taught (from the pages of *Arts and Architecture* and the drafting tables of Craig Ellwood); has equipment buildings, hospitals and suburban office complexes as commissions, and is not much given to either the classicism or scholasticism of Mies. To the criticism he received for erecting elegant glass paneling in front of a concrete wall (*4A Equipment Building*), he replied: «I'm not a purist. Glass is a cheap material. It makes it possible to put a

interessi si sono concentrati su sistemi di pannelli, organizzazione di edifici di *campus*, ingressi a ponte, strutture tese e impianti a vista. È il rappresentante perfetto di Chicago, e forse è per questo motivo che ci è rimasto dopo che è arrivato per fare un qualche anno di esperienza di costruzioni *high-rise* e di grandi ditte. È autodidatta (guardando "Arts and Architecture" e le tavole di Craig Ellwood); gli sono stati commissionati magazzini, ospedali e complessi di uffici in periferia e non è molto attratto né dal classicismo né dallo scolasticismo di Mies. Alla critica per aver posto eleganti pannelli di vetro davanti ad un muro di calcestruzzo (*4A Equipment Building*) ha risposto: «Non sono un purista. Il vetro costa poco. Rende possibile la veloce messa in posizione di una copertura ed è materiale che permette più facilmente del mattone un'eventuale estensione». Periodicamente Horn è riuscito a strappare effetti felicemente sculturali da budget piuttosto bassi. Di recente è diventato molto più cosciente di ciò che fa, usando composizioni ponderate di pieni e vuoti e compiendo esperimenti progressivi con forme figurative. Nel lavoro più recente, un ufficio a Libertyville, aggiunge perfino un riferimento romantico, anche se lontano, al *Crystal Palace*.

Anche Pran fu attirato a Chicago dal suo interesse per Mies e un rapporto felice con uno degli studenti più brillanti di Mies, Myron Goldsmith, lo trattenne al SOM per otto anni. Mentre vi soggiornava è stato il coordinatore nel debutto di Chicago della mostra di Oswald Grube. Il suo lavoro è stato influenzato, dalle scatole di vetro miesiane (forse più simili a quelle di Philip Johnson), dagli ibridi strani ma abili fra classicismo Gravesiano e razionalismo italiano (con diversi riferimenti a Corb, Tigerman, Jahn e perfino allo stile georgiano). Si è detto che

Pran considera queste interazioni metaforicamente come la separazione e l'unione dell'uomo con la tecnologia o, alternativamente, come legame con il contesto e come fonte di una reinvenzione continua. Infatti è solo da poco tempo che ha il controllo di commissioni importanti. Il lavoro attuale mostra i segni di un periodo di transizione; si sospetta che si stia muovendo verso una risoluzione dove la fluidità e la composizione, non la posizione, giocano il ruolo centrale.

Kenneth Schroeder, Stuart Cohen

Chicago non ha solo la reputazione di una città di grandi aziende ma ha anche una lunga storia di imprese relativamente piccole. In questo campo lavorano Schroeder, un architetto che è stato addetto alla progettazione del riuso di un magazzino e d'una scuola, e Cohen, il cui lavoro è stato per la maggior parte indirizzato alla costruzione di case e ad ampliamenti (attualmente è in società con Anders Nereim). Il lavoro di Schroeder riflette il suo interesse continuo, anche se distante, per quello di Charles Moore. Il suo lavoro più recente si accentra all'articolazione di elementi architettonici come fossero dei "mobili": una stanza inserita che viene spostata rispetto alla struttura della pianta, una cucina isolata con cura dal resto della casa, stanze come piccoli edifici che guardano su una strada/corridoio. I primi lavori erano pieni di vedute sagomate fra le stanze e i piani. Ciò che cerca Schroeder è "una stanza che travasi", uno spazio aperto ma ben definito. Le radici di Cohen provengono da un'altra direzione che va dai *fingerlakes* di Corb ai collages urbani di Colin Rowe, di cui è stato allievo, da Venturi a Asplund, de Klerk, Stirling. Molti dei suoi ampliamenti sono fatti a ba-

nali abitazioni suburbane, ed in essi sono intrecciati materiali ed elementi stilistici nelle erose ed echeggianti addizioni. Le case cercano di fare una media fra il "noioso e ordinario" e le amenità più graziose dell'architettura dell'Ottocento.

Quando Luis Sullivan arrivò a Chicago documentò le sue impressioni come «Tutta magnifica e selvaggia: una stravaganza rude: una crudezza intossicante: un senso di grandi cose da fare.» Ora ci troviamo a più di cento anni di distanza. È lecito citare le parole con cui uno dei primi storici di Chicago descrive un incontro dei Potawatoni, ma che possono servire per descrivere anche l'ultimo secolo di architettura a Chicago: «Avanzarono non in una marcia regolare ma in una danza continua».

Note
1 Videro Chicago come la città dello scheletro e della pianta aperta, e Mies come l'erede diretto di Sullivan e, tutto sommato, velarono la città di una nebbia mitica come una Betlemme dell'architettura moderna.
2 Per esempio, Theodore Dreiser, Upton Sinclair, Carl Sandburg, Charles MacArthur, Ben Hecht, Mike Royko, Saul Bellow, Studs Terkel.
3 Questa questione pragmatica è stata intorbidita con il riferimento alla frase di Sullivan: «La forma segue la funzione». Per Sullivan, naturalmente, la frase era più un'espressione romantica che pratica. La funzione si riferiva a cose come altezze da capogiro e fantasie di teatri. Quando arriviamo al punto in cui la frase viene usata con riferimento a Mies siamo nella confusione totale. Mies non costruiva le sue forme per soddisfare certe funzioni pragmatiche. Faceva il contrario. Costruiva enormi spazi e pretendeva che una serie di funzioni in costante cambiamento vi si potesse adattare.
4 Si può trovare un'analisi approfondita di questo nel saggio di Colin Rowe *Chicago Frame*, "Architectural Review", 1956.
5 Per un'affascinante paragone fra i clienti di Wright e quelli di Howard Van Doren Shaw

weather curtain up fast and it is a material that can be expanded more easily than brick many years later.» Periodically, even from dull necessity and low budgets, Gerald Horn has wrenched sculptural felicity. Of late, it is becoming far more self-conscious, with more deliberate compositions of solid and void and a progressive experimentation with figural shape. The most recent work, a headquarters in Libertyville, even adds a romantic, if remote, reference to the *Crystal Palace*.

An interest in Mies also brought Pran to Chicago and a good relationship with one of Mies's most talented students, Myron Goldsmith, kept him at SOM for eight years. While there, he was actually the coordinator of the Oswald Grube exhibit's debut in Chicago. His work has shifted accordingly, from Mies's (actually more Philip Johnson's) glass boxes to eerie but dexterous hybrids of Gravesian classicism and Italian rationalism (with a few Corb, Tigerman, Jahn and even Georgian modes interwoven). Peter Pran reportedly sees the stylistic interactions metaphorically as the separation and union of the human and the technological, or, alternately, as both relating to context and providing continual reinvention. Actually he has had control over large commissions for only a short time. The current work has the markings of a transitional stage; one suspects, towards a resolution in which fluidity and composition, not position, play the central role.

Kenneth Schroeder, Stuart Cohen

While Chicago has the reputation of the city of big firms, it also has a long history of quite small ones. Represented here are Kenneth Schroeder, an architect who has also been a developer in the recycling of a warehouse and school, and Stuart Cohen, whose work has been largely houses and house additions (now with partner Anders Nereim).

Schroeder's work reflects a long distance, but long-term, interest in that of Charles Moore. The most current concentrates on the articulation of architectural elements as "furniture": an inset room shifted off grid, a carefully detached open kitchen, rooms as buildings facing onto corridor streets. Earlier work was full of cut out views between rooms and levels. What Schroeder is after is "rooms that leak", space that is defined and still open.

Cohen's roots are in the other direction: in the fingerlakes Corb and urban collage of Colin Rowe, from whom he received his education; in Venturi, and – variously – in Asplund, de Klerk, Stirling... Many of the house additions have been made to banal suburban dwellings whose materials and stylistic elements are woven into the eroded, erupting, transformed or echoing protrusions. The houses attempt a resolution between "dumb and ordinary" and the more gracious amenities of 19th century design.

When Sullivan first arrived, he recorded his impressions of Chicago as "All magnificent and wild: A crude extravaganza: An intoxicating rawness: A sense of big things to be done." It is now more than hundred years later. In the words of an early Chicago historian who was actually describing a Potawatoni gathering but might well have been discussing the last century of Chicago architecture: «They advanced, not with a regular march, but continued dance.»

Notes
1 Who saw Chicago as the city of the skeletal frame and open plan, saw Mies as Sullivan's direct heir and shrouded the city in a kind of mythic fog as the Bethlehem of modern architecture.
2 For example: Theodore Dreiser, Upton Sinclair, Carl Sandburg, Charles MacArthur, Ben Hecht, Mike Royko, Saul Bellow, Studs Terkel.
3 Much clouding of the pragmatic issue has been done with Sullivan's phrase: «Form follows function.» For Sullivan, of course, the phrase was more a romantic expression than a practical one. Function referred to things like soaring heights or the fantasies of theatrical houses. By the time the phrase is applied to Mies it is a point of complete confusion. Mies didn't fit form to specific programmatic functions. He did exactly the opposite. He built great big spaces and expected a host of constantly changing activities to make do.
4 A particularly lucid and thorough discussion of this point can be found in Colin Rowe's essay "Chicago Frame", published in *Architectural Review*, 1956.
5 For a fascinating comparison of Wright's clients with those of Howard Van Doren Shaw, see Leonard K. Eaton's *Two Chicago Architects and Their Clients*, MIT Press.
6 University of Chicago.
7 That non-rectilinear room shapes create "kinetic space" which is perceived as less confining and that round buildings make the apartments be seen as clustered, enhancing a sense of community.
8 *Robert Taylor Homes* and *Lake Meadows Public Housing*.
9 Park Forest South, Dearborn Park.
10 The best introduction of this work is *Franz Schulze's Fantastic Images*, F. Follett.
11 Many of the designs are in association with Jahn's right hand man, James Goettsch.

vedi, *Two Chicago Architects and their Clients* di Leonard K. Eaton, MIT Press.

6 L'università di Chicago.

7 La teoria è che le sale formate in modo non rettilineo creano spazi "cinetici", e che le costruzioni rotonde presentano gli appartamenti come coagglomerati e, quindi, il senso della comunità viene enfatizzato.

8 *Robert Taylor Homes* e *Lake Meadows public Hausing.*

9 Park Forest South, Dearbon Park.

10 La miglior introduzione a questo lavoro è *Franz Schulze's Fantastic Images,* F. Follett.

11 Diversi progetti sono prodotti assieme al suo braccio destro, James Goettsch.

Roger Brown, 8, WORLD'S TALLEST DISASTER, 1972
Karl Wirsum, 9, TRIGGER-NOMETRY, 1973
Ed Paschke, 10, ELCINA, 1973

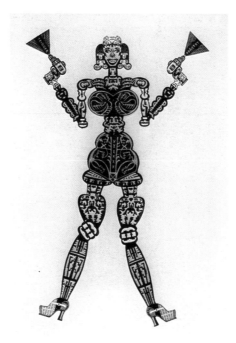

9

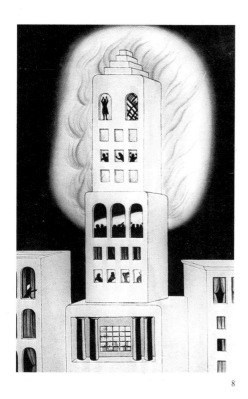

8

10

Chicago: Visione e Immagine

Christian Norberg-Schulz

La tradizione di Chicago

Per più di cento anni gli architetti di Chicago hanno reagito alla sfida di un luogo possente. A Chicago non c'è alcuna possibilità di installarsi su un promontorio come a Boston, su un'isola circoscritta come a New York né dentro a una baia come a San Francisco. A Chicago tutto è vasto e aperto; qui il luogo richiede *architettura*, nel senso pieno della parola.

Quando nel 1873 Louis Sullivan vi giunse, dopo aver attraversato le praterie, comprese subito sia il luogo sia la sua sfida: «Come un pavimento si prolungava verso il lontano orizzonte... qui c'era la potenza: una potenza più forte di quella delle montagne.» Subito Louis intravide un grande lago che si stendeva come un pavimento verso l'orizzonte, un lago di colore bellissimo sotto un cielo lucente. Qui di nuovo c'era una potenza, una potenza nuda, nuda come le praterie e più forte delle minuscole montagne. E sopra tutto si levava la cupola del cielo, poggiata sul margine dell'orizzonte che si stendeva in ogni direzione, eternamente calmo e di un'atmosfera trasparente e serena. E qui di nuovo c'era una potenza vasta ed aperta e più grande di quella delle piccole montagne. Qui, aperta alla vista di tutti, c'era la luce del mondo, la compagna della terra, una potenza più grande del lago e della prateria sottostante, ma non più grande dell'uomo e della sua potenza: così pensò Louis. Così poté esclamare: «Ecco il mio posto!»

Da allora cento anni sono passati e

Skidmore, Owings & Merrill, 1, CHICAGO 21 PLAN, Chicago, Illinois
Plastico/model
William Le Baron Jenney, 2, FAIR BUILDING, Chicago, Illinois, 1890-91
Prospettiva/perspective
3, FAIR BUILDING, Chicago, Illinois, 1890-91

Chicago: Vision and Image

Christian Norberg-Schulz

The Chicago Tradition

For more than a hunderd years Chicago architects have responded to the challenge of a great place. In Chicago "no small plans" are possible. Here there is no promontory to hold on to like in Boston, no defined island like in New York, no bay to be within like in San Francisco. In Chicago everything is vast and open; here the place asks for *architecture*, in the full sense of the word.

Louis Sullivan immediately understood the place and its challenge when in 1873 he arrived across the prairies: «Stretching like a floor to the far horizon...» Here was power – power greater than the mountains. Soon Louis caught glimpses of a great lake, spreading also like a floor to the far horizon, superbly beautiful in color, under a lucent sky. Here again was power, naked power, naked as the prairies, greater than the mountains. And over all spanned the dome of the sky, resting on a rim of the horizon far away on all sides, eternally calm overhead, holding an atmosphere pellucid and serene. And here again was a power, a vast open power, a power greater than the tiny mountains. Here, in full view, was the light of the world, companion of the earth, a power greater than the lake and the prairie below, but not greater than man and his power. So Louis thought. And thus he could exclaim: «This is the place for me!» Since then a hundred years have passed, and generations of architects have shared the vision and ac-

4

5

6

intere generazioni di architetti hanno condiviso questa visione e questa sfida. In che modo, allora, può l'uomo affrontare la sfida di un luogo?

Fondamentalmente in due maniere complementari: organizzando lo spazio e incarnando il carattere dell'ambiente. Certi luoghi naturali richiedono un adattamento isomorfico; i limiti e gli spazi offerti dalla natura vengono riflessi nelle costruzioni che risultano quasi sintesi di ciò che già esiste nella stessa. Questo è il modo di plasmare lo spazio dei greci antichi. In altri luoghi la natura non offre nessun limite o finalità e la creazione di un'oasi artificiale diventa il complemento necessario allo spazio infinito. È questa la visione spaziale delle culture del deserto. Sembra che Chicago appartenga a questa seconda categoria. Non richiede forse anche Chicago spazi intimi e chiusi? Non esattamente: la prateria non è una cosa che l'uomo tralascia ma, piuttosto, è un mondo aperto, un mondo da conquistare. E perciò il modo più appropriato per organizzare lo spazio di Chicago è la *rete*: un sistema aperto ortogonale che si stende infinitamente in "ogni" direzione.

Quando i visitatori a Chicago guardano verso sud dalla cima del *John Hancock Building* si sentono dire che in quel momento stanno vedendo "la più lunga linea retta del mondo". Una rete non porta a nessun posto, si stende semplicemente e oltrepassa le costruzioni e le istituzioni. Fondamentalmente essa è composta di "strade aperte" e, in questo modo, rende visibile il mondo dinamico.

Dentro la rete, tuttavia, l'uomo può fermarsi a creare piccoli mondi dove metter radici. Quindi Frank Lloyd Wright poteva dire: «Sono il figlio della terra e dello spazio.» Già Richardson e Sullivan capivano il bisogno di radicarsi nello spazio infinito e trattenevano il flusso del movimento per mezzo di solide pareti. Esse segnavano il confine fra l'esterno aperto e l'intimità dell'interno con quella grande immagine d'arrivo che è l'arco.

Generalmente, lo spazio di Chicago ha la struttura di una rete neutra nella quale "episodi" architettonici fioriscono e svaniscono. Quindi si stacca radicalmente dal sistema gerarchico di spazi urbani definiti dalla tradizione della città europea. Non offre il sostegno di un ambiente strutturato, ma insiste perché l'uomo *crei* il suo posto, per così dire, dal nulla. Perciò Sullivan affermò: «Una costruzione è un atto.» Attraverso l'atto del costruire l'uomo fa esistere il mondo e così l'architettura soddisfa il proprio obiettivo originario. Può darsi che questo sia vero per la maggior parte delle città americane ma, a causa della sua posizione, lo si sente in maniera più forte a Chicago che altrove. Qui la rete comprende "tutto": file infinite di case di legno, residenze più eleganti, magazzini, fabbriche, edifici per uffici e istituti. Perfino l'università di Chicago è lì, dentro al sistema, senza nessuna identità particolare. E lo stesso vale anche per la ITT.

Una città aperta, comunque, non si stende soltanto orizzontalmente. Anche la dimensione verticale guadagna significato. Invece di segnare nodi urbani diventa l'espressione della presenza umana generale. Sullivan riconobbe la potenza inerente all'uomo di accettare e, nello stesso momento, resistere allo spazio infinito, e creò l'immagine del grattacielo: «...un nuovo tipo di gigante si ergeva sulle proprie gambe: l'uomo massa con i suoi muscoli d'acciaio, tensili e flessibili» (Scully). Sullivan si rendeva conto dell'altezza indeterminata del gigante, ma insisteva affinché si trovasse anche un rapporto con la terra e il cielo per guadagnare una vera presenza.

Allora, come viene concepito l'"abi-

cepted the challenge. How, then, does man meet the challenge of a place?

Basically in two complementary ways: through organization of space, and by embodiment of character. Certain natural places demand isomorphic adaptation; the limits and spaces offered by the nature itself are echoed in the built structures, which come to stand like condensations of what is already given. This is the classical Greek way of handling space. In other places nature does not offer any limits or goals, and the creation of an artificial oasis becomes a necessary complement to infinity. This is the spatial world of the desert cultures. It may seem that Chicago belongs to the second type. Does not Chicago also demand the intimate, enclosed retreat? Not really; the prairie is not something man deserts, it rather represents an open world, a world to be conquered. And thus the appropriate organization of space in Chicago is the *grid*: an open orthogonal system which extends infinitely in "all" directions. When present-day visitors to the city look south from the top of the *John Hancock Building*, they are in fact told that they see «the longest straight line in the world!» A grid does not lead to any goal, it simply extends and passes by the buildings and the institutions. Basically it consists of "open roads", and thus it makes a dynamic world visible. Within the grid, however, man may settle and create small worlds of radicated choice. Thus Frank Lloyd Wright could say: «I am a child of the earth and of space». Already Richardson and Sullivan understood this need for being rooted within infinity, and kept the flow of movement by means of solid walls. Then they marked the transition between the open outside and the intimate inside by means of the great image of arrival: the arch.

In general, the space of Chicago has the structure of a neutral network, within which architectural "episodes" light up and disappear again. Thus it departs radically from the hierarchical system of defined urban spaces of the traditional European city. It does not offer the support of a given, structured environment, but demands that man *creates* his place, so to speak, from scratch. Thus Sullivan stated: «A building is an act.» Through the act of building man makes a world come into being, and architecture fulfills its original purpose. Perhaps this holds true for most American cities, but because of the locations it is felt more strongly in Chicago than elsewhere. Here the grid comprises "everything": infinite rows of narrow wooden houses, more elegant residences, storage buildings, factories, office buildings and institutions. Even the University of Chicago just happens to be there, on some spot within the system without any particular identity. The same holds true for the IIT.

An open city, however, does not only expand horizontally. The vertical dimension also gains a new meaning. Rather than marking urban nodes, it becomes the expression of general human presence. Sullivan recognized man's power to accept and simultaneously resist infinity, and created the image of the skyscraper: «...a new kind of giant stood high on his legs: mass man with steel muscles, tensile and springy» (Scully). Sullivan was conscious about the indeterminate height of the giant, but he demanded that it be related to the ground and to the sky to gain true presence.

How, then, is the *dwelling* to be conceived within such an open network? As we all know, it was Frank Lloyd Wright who translated the vision of Chicago into a new dwelling. Traditionally the house of man had

7

8

Frank Lloyd Wright, 4, ROBIE HOUSE, Chicago, Illinois, 1909

Louis Henry Sullivan, 5, CARSON PIRIE SCOTT STORE, Chicago, Illinois, 1899
Mies van der Rohe, 6, ILLINOIS INSTITUTE OF TECHNOLOGY, Chicago, Illinois

tato" in una tale rete aperta? Come tutti sappiamo fu Frank Lloyd Wright che trasformò quella visione di Chicago in un abitato nuovo. Tradizionalmente la casa dell'uomo è stata uno spazio chiuso, un rifugio per l'individuo e la famiglia. Invece Wright volendo dare un senso di apertura creò una nuova interazione fra l'interno e l'esterno. Quindi il concetto di interno mutava da rifugio a punto fisso nello spazio, un luogo in rapporto a cui l'uomo poteva provare un nuovo senso di libertà e di partecipazione. Questo punto viene segnato dal grande focolare con il suo camino verticale del quale Wright disse: «Mi conforta vedere il fuoco bruciare immerso nella solida muratura della casa». Al centro quindi troviamo un elemento che simboleggia le forze e l'ordine della natura, un ricordo che il mondo esterno non nega, i significati fondamentali dell'esistenza.

In linea di massima, le opere dei pionieri dimostrano che l'organizzazione dello spazio a Chicago fu sempre concepita in termini concreti, cioè, fu capita come l'incarnazione del carattere, anziché come mero caso di "pianificazione". Sullivan «attraverso la decorazione ravvivava la stabilità delle masse» (Scully), e Wright costruiva «secondo la natura dei materiali» per arrivare ad «un senso più profondo della realtà». Dentro ai suoi interni, allora, l'uomo del "mondo aperto" poteva trovare l'appagamento dei suoi sogni, in un luogo significativo, e da lì tornare alla strada aperta con nuova forza e convinzione.

Non sorprende che Chicago sia diventata una capitale dell'architettura moderna. La sua sfida si sviluppò in un profondo interesse per il luogo, in un senso di cura e di orgoglio. L'architettura stessa fu riconosciuta come il soggetto dell'architettura, e i suoi promotori capirono che «per quanto grande sia la comunità e per quanto numerosi siano gli uomini, i soldi, la terra e la gente, non possono creare un'architettura grande senza la visione e l'immaginazione dell'architetto» (Duncan). Si sente ancora questo interesse quando ci si trova assieme agli architetti di Chicago, forse in modo più forte che in qualsiasi altro posto del mondo.

Non è questo il luogo per raccontare come la lezione di Chicago sia stata appresa in Europa, e come aiutò a rimettere in moto il vecchio mondo. Basta indicare che Mies van der Rohe non è arrivato a Chicago, nel 1937, come uno sprovveduto. Il suo concetto dello spazio si basava sulle idee di Wright, e i suoi "involucri" corrispondevano bene alla descrizione di Scully della *Marshall Field Building* progettata da Richardson: «...tirata e tesa, ordinata come un palazzo rinascimentale ma in un'espansione dovuta alla pressione del suo volume continuo interno». Difatti fu la curata articolazione dello spazio e della struttura che portò la tradizione di Chicago alla sua prima conclusione logica.

Tuttavia la lezione di Mies non fu sempre capita così bene. Per tanti le sue forme perfette rappresentarono soluzioni eterne che dovevano essere copiate *ad infinitum*. Non credo, però, che egli stesso considerasse le sue opere come una soluzione finale. Quando nel 1953 gli chiesi perché non usava mai forme curvate, mi rispose: «Gli architetti barocchi erano capaci di farlo, ma essi rappresentavano l'apice di un lunghissimo sviluppo». Cioè, Mies si considerava soltanto come la fase di una tradizione continua, e aspettava che prima o poi l'architettura diventasse di nuovo meno rigida. Comunque, è molto superficiale seppellire Mies con le parole «il "meno" è noioso». Le opere di Mies possiedono tutte le qualità importanti dell'architettura di Chicago: i volumi semplici adatti ad una rete aperta, il dettaglio accurato che dà presenza allo spazio, e gli interni articolati che creano luoghi caratterizzati nel sistema neutro della città. Perché, allora, è fallito il suo insegnamento? Non solo perché fu capito male, ma perché al suo lavoro mancava un qualcosa che generalmente è stato dimenticato dal movimento moderno: l'"immagine" architettonica.

Le immagini, sia archetipe sia locali, erano ancora presenti nel lavoro di Sullivan e Wright. Il camino centrale di Wright, per esempio, è radicato profondamente nell'immaginazione dell'uomo e, al tempo stesso, ha un'attualità che è tanto locale quanto temporale. Il successivo sviluppo dell'architettura moderna, però, tendeva verso forme sempre più "astratte", non principalmente nei lavori di un maestro come Mies, ma di certo in quelli dei suoi epigoni che spesso cancellavano quel "meno" senza il quale l'architettura muore. Quindi, quando Stanley Tigerman fa un fotomontaggio della *Crown Hall* di Mies che sprofonda nell'oceano come il *Titanic*, non è il Mies titanico che sparisce, ma quelli che non hanno capito la lezione insegnata dai muri di vetro della *Hall*.

È doveroso aggiungere comunque che i seguaci di Mies a Chicago ebbero risultati migliori rispetto a quelli che lavoravano altrove. Le importanti construzioni *highrise* dello studio SOM, come il *John Hancock Building* e la *Sears Tower*, rappresentano uno sviluppo creativo della tradizione di Chicago. La *McCormick Place* dello studio C.F. Murphy Associates aderisce ai concetti di Mies dello spazio e della struttura, come i primi lavori di Helmut Jahn, l'attuale direttore di questa ditta. La splendida *H. Roe Bartle Exhibition Hall* a Kansas City trasforma certi suggerimenti, trovati nella *Chicago Convention Hall* di Mies, in una struttura robusta che si avvicina al

been an enclosed space, a refuge for the individual and the family. Wright, however, wanted openness and created a new general interaction between inside and outside. The concept of inside thereby changed from that of a refuge to become a fixed point in space, a place from which man could experience a new sense of freedom and participation. This point is marked by the great fire-place with its vertical chimney, and Wright said: «It comforted me to see the fire burning deep in the solid masonry of the house itself». At the center we thus find an element which symbolizes the forces and order of nature. A reminder that the open world does not negate the basic meanings of existence.

In general the works of the pioneers show that Chicago's organization of space was always conceived in concrete terms, that is, it was understood as an embodiment of character rather than as a mere case of "planning". Sullivan «enlivened with ornament the stability of the masses» (Scully), and Wright built «in the nature of materials» to achieve «a deeper sense of reality». In their interiors, thus, the man of the open world could experience the fulfillment of his dreams in terms of a meaningful place, and from there he could return to the open road with new strength and conviction.

It is not surprising, thus, that Chicago became a capital city of modern architecture. Its challenge developed into a deep concern for the place, a sense of care and pride. Architecture was recognized as the subject matter of architecture, and its promotors understood that «however great the community and however abundant men, money, land, and people may be, they cannot produce a great architecture without the vision and imagination of the architect» (Duncan). This concern is still strongly felt when one is to-

gether with Chicago architects, perhaps stronger than in any other place.

This is not the place to tell how the lesson of Chicago was accepted in Europe, and how it helped to put the static old world into motion. It must suffice to point out that Mies van der Rohe did not come as a stranger when he arrived in Chicago in 1937. His conception of space was based on the ideas of Wright, and his simple, structural "envelopes" well corresponded to Scully's description of Richardson's *Marshall Field Building*: «...stretched and taut, as ordered as a Renaissance palazzo but expanding under the pressure of its continuous interior volume». Mies's careful articulation of space and structure, in fact, brought the Chicago tradition to a first logical conclusion. But *his* lesson was not always well understood. To many, his perfect forms represented eternal solutions which simply had to be copied *ad infinitum.* I do not think, however, that Mies himself considered his works as final. When in 1953 I asked him why he never used curved shapes, he answered: «The Baroque architects were able to do that, but they represented the culmination of a long development». That is, Mies regarded himself only as a phase within a continuing tradition, and expected that sooner or later architecture would again become less rigid. Anyhow, it is superficial to bury Mies with words such as «less is a bore». Mies's works do possess all the basic properties of Chicago architecture: the simple volumes which adapt to the open grid, the careful detailing which gives space true presence, and the articulate interiors which constitute real places within the neutral system of the city.

Why, then, did his lesson fail? Not only because it was badly understood, but because his works lacked something, which in general was forgotten

Stanley Tigerman, 7, THE TITANIC, 1978
Fotomontaggio/photomontage
Skidmore, Owings & Merrill, Bruce Graham, 8,
JOHN HANCOCK CENTER, Chicago, Illinois, 1969
9, SEARS TOWER, Chicago, Illinois, 1974
Mies Van Der Rohe, 10, IBM BUILDING, Chicago, 1972

61

valore di una vera immagine architettonica. Con la sua espressione dello stare e del salire, dell'espandere e del contenere, cioè di essere nello spazio, promette un'architettura nuova e significativa, un'architettura che, infatti, si sta attualizzando. Prima di guardare questa nuova architettura di Chicago, però, è necessario considerare il problema dell'immagine architettonica in sé.

L'immagine architettonica

La nuova architettura di immagini che si sta sviluppando viene chiamata di solito "post-modernismo". Un fattore comune agli architetti post-moderni è che essi non si limitano più alla progettazione di costruzioni "funzionali". Non si accontentano neanche del dinamismo del *plan libre*, ma vogliono che la forma ci "racconti" qualcosa. Oggi, quindi, proviamo un interesse intenso verso il "linguaggio" dell'architettura. Quest'interesse non dovrebbe essere confuso con certe tendenze "espressioniste" dell'architettura tardo-moderna; far "parlare" le costruzioni non significa solo dare loro una qualità "brutale" o "sensuale". Che cos'è, allora, un'immagine architettonica, e perché è nata questa richiesta di immagini?

La richiesta di immagini è dovuta semplicemente al fatto che l'uomo ne abbisogna e l'architettura moderna non soddisfaceva questa esigenza. L'uomo ha bisogno di un ambiente che gli sia familiare, costituito da forme facilmente riconoscibili o "tipiche". I dogmi del funzionalismo, al contrario, portarono alla creazione di opere d'architettura uniche. Questo vale per le costruzioni "eroiche" degli anni Venti, per le creazioni "organiche" di Aalto o Scharoun ed anche per l'ultima maniera di Le Corbusier. Che cosa c'è di più "unico" della chie-

sa di quest'ultimo a Ronchamp? Malgrado la stima che meritano, i maestri dell'architettura quindi non hanno fondato nessun linguaggio comune di forme. È pur vero che alcuni dei loro lavori "sembrano" simili e, di conseguenza, ci spingono a parlare di uno "stile internazionale". Ma lo stile internazionale non era veramente uno stile nel senso di un linguaggio. Tendeva piuttosto all'eliminazione di qualsiasi forma stilistica per arrivare ad una geometria pura ed astratta e a certi principi di organizzazione spaziale. Le costruzioni che appartengono allo stile internazionale non "parlano".

In linea di massima possiamo dire che l'architettura moderna oscillava fra l'unicità, da una parte, e la monotonia dall'altra. Era nello stesso momento "strana" e indifferente, e non offriva immagini significative. Questo giudizio non implica, comunque, che io denigri le opere dei pionieri, o che accetti le dichiarazioni della "morte" dell'architettura moderna. I pionieri del movimento moderno erano "artisti" piuttosto che funzionalisti, e spesso riuscivano a realizzare vere opere architettoniche. Hanno anche arricchito certi aspetti del linguaggio architettonico, come le possibilità della composizione spaziale. Sarebbe sciocco rinunciare a questi risultati per alcune carenze.

La principale carenza è stata la mancanza di immagini. Questa ci viene suggerita dalle reazioni popolari e comuni. Quando sono apparse le prime costruzioni moderne la gente diceva: «Questa non assomiglia ad una casa», o «Ci sentiamo a disagio con queste cose». Queste reazioni indubbiamente dimostrano che l'artista è spesso frainteso all'inizio, ma dimostrano anche che la vita diventa un problema quando il nostro ambiente quotidiano cambia improvvisamente. Un quadro nuovo o un brano di musica nuova pos-

sono essere digeriti "a dosi", ma una costruzione rimane interamente presente. È oggetto del nostro senso di identificazione in modo diverso da altre opere d'arte. Ma l'architettura del Borromini o del Michelangelo non era nuova anche quella? Non nello stesso modo: le loro opere rappresentavano interpretazioni nuove di vecchi temi e non qualcosa di radicalmente diverso. Le case erano sempre "case", le colonne erano sempre "colonne" e le cupole erano pur sempre "cupole". Strane, forse, ma non sconcertanti. Quindi i maestri del passato facevano parte di una "tradizione". Ma Giedion non parlò dell'architettura moderna come di una "tradizione nuova"? Certamente, ed è per questo che intendo il post-modernismo come uno sviluppo naturale degli sforzi artistici del movimento moderno. Il post-modernismo aggiunge agli spazi dinamici e alle forme forti della vera architettura moderna ciò che le mancava: l'"immagine".

L'immagine permette all'uomo di identificarsi con l'ambiente e di orientarvisi. Questo fu notato diversi anni fa da Kevin Lynch a proposito della "immagine della città". Lynch, però, concepiva l'immagine ad un livello astratto e strutturale, mentre i post-modernisti hanno in mente qualcosa di più concreto. Si potrebbe dire che Lynch si sia limitato a considerare il problema dell'orientamento mentre adesso si dà più importanza all'"identificazione". L'uomo deve sapere non solo "dove" sta ma anche "come" sta in un certo luogo. L'identificazione implica che l'ambiente possieda delle qualità concrete, ossia delle "cose" significative che riusciamo a riconoscere e con cui possiamo identificarci. "Cosa" e "immagine" diventano sinonimi in questo contesto; percepiamo la cosa come l'immagine di un "mondo" che è il suo significato. Quando riconosciamo cose che costituiscono il nostro

by the modern movement: the architectural *image*. In the works of Sullivan and Wright, images were still present, archetypal as well as local. Wright's central chimney-stack, for instance, is deeply rooted in man's imagination, at the same time as it had local and temporal actuality. The further development of modern architecture, however, tended towards ever more "abstract" forms, not primarily in the works of a master like Mies, but certainly in those of his epigones, who often cancelled that "less" without which architecture dies. When Stanley Tigerman makes a photo-montage of Mies's *Crown Hall* sinking into the ocean like the *Titanic,* it is therefore not the titanic Mies who disappears, but those who did not understand the lesson which was taught within the glass walls of the *Hall.*

It ought to be added that the Chicago followers of Mies were more successful than those working elsewhere. The major highrise buildings of SOM, such as the *John Hancock Building* and *Sears,* represent a creative development of the Chicago tradition. *McCormick Place* by C.F. Murphy Associates adheres to Mies's concepts of space and structure, as do the early works of Jahn, the present director of design of this firm. The truly splendid *H. Roe Bartle Exhibition Hall* in Kansas City thus transforms some of Mies's suggestions for the *Chicago Convention Hall* into a powerful structure which approaches the value of a real architectural image. In its expression of standing and rising, spreading out and spanning across, that is, of being in space, it offers the promise of a new and more meaningful architecture, which today in fact is coming into being. Before we take a look at this New Chicago Architecture it is however necessary to consider the problem of the architectural image as such.

The Architectural Image

The new architecture of images which is in the course of being developed is generally labelled "post-modernism". Commonly post-modern architects no longer restrict themselves to designing "functional" buildings. They are not even content with the spatial dynamism of the *plan libre,* but want the forms *to tell* us something. Today we therefore experience an intense preoccupation with the "language" of architecture. This interest should not be confused with certain "expressionist" tendencies in late-modern architecture; to make buildings "speak" does not just mean to give them a "brutal" or "sensuous" quality. What, then, is an architectural image, and why did the demand for images come about?

The demand for images is simply due to the fact that man needs them, and that modern architecture did not satisfy this need. Man needs an environment with which he is familiar which consists, that is, of forms that are easily recognizable or "typical". The dogmas of functionalism, on the contrary, led to the creation of unique works of architecture. This holds true for the "heroic" buildings of the twenties, the "organic" creations of Aalto or Scharoun, as well as the *ultima maniera* of Le Corbusier. Is there anything more unique than the latter's church at Ronchamp? In spite of the admiration they deserve, the masters of modern architecture, therefore, did not found any new common language of form. It is true that some of their works "look" alike and therefore tempt us to talk about an "international style". But the International Style was not really a style in the sense of a language. Rather it aimed at the abolition of any stylistic form to arrive at an abstract, pure geometry, as well as certain principles of spatial organization. The buildings belonging to the International Style do not "speak".

In general we may say that modern architecture oscillated between uniqueness on the one hand and monotony on the other. It was simultaneously "strange" and indifferent, and did not offer meaningful images. This judgment does not imply, however, that I debase the works of the pioneers, or that I accept the assertion of the "death" of modern architecture.

The pioneers of the modern movement were *artists* rather than functionalists, and often managed to realize true works of architecture. They even enriched certain aspects of the language of architecture, such as the possibilities of spatial composition. It would be foolish to abandon these achievements because of other shortcomings.

The main shortcoming of modern architecture was the lack of images. Common, popular reactions indicate that. When the first modern buildings appeared, people said: «It does not look like a house» or «we do not feel at home with these things». These reactions certainly prove that the artist is often misunderstood at the outset, but they also show that life becomes problematic when our daily environment suddenly changes. A new painting or work of music can be taken in "by the piece", whereas a building is there the whole time. It is the object of our identification in a different sense than are other works of art. But was not the architecture of Michelangelo and Borromini new too? Not in the same way; their works represented new interpretations of old themes rather than something radically different. Houses were still "houses", columns were "columns", domes were "domes". Unusual perhaps, but not bewildering. Therefore the masters of the past were parts of a *tradition.* But

ambiente ci sentiamo "a casa", e possiamo dire che "abitiamo". Riusciamo ad abitare soltanto quando l'identificazione è un fatto compiuto. Il funzionalismo cambiò l'architettura in un "atto senza immagine" (Rilke), e faceva sentire l'uomo sradicato e senza casa. Oggi dobbiamo recuperare la base esistenziale dell'architettura attraverso la rinascita dell'immagine.

Impiegando mezzi diversi l'uomo deve capire e "trattenere" lo sfuggente mondo dei fenomeni a cui appartiene. Perciò egli astrae le similitudini, classifica e consegue "leggi naturali". O costruisce strumenti pratici che gli permettono di manipolare situazioni a seconda dei suoi scopi. Ma questo non basta. Il capire significa qualcosa di più di teoria e pratica. Significa anche avere una visione di come "sono" le cose e della loro "natura vera", la quale, evidentemente, comprende la loro interdipendenza. Cioè, dobbiamo affrontare la situazione come una totalità, come quel "mondo vitale" significativo che sfugge alla scienza e alla tecnologia. Così creiamo "immagini", le quali piuttosto che descrivere il mondo come insieme di dati lo fanno apparire come realtà. «Soltanto l'immagine formata mantiene la visione» disse Heidegger, e continua: «Però l'immagine formata rimane nella poesia». E Andrew Wyeth spiega così il suo quadro di una conchiglia su una riva ghiaiosa: «È tutto il mare – il gabbiano che l'ha messa lì, la pioggia, il sole che l'ha imbiancata a un passo dal bosco di abeti.» In questo modo l'opera d'arte, l'immagine, mantiene e rende visibile un mondo intero. Non rappresenta semplicemente un oggetto, ma dimostra che cos'è in quanto "cosa", cioè come microcosmo. Una cosa non è mai sola. Sta in rapporto con altre, e la sua "cosità" consiste in questi rapporti o, nelle parole di Heidegger, nel mondo che raduna.

Comprendiamo che un'immagine è qualcosa di diverso da un "segno". Quando Wyeth dipinge una conchiglia non fa un segno che sta per qualcosa. La sua immagine non significa "conchiglia" e ancora meno "mare" o "gabbiano". Evoca piuttosto un mondo. In un certo senso *è* un mondo. Un mondo è presente nell'immagine immediatamente. Questa differenza fra l'arte e un sistema di segni è oggi spesso capita male, e la semiologia viene adoperata per interpretare le opere d'arte. Mentre un segno è parte di un codice, cioè, di un sistema che può essere composto o scomposto *ad libitum*, l'opera d'arte *è* il suo significato. Rivela un mondo, incarna la verità. «Ciò che permane lo fondano i poeti» dice Hölderlin.Questo non implica, tuttavia, che non possiamo parlare di "linguaggio" a proposito dell'arte. La poesia, come luogo dell'immagine, appartiene al linguaggio. Nel linguaggio l'integrale e poetica conoscenza umana del mondo si mantiene, e la cosa viene preservata come tale. Quello che è stato compreso viene immagazzinato nel linguaggio come "memoria". Il linguaggio e la memoria sono, dunque, connessi indissolubilmente. Mentre l'immagine singola mantiene la "situazione", il linguaggio mantiene il mondo. Già gli antichi greci riuscivano a capire la natura dell'immagine. Per loro "Mnemosine", la memoria, era la madre delle muse con Zeus, quale padre. Zeus aveva bisogno della "memoria" per produrre l'arte. In altre parole, l'arte nasce dalla memoria ed è in fondo un ricordo. Mnemosine era lei stessa figlia della terra e del cielo, ciò significa che le memorie che producono l'arte sono la nostra conoscenza del rapporto fra la terra e il cielo.

La vita si svolge "fra" la terra e il cielo, e questo "fra" implica che lo spazio sia una struttura integrale dell'esistenza. Lo spazio evidentemente comprende l'uomo, come un essere fra la terra e il cielo. Il tipo di spazio qui considerato non è, comunque, uno spazio astratto, matematico, dove non c'è differenza fra alto e basso, qui e là. Mi riferisco, invece, ad uno spazio concreto e vitale, cioè ad un sistema di luoghi. Infatti, diciamo che la vita "ha luogo". Sebbene lo spazio esistenziale non sia di natura matematica ha una struttura di base che si può capire e deve essere mantenuta e visualizzata. Lo scopo dell'architettura è di incarnare lo spazio esistenziale. L'immagine architettonica, quindi, serve per rendere visibile la spazialità di un certo mondo, cioè quel "fra" la terra e il cielo che comprende la presenza dell'uomo. La struttura della spazialità esistenziale in qualsiasi momento è sia generale sia particolare. Le immagini architettoniche sono quindi archetipe e anche locali, o meglio: un'immagine concreta rappresenta sempre una variante locale di una forma archetipa.

La storia dell'architettura dimostra che le immagini base sono sorprendentemente poche. Le immagini archetipe dello spazio sono tre: centrale, longitudinale e raggruppata con in più qualche combinazione delle tre. Le forme archetipe costruite sono anch'esse tre e si caratterizzano rispettivamente dalla orizzontalità (l'estensione), la verticalità (l'erezione) e l'equilibrio (la stasi). Insieme questi tre archetipi strutturali costruiscono le immagini base del luogo. Dai tempi più lontani l'uomo ha capito che le strutture archetipe della spazialità si esprimono con immagini come l'arco, il timpano, la colonna, la rotonda, la piramide, la cupola e la torre. Attraverso i secoli, quindi, l'architettura si propose di comporre con questi elementi. Ripeto che queste composizioni servivano a visualizzare la spazialità di un certo mondo, in modo che l'uomo potesse guadagnare una sua identità.

did not Giedion talk about modern architecture as a "new tradition". Certainly, and that is in fact why I understand post-modernism as a natural development of the artistic endeavours of the modern movement. Post-modernism adds to the dynamic spaces and powerful forms of true modern architecture what was lacking: the *image*.

The image allows man to orientate in and identify with an environment. This was pointed out many years ago by Kevin Lynch in connection with "the image of the city". Lynch's understanding of the image, however, remained on an abstract, structural level, whereas the post-modernists have something more concrete in mind. We could also say that Lynch limited himself to considering the problem of orientation, whereas *identification* is now given pride of place. Man does not only have to know *where* he is, but also *how* he is in a certain place. Identification implies that the environment possesses concrete qualities. It has to consist of meaningful "things" which we can recognize and relate to. "Thing" and "image" in this context become synonyms; we perceive the thing as an image of a "world" which constitutes its meaning. When we recognize the things which make up our environment we feel "at home", and may say that we *dwell*. We only dwell when identification is an accomplished fact. Functionalism changed architecture into an "act without image" (Rilke), and made modern man feel uprooted and homeless. Today we have to recover the existential basis of architecture through the rebirth of the image.

By different means man has to understand and "keep" the transient world of phenomena to which he belongs. Thus he abstracts similarities, classifies and arrives at "natural laws".

Or he constructs practical tools which enable him to handle situations according to his purposes. But this is not enough. Understanding means something more than theory and practice. It also means to keep the vision of how things "are", of their "true nature", which evidently includes their interrelationship. That is, we have to grasp the situation as a totality, as that meaningful "life-world" which escapes science and technology. Thus we create *images* which rather than describing the world in terms of data, makes it stand forth as a concrete reality. «Only image formed keeps the vision», Heidegger says, and he continues: «Yet image formed rests in the poem». And Andrew Wyeth explains his painting of a sea shell on a gravel bank: «It is all the sea – the gull that brought it there, the rain, the sun that bleached it there by a stand of spruce woods.» Thus the work of art, the image, keeps and makes visible a whole world. It does not just represent an object, but shows what it is as a *thing,* that is, as a "gathering" of a world. A thing is never alone. It is related to other things, and its "thingness" consists in these relations, or in Heidegger's words, in the world it gathers. When the artist presents the thing, he reveals the world.

We understand that an image is something different from a "sign". When Wyeth paints the shell, he does not make a sign for something. His image does not signify "shell", and still less "sea" or "gull". Rather it evokes a world. In a certain sense, it *is* its world. A world becomes present in the image, directly and without any mediation. This difference between art and a system of signs is today often misunderstood, and semiology is used to interpret works of art. Whereas a sign is part of a code, that is, a system that may be constructed or dissolved

ad libitum, the work of art *is* its meaning. It reveals a world, it embodies truth. «What remains is founded by the poets», Hölderlin says. This does not imply, however, that we cannot talk about *language* in connection with art. The poem, as where the image rests, belongs to language. In language, man's poetic integral understanding of the world is kept, and the thing is preserved as thing. What has been understood is stored in language as *memory.* Language and memory are therefore insolubly interconnected. Whereas the single image keeps the "situation", language keeps the world. The Greeks already understood the nature of the image. To them "Mnemosine", memory, was the mother of the muses, with Zeus as the father. Zeus needed *memory* to bring forth art. In other words, art stems from memory and is basically a recollection. Mnemosine herself was the daughter of the earth and the sky, which implies that the memories which give rise to art are our understanding of the relationship between earth and sky.

Life takes place *between* earth and sky, and this "between" implies that space is an integral structure of existence. Space evidently includes man as a being in the between of earth and sky. The kind of space which is here considered is however not an abstract, mathematical space, where there is no difference between up and down, here and there. I rather refer to a concrete, lived space, that is, a system of places. In fact we say that life "takes place". Although existential space is not of mathematical nature, it has a basic structure which may be understood, and which has to be kept and visualized. The purpose of architecture is to embody existential space. The architectural image hence serves to make the spatiality of a certain world visible, that is, the between of earth and

Nell'architettura post-moderna le immagini archetipe e locali riappaiono. Quindi il post-modernismo rappresenta un tentativo per vincere le carenze dell'architettura moderna e, in particolare, la sterilità della sua fase "tardiva". Bisogna fare un doppio sforzo per realizzare un pieno recupero dell'immagine architettonica e per sviluppare un linguaggio di forme che possa servire al procedimento immaginativo. Prima bisogna raggiungere una comprensione adeguata dell'immagine e, in questo modo, fondare una "teoria" dell'architettura. Poi dobbiamo studiare la storia dell'architettura per dare un contenuto concreto a questa teoria. Imparare dal passato significa individuare quelle immagini che hanno un valore sia locale sia archetipo per evitare il mero "formalismo". In linea di massima il post-modernismo rappresenta una rottura con quell'atteggiamento "scientifico" unilaterale che stava alle radici del funzionalismo radicale, e significa un ritorno all'architettura come *arte*.

La nuova architettura di Chicago

Chicago ha subito cambiamenti enormi durante gli ultimi venticinque anni. Vaste parti del Loop sono state ricostruite, ci sono file di case *high-rise* lungo il lago Michigan, e le abitazioni fatiscenti sono state demolite. Malgrado questi cambiamenti la città ha mantenuto il suo *genius loci*. Questo è dovuto in primo luogo al rispetto per la sua pianificazione a rete. Costruzioni di forma "libera", come le torri rotonde tardo-moderne di *Marina City* appaiono fuori luogo a Chicago (mentre la *Lake Point Tower* appare più soddisfacente perché è situata fuori della rete).

Tuttavia Chicago mantiene la sua identità anche perché i suoi architetti sono consapevoli dei loro obiettivi. Lo scopo comune della nuova generazione è quello di creare un'*architettura* di *immagini* localmente significative, come fu detto esplicitamente da Stuart Cohen nella sua presentazione al catalogo "Late Entries to the Chicago Tribune Tower Competition" (1980). I lavori dei nuovi architetti riaffermano questo scopo. Così il progetto inviato da Helmut Jahn a quel concorso presenta una costruzione altissima che abbraccia l'esistente *Tribune Tower* e la supera in altezza, non come struttura nel senso tecnico della parola, ma come un'immagine architettonica. Sembra che Jahn si sia posto la domanda: «Che cosa vuole essere una torre a Chicago?» e la sua risposta corrisponde al gigante di Sullivan che si alza sulle gambe nello stesso momento in cui si staglia verso il cielo per esprimere che non siamo soli sulla terra ma che siamo anche vicini alla "luce del mondo". La costruzione di Jahn riceve questa luce, vi reagisce, e così racconta una storia che è, nello stesso tempo, nuova e vecchia. Subentrano memorie del timpano e del "belvedere"; siamo invitati a salire o, meglio, siamo già saliti e condividiamo l'essere fra la terra e il cielo della torre. È quindi una vera torre che riconosce la differenza fra alto e basso e che aggiunge una dimensione di ascensione alla nostra vita quotidiana. Anche il progetto di Peter Pran prende le mosse dalla dialettica fra la terra e il cielo e la esprime per mezzo di un "collage" di immagini ricordate: la base bugnata, la maglia verticale, la parete di copertura riflettente, la parte superiore rientrante. Le memorie non si compongono in modo arbitrario, ma si mettono in rapporto all'essere della torre e, quindi, trascendono la mera decorazione.

Tanti altri progetti riconfermano il desiderio di conferire una profondità esistenziale alle tipologie architettoniche di Chicago. Come esempio posso indicare il progetto *Apartment Building* di Laurence Booth che, attraverso la sua struttura articolata, una variante della finestra caratteristica di Chicago, e il suo tetto a timpano, rappresenta uno sviluppo ulteriore della tradizione locale. Prima di tutto, comunque, vorrei ricordare la *Chicago Board of Trade Addition* di Helmut Jahn. In modo semplicissimo il progetto trasforma un volume in un'immagine architettonica: si alza, apre, racchiude (un grande spazio interno) e recupera le qualità archetipe dell'architettura nello stesso momento in cui si adatta al suo luogo.

"L'adattamento" che si riscontra nell'aggiunta alla *Chicago Board of Trade* in generale esprime un nuovo modo di pensare l'architettura di Chicago. Non si considera più la costruzione come un "episodio" relativamente indipendente in una rete neutra ma come parte di un *contesto*. Il contesto particolare, tuttavia, non è la forma gerarchica della città europea ma sempre la rete aperta di Chicago. Quello che succede ora è che le memorie contenute nel contesto cominciano a essere prese in considerazione. La nuova tendenza, quindi, non rappresenta una rottura con le tradizioni americane e locali ma un passo ulteriore verso quell'architettura della democrazia voluta da Sullivan e Wright. Questo nuovo senso profondo del luogo come sistema di unità interdipendenti si rivela anche nei tanti progetti che recuperano il vocabolario architettonico locale. I volumi tesi delle prime case di legno, allora, riappaiono nei bei lavori di Anders Nereim (*Hansen Residence*), Ben Weese (*Sunrise Court*, assieme a Tom Hickey e Janet Null come progettisti), di Ken Schroeder (*Four Little Houses of the Praierie*), e di James Nagle (*Lake Bluff Townhouse, Lehmann Court Town-*

sky, including man's being in this between. The structure of existential spatiality at any time is both general and particular. The architectural images are therefore archetypal as well as local, or rather, a concrete image always represents a local variation on an archetypal form.

Architectural history shows that the basic images are surprisingly few. The archetypes of space are three: centralized, longitudinal, and clustered space, plus some rather common combinations of these. The archetypes of built form are also three, being determined respectively by horizontality (extension), verticality (erection), and equilibrium (rest). Together these structural archetypes make up the basic images of place. From times immemorial man has understood that the archetypal structures of spatiality are expressed by means of images such as the arch, the gable (pediment), the column, the rotunda, the pyramid, the dome and the tower. Throughout the centuries architecture therefore meant to compose with such elements. Let me repeat that these compositions served to visualize the spatiality of a certain world, whereby man gained his identity.

In post-modern architectures archetypal and local images reappear. Thus post-modernism represents an attempt to redress the shortcomings of modern architecture, in particular the sterility of its "late" phase. To realize a full recovery of the architectural image, and to develop a language of forms which may serve the imaginatory process, two efforts are needed. Firstly we have to arrive at an adequate general understanding of the image, and thus to found a "theory" of the language of architecture. Secondly we have to study architectural history to fill this theory with concrete content. To learn from the past means to single out those images which have archetypal

and local value, whereby mere "formalism" may be avoided. In general post-modernism represents a break with the one-sided "scientific" attitude which was at the roots of radical functionalism, and a return to architecture as an *art.*

The New Chicago Architecture

Chicago has undergone enormous changes during the last twenty-five years. Large parts of the Loop area have been rebuilt, along Lake Michigan there are infinite rows of new highrise apartment buildings, and the slums have partly been pulled down. In spite of these changes the city has conserved its *genius loci.* This is first of all due to the respect for the basic grid-system. "Freely" shaped buildings such as the round late-modern *Marina City Towers,* look foreign in Chicago. (When *Lake Point Tower* appears more satisfactory, it is probably because it is located outside the grid.) But Chicago also conserves its identity because of the conscious goal-orientation of its architects.

The common goal of the new generation is to make an *architecture* of locally meaningful *images,* as was clearly stated by Stuart Cohen in his introduction to the catalogue for the "Late Entries to the Chicago Tribune Tower Competition" (1980). The works of the new architects substantiate this aim. Helmut Jahn's entry to the competition thus shows a very tall building which embraces the existing *Tribune Tower* and rises above it, not as a structure in the technological sense of the word, but as an architectural image.

It seems that Jahn has asked the question: «What does a tower in Chicago want to be?», and his answer corresponds to Sullivan's giant, which

stands high on his legs at the same time as it terminates towards the sky to express that we are not only on the ground but also close to the "light of the world". Jahn's building receives this light, interacts with it, and thus tells a story which is simultaneously old and new. Memories of gable and *belvedere* come into play; we are invited to get up there, or rather, ideally we are already up there, sharing the being between earth and sky of the tower. A true tower, thus, which recognizes the difference between up and down, and adds a dimension of ascension to our daily life.

Peter Pran's project for the same competition also takes the basic dialectic of earth and sky as its point of departure, expressing it by means of a "collage" of recollected images: the rusticated base, the vertical grid, the reflecting curtain-wall, the stepped-back upper terminal. The memories are not composed in an arbitrary way, but related to the being of the tower, and thus transcend mere decoration.

Many other projects show a similar wish for giving new existential depth to a known type of Chicago architecture. As an example I may mention the *Building Apartment,* by Laurence Booth which, with its articulate structure, variation on the Chicago window and gabled top represents a further development of the local tradition. Above all, however, I may recall Helmut Jahn's addition to the *Chicago Board of Trade.* In a very simple and straightforward way the project transforms a standing volume into an architectural image: standing, rising, opening, and enclosing (a great interior space), it recovers archetypal architectural qualities at the same time as it adapts admirably to the given situation.

The "adaptation" encountered in the *Chicago Board of Trade Addition* in general expresses a new attitude in

67

houses). In questi lavori l'immagine della "casa" viene riconosciuta come oggetto per l'identificazione umana. Altre interpretazioni fantasiose di tipologie conosciute si trovano nel riuscito progetto della *Townhouse* di Peter Pran, la *Tudor House* di Stuart Cohen e la splendida *Aspen Residence* di Helmut Jahn. Le *McCormick Rowhouses* di Deborah Doyle, poi, dimostrano un'affascinante serie di variazioni sul tema della facciata tradizionale a timpano come una specie di "puzzle di immagini".

D'interesse particolare sono quei progetti dove lo spazio interno è di prima importanza, cioè dove il *fluidum* dinamico di Wright e di Mies riceve una definizione più variata, con lo scopo di recuperare immagini spaziali come quelle della rotonda o del baldacchino. Ciò si sente particolarmente nei lavori di Thomas Beeby, come lo splendido progetto per il *North Shore Congregational Israel*, fatto in collaborazione con Syvertsen. Anche nel lavoro di Stanley Tigerman lo spazio è di importanza primaria: qui la lezione di Mies è stata pienamente compresa e sviluppata verso quella ricchezza "barocca" che Mies stesso avrebbe potuto immaginare come apice della nuova tradizione della composizione spaziale. Nello stesso momento in cui lo spazio guadagna qui la qualità dell'immagine, il tema "moderno" della "promenade architectural" (Giedion a proposito della *Villa Savoye* di Le Courbusier) viene ripreso, e cioè l'esperienza dell'andar avanti, verso, attraverso, su... La *Marion House* di Tigerman può illustrare bene questa sintesi significativa del "vecchio" e del "nuovo".

Nei lavori di Beeby e di Tigerman, motivi storici particolari, generalmente ripresi dall'architettura classica, riappaiono e vengono enfatizzati. Questi elementi, come l'arco, il timpano e la colonna, non vengono usati come semplici applicazioni ma hanno una importanza integrale in rapporto alla disposizione spaziale.

Generalmente riconosciamo nei lavori dei due architetti uno sviluppo dal facile "tardo-modernismo" verso un "classicismo astratto" fantasioso, un cambiamento che caratterizza anche la maggior parte dei nuovi architetti di Chicago, come Helmut Jahn. Perciò la ricerca dell'immagine architettonica si rivela come scopo comune, e «l'architettura viene riproposta come il sogetto dell'architettura» (Stuart Cohen). Ancora una volta l'architettura può realizzare un mondo attraverso le immagini.

Gli esempi dati qui sopra evidenziano che il mondo della nuova architettura di Chicago è ancora il mondo aperto della città americana e, in particolare, di quella di Chicago. Gli architetti di Chicago, infatti, non rifiutano di progettare i grattacieli, come ha fatto Krier quando si è opposto alla partecipazione al concorso "Late Entries to the Tribune Tower Competition". Invece essi prendono le mosse dalla tipologia locale e cercano di investirla in modo più vario e concreto di un contenuto umano più profondo. Così facendo devono necessariamente collegare ciò che è locale con ciò che è archetipo, cioè con quelle immagini che noi tutti abbiamo in comune. Dopo un periodo di relativismo "funzionale", oggi abbiamo cominciato di nuovo a riconoscere che la nostra esistenza nel mondo è strutturata e che esistono forme di base. Così possiamo di nuovo chiederci «Che cos'è una torre, una casa, che cos'è un interno?» E per rispondere non presentiamo più diagrammi (come facevano i funzionalisti radicali dopo aver ridotto la questione agli aspetti misurabili), ma presentiamo costruzioni concrete che interpretano gli archetipi in rapporto al "qui ed *ora*". In questo modo l'architettura ridiventa costruzione di luoghi.

Il valore dell'architettura nuova di Chicago non risiede nel recupero delle immagini architettoniche "per sé" ma nel loro uso in un modo localmente utile. Avendo accettato questo problema di fondo dell'architettura postmoderna, Chicago è diventata ancora una volta un'ispirazione per noi tutti.

Chicago architecture. The building is no longer understood as a relatively independent "episode" within the neutral grid, but as part of a *context.* The context in question, however, is not the hierarchical form of the European city, but still the open network of Chicago. What happens now, is that the memories contained within the system start to take each other into consideration. The new attitude therefore does not represent a break with the American and local tradition, but a further step towards that "architecture of democracy" wanted by Sullivan and Wright.

The new, deepened concern for the place as a system of interdependent units, also comes forth in many projects which revive the local vernacular. The taut, precise volumes of the early wooden houses thus reappear in fine works by Anders Nereim (*Hansen Residence*), Ben Weese (*Sunrise Court,* with Tom Hickey and Janet Null as project architects), Kenneth Schroeder (*Four Little Houses of the Prairie*), and James Nagle (*Lake Bluff Townhouses, Lehmann Court Townhouses).* In these works the image of *house* is recreated, as an object of human identification. Other imaginative reinterpretations of known typologies are found in Peter Pran's successful *Town house* project, Stuart Cohen's fine *Tudor House* and Helmut Jahn's splendid *Aspen Residence.* The *McCormick Rowhouses* by Deborah Doyle, finally, show a fascinating series of variations on the traditional gable facade, which on the site are used as a kind of "image-puzzle".

Of particular interest are those projects where interior space is of primary concern, that is, where the dynamic fluidum of Wright and Mies is given more varied definition, with the aim of recovering *spatial* images such as the rotunda or the baldachin. This objective is strongly felt in Thomas Beeby's works, such as the splendid *North Shore Congregation Israel* project (planned with John M. Syvertsen). In Stanley Tigerman's works space is also of primary importance. The lesson of Mies is here fully understood, and developed towards that "Baroque" richness which Mies himself might have expected to come as a culmination of the new tradition of spatial composition. At the same time as space here gains the quality of image, the "modern" theme of the "architectural walk" (Giedion on Le Corbusier's *Villa Savoye*) is taken up, that is, the experience of moving along, towards, through, up... Tigerman's *Marion House* well illustrates this significant synthesis of "old" and new.

In the works of Beeby and Tigerman particular historical motifs, mainly taken from Classical architecture, are reappearing and are even strongly emphasized. These elements, such as the arch, the pediment, and the column, are, however, not used as mere applications but gain constituent importance in relation to the spatial lay-out. In general we recognize in the works of both architects a development from a kind of smooth "late-modernism" towards an imaginative "abstract classicism", a change which also characterizes most of the other new Chicago architects, such as Helmut Jahn.

The search for the architectural image thus comes forth as the common aim, and "architecture is reinstated as the subject matter of architecture" (Stuart Cohen). Again architecture may make a world visible by means of images.

From the examples mentioned, it is evident that the world of the "New Chicago Architecture" is still the open world of the American city and of Chicago in particular. The Chicago architects in fact do not refuse to design skyscrapers, as Krier did when he turned down the invitation to participate in the "Late Tribune Tower Competition". Rather they take the local typology as their point of departure, wanting to give it a more concrete and varied interpretation, and thus a deeper human content. In doing this they necessarily have to relate what is local to what is archetypal, that is, to the images which are common to all of us. After a period of "functional" relativism, today we again start to recognize that our being in the world is structured, and that basic existential forms exist. Thus we may again ask: «What is a tower, what is a house, what is an interior?» In our answers to these questions we do not any more present mere diagrams (as did the radical functionalists after having reduced the questions to their measurable aspects), but concrete buildings which interpret the archetypes in relation to the *here* and the *now.* Thus architecture again becomes the making of places.

The value of the "New Chicago Architecture" does not consist in the recovery of architectural images *per sé,* but in their locally meaningful use. In facing this basic problem of postmodern architecture, Chicago has again become a source of inspiration to all of us.

11

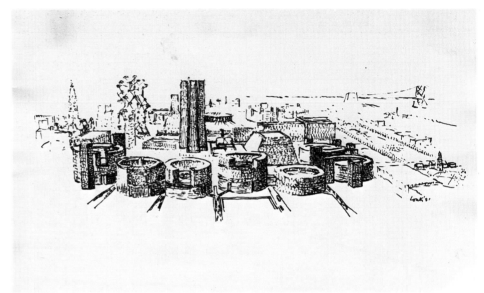

13

12

14

Schipporeit Heinrich, 11, LAKE POINT TOWER, Chicago, Illinois, 1968

Paul Rudolph, 12, SCHOOL OF ARCHITECTURE, Yale University, New Haven, 1960

Louis Kahn, 13, PHILADELPHIA CITY CENTER, 1956-57

Eero Saarinen, 14, DORMITORS, Yale University, New Haven, 1960-63

Le mostre d'architettura a Chicago: cenni storici

John Zukowsky

Nel numero di Maggio 1981 di "Progressive Architecture" David Greenspan scrisse un articolo dal titolo *Chicago: Show City*. In esso l'autore osservava che giustamente, nel campo delle mostre di disegni d'architettura, l'appellativo dato a Chicago di "città di seconda classe" si è dimostrato del tutto inappropriato.

Dopo il successo dello scorso anno della "Late entries to the Tribune Tower Competition" l'esposizione e la vendita di disegni e modelli architettonici è diventata un'industria minore in continuo sviluppo nella città del "Costruisci, non discutere".

Il vecchio Chicago Architectural Club si è rianimato. Gallerie come Young-Hoffmann, Frumkin-Struve, and Zolla-Lieberman continuano a programmare nuove esposizioni d'architettura, e la libreria in Prairie Avenue continua a mettere in risalto i disegni dei progettisti locali. E poi i musei come il Museum of Science and Industry, la Chicago Historical Society, e l'Art Institute of Chicago, dove io sono archivista di architettura alla Burnham Library, stanno organizzando mostre di architettura per i prossimi due anni.

Sembra che questa fioritura di mostre qui e ovunque in America sia stata potenziata dalla recessione nel settore edile del 1974 e dalle esposizioni bicentenali sull'architettura, specialmente quella di "200 Years of American Architectural Drawings", organizzata dal Cooper-Hewitt Museum (1976). Quella esposizione fu portata

1 Installazione fotografica del WORK OF FRANK LLOYD WRIGHT SINCE 1911, esposto all'Art Institute di Chicago.
2 Jules Guérin, Veduta della proposta di sviluppo del centro della città, Chicago, 1907.

1 Installation Photograph of the WORK OF FRANK LLOYD WRIGHT SINCE 1911, exhibited at The Art Institute of Chicago, 1914.
2 Jules Guérin, View of the Proposed Development in the Center of the City, Chicago, 1907.

Chicago's Architectural Exhibits: the Historical Background

John Zukowsky

In the May 1981 issue of *Progressive Architecture* David Greenspan authored a review entitled "Chicago: Show City". He accurately observed that «In the area of architectural drawing exhibits, Chicago's 'second city' nickname is proving inappropriate. Following last year's successful 'Late Entries to the Tribune Tower Competition', the showing and selling of architectural drawings and models has become a minor growth industry in the city of 'build, don't talk'». This remains true. The old Chicago Architectural Club has just been revived. Galleries such as Young-Hoffmann, Frumkin-Struve, and Zolla-Lieberman continue to plan new architecture exhibits. The Prairie Avenue bookstore continues to highlight the drawings of young local designers. And museums such as the Museum of Science and Industry, the Chicago Historical Society and The Art Institute of Chicago, where I am architectural archivist at the Burnham Library of Architecture, are organizing architectural exhibits for installation two years from now. It seems that this flowering of architecture shows here and elsewhere throughout America was catalyzed by the building recession of 1974 and bicentennial exhibitions on architecture, especially the "200 Years of American Architectural Drawings" exhibit that was organized by the Cooper-Hewitt Museum. That show toured the nation in 1977 and 1978, including a stop at The Art Institute of Chicago. Local

in molte città degli Stati Uniti negli anni '77 e '78 con una sosta all'Art Institute of Chicago. Sempre animate dal medesimo fervore architettonico sono da annoverare altre due mostre nel 1976: "100 Years of Architecture in Chicago, Continuity of Structure and Form", organizzata a Monaco nel 1973 ma tenuta al Museum of Contemporary Art di Chicago e curata dal critico d'arte Franz Schulze e dall'architetto Peter Pran; e "Chicago Architects", l'apprezzatissimo "salon des refués" organizzato da Laurence Booth, Stuart Cohen, Stanley Tigerman e Ben Weese, quattro dei cosiddetti "Chicago Seven", architetti le cui opere furono esposte nella mostra alla Richard Gray Gallery nel 1977. Tutto questo fa parte della storia più recente; ma le mostre degli architetti di Chicago, sia in patria sia all'estero, hanno un passato che va ben oltre gli anni Settanta. Vedremo alcuni precedenti relativi a quelle esposizioni di Chicago e a questa mostra italiana sulla "New Chicago Architecture", e citeremo anche convenzioni storiche che appaiono in alcuni disegni in mostra. Il luogo migliore da cui cominciare è Chicago stessa dal suo primo museo d'arte: The Art Institute of Chicago.

Fondato nel 1879 come The Academy of Fine Arts, e riconosciuto nel 1882 col suo nome attuale, non fu sede di alcuna esposizione fino al 1892 quando, dall'1 al 15 marzo, si tenne la prima mostra annuale dell'Illinois Chapter of the American Institute of Architects. Due anni più tardi il Chicago Architectural Sketch Club tenne la settima esposizione annuale dal 10 maggio al 4 giugno 1894. Nei tre decenni successivi ci furono più di trentacinque esposizioni di disegni, fotografie e modelli di opere di architetti contemporanei: la maggior parte del Chicago Architectural Club. Degni di nota fra questi furono: i quadri di un interprete architettonico Jules Guérin (1866-1946), 29 aprile - 10 maggio 1896 e 1-21 marzo 1906; Frank Lloyd Wright (1867-1959) primo espositore unico, come esponente della tredicesima mostra annuale del Chicago Architectural Club nel 1900; inoltre il primo dei disegni per il piano di Chicago di Daniel H. Burnham ed Edward H. Bennett, alcune spettacolari interpretazioni impressionistiche di Jules Guérin nel luglio 1909; una retrospettiva dell'opera di Charles F. McKim (1847-1909), 18 gennaio - 6 febbraio 1910; e l'esposizione di ottantacinque progetti dell' "International Competition for the Chicago Tribune Tower", del maggio 1923. Contemporaneamente a queste esposizioni d'architettura la Burnham Library, fondata presso l'istituto in seguito ad un lascito di Daniel H. Burnham, organizzò parecchie mostre di interesse storico in relazione ai loro acquisti, inclusa una sui primi disegni di Louis Sullivan (1856-1924) degli anni 1870-80 e alcuni manoscritti e appunti che furono recentemente donati da George Grant Elmslie, come si legge nel "Bulletin of the Illinois Society of Architects" (settembre 1933). Ventitré anni dopo, presso l'Art Institute, ci fu un'altra mostra imponente su Sullivan organizzata da Edgar Kaufmann. Ancora la Library allestì la prima mostra americana di Mies van der Rohe (15 dicembre 1938-15 gennaio 1939), e dalla relazione annuale risulta che Mies era molto interessato a quei disegni di Sullivan che Elmslie gli donò, quando il celebre architetto tedesco visitò per la prima volta la biblioteca nel 1937. Sebbene Philip Johnson curasse una mostra importante del lavoro di Mies al Museum of Modern Art di New York nel 1947, fu A. James Speyer, allievo di Mies e curatore dell'arte del '900 all'Art Institute, che organizzò la mostra retrospettiva, durata dal 27 aprile al 30 giugno 1968: circa un anno prima della morte di Mies, avvenuta il 17 agosto 1969. Successivamente questa mostra fu tenuta a Berlino alla Academie der Künste, dal 25 agosto al 22 settembre 1968, e ritornò nel Nord America per numerose soste. Non era la prima volta che l'architettura di Chicago otteneva una certa attenzione all'estero, sia attraverso mostre o pubblicazioni.

Gli amanti e gli studiosi di architettura conoscono bene l'interesse, le pubblicazioni e le mostre europee e, in particolar modo, tedesche sull'opera di Wright e Mies. Ma un certo numero di architetti di origine tedesca venne a lavorare a Chicago tra il 1860 e l'80. Alcuni, come Dankmar Adler (1844-1900) e Richard Schmidt, (1865-1958) ebbero modesti riconoscimenti. Adler fu socio di Louis Sullivan dal 1880 al 1895. Insieme costoro costruirono i maggiori palazzi di Chicago incluso l'Auditorium (1887-89), la Chicago Stock Exchange (1893-94 demolita) e il Transportation Building per la "World's Columbian Exposition" (1893, demolito).

Schmidt un esponente della società Schmidt, Garden e Martin, è famoso a Chicago per la sua Montgomery Ward Office Tower (1899) e per la Montgomery Ward Warehouse sul Chicago River (1907) e la Madlener House (1902), ora restaurata come Graham Foundation for Advantage Studies in the Fine Arts.

Tuttavia, altri sono appena menzionati nella storia dell'architettura di Chicago, con le uniche eccezioni di Thomas Tallmadge, in "Architecture in Old Chicago" (1941) e Mark L. Peisch in "The Chicago School of Architecture" (1964). Comunque le notizie loro riguardanti sono decisamente scarse. Notevoli tra queste stelle sconosciute sono Augustus Bauer (1827-1894), Frederick Baumann (1826-1921), Fritz Foltz (1843-1916) e Otto Matz

manifestation of bicentennial architecture fervor, in terms of exhibits, include two exhibitions shown here in 1976: "100 Years of Architecture in Chicago, Continuity of Structure and Form", organized in Munich in 1973, but shown in Chicago's Museum of Contemporary Art, and guest curated by art critic Franz Schulze and architect Peter Pran; and "Chicago Architects", the much praised *salon des refuses* organized by Laurence Booth, Stuart Cohen, Stanley Tigerman, and Benjamin Weese, four of the so-called "Chicago Seven" architects whose work was shown in the Richard Gray Gallery exhibits in 1977. This is all well documented recent history. Exhibits of Chicago architects, both at home and abroad, have a heritage that stretches back much further than the mid-seventies. We shall discuss some precedents for those Chicago showings and for this Italian exhibit, "New Chicago Architecture", as well as cite relevant historic conventions that appear in some of the drawings on display. The best place to start is at home with the windy city's first art museum, the Art Institute of Chicago.

Originally founded in 1879 as the Chicago Academy of Fine Arts and incorporated in 1882 under its present name, the Art Institute of Chicago's catalogs show no record of architectural exhibits until 1892 when, from 1-15 March, they held the first annual exhibition of the Illinois Chapter of the American Institute of Architects. Two years later the Chicago Architectural Sketch Club sponsored their seventh annual exhibit at the Institute from 10th May through 4th June 1894.

Within the next three decades, there were more than thirty-five exhibits of drawings, photographs, and models of the work of contemporary architects, mostly members of the Chicago Architectural Club. Notable among these

were paintings of architectural renderer Jules Guérin (1866-1946), 29 April - 10 May 1896 and 1-21 March 1906; Frank Lloyd Wright's (1867-1959) first solo exhibit as part of the thirteenth Annual Exhibit, Chicago Architectural Club, 1900; the premier of drawings for *The Plan of Chicago* by Daniel H. Burnham and Eduard H. Bennett, including spectacular, impressionistic renderings by Jules Guérin, July 1909; a retrospective of the work of Charles F. McKim (1847-1909), 18 January - 6 February 1910; and the display of eighty-five renderings from the "International Competition for the Chicago Tribune Tower", May 1923. At the same time as these exhibits on "contemporary" architecture, the Burnham Library of Architecture, founded at the Institute through the 1912 bequest of Daniel H. Burnham, held several exhibits of historic interest related to their acquisitions, including one on Louis Sullivan's (1856-1924) early sketches from the 1870s and 80s and some manuscripts and memorabilia that had been recently donated by George Grant Elmslie, as reviewed in the *Bulletin of the Illinois Society of Architects*, September 1933.

Twenty-three years later the Art Institute also had a major show on Sullivan that was organized by Edgar Kaufmann. Yet the library organized the first American exhibit of Ludwig Mies van der Rohe, 15 December 1938 - 15 January 1939, and its annual report records that Mies was most interested in seeing those Sullivan items that Elmslie donated when the renowned German architect first visited the library in 1937. Although Philip Johnson curated a major exhibit of Mies's work at the Museum of Modern Art in New York in 1947, it was A. James Speyer, a former student of Mies and curator of twentieth century art at

the Art Institute, who organized the retrospective exhibit that ran from 27 April - 30 June 1968, about a year before Mies's death, 17 August 1969. This show subsequently traveled to the Accademie der Künste, Berlin, from 25 August - 22 September 1968, and returned to North America for several stops. It was hardly the first time that Chicago's architecture received attention abroad, either through exhibition or publication.

Architectural enthusiasts and scholars alike are familiar with European, particularly German, interest, publications, and exhibits on the work of Wright and Mies. But a number of German-born architects came to work in Chicago during the 1860s, 70s and 80s. Some, such as Dankmar Adler (1844-1900) and Richard Schmidt (1865-1958) have received moderate recognition. Adler was a partner with Louis Sullivan from 1880-95. Together they built major monuments of Chicago including the *Auditorium* (1887-89), the *Chicago Stock Exchange* (1893-94; demolished), and the *Transportation Building* at the World's Columbian Exposition (1893; demolished). Schmidt, a partner in the firm of Schmidt, Garden, and Martin, is locally famous for his *Montgomery Ward Office Tower* at 6 North Michigan Avenue (1899; altered), the *Montgomery Ward Warehouses* on the Chicago River (1907), and the *Madlener House* (1902), now restored as the Graham Foundation for Advanced Studies in the Fine Arts. However, others are barely mentioned in the histories of Chicago architecture, with the possible exception of Thomas Tallmadge, *Architecture in Old Chicago*, of 1941, and Mark L. Peisch, *The Chicago School of Architecture*, of 1964. And even then you cannot find much about them. Prominent among these unacknowledged stars are Au-

(1830-1919). Questi diedero un notevole contributo nel delineare l'impronta della città di Chicago, e con Adler e Schmidt aiutarono a formare un'altra generazione di architetti tedesco-americani comprendente Alfred Alschuler (1876-1940) e Arthur Woltersdorf (1870-1948). I loro rapporti con la Chicago School of Commercial Buildings devono ancora essere studiati a fondo.

Infine, architetti non teutonici operanti nel periodo in cui i ricercatori seguaci di Mies e Gidieon hanno senza dubbio considerato l'età oscura dell'architettura di Chicago, erano influenzati anche dalla architettura tedesca. (Il termine "Età oscura" qui si riferisce al periodo immediatamente precedente e seguente il grande incendio del 1871; è un termine appropriato se si considera il fatto che la maggior parte degli storici ha completamente ignorato questo periodo).

Sarah Bradford Landau nel suo scritto: "P.B. Wight: Architect, Contractor and Critic, 1838-1925" del 1981, rivela che Wight, un architetto di New York e Chicago degli anni 1860-70, trasse ispirazione da copie delle illustrazioni dei vari numeri del periodico del 1850 "Architektonisches Skizzen-Buch" che l'aiutò a sviluppare uno stile personale di decorazione. Il rapporto fra la Scuola di Chicago e la Scuola Tedesca non ebbe termine nel 1890. Nel 1910 i disegni del *Plan of Chicago* di Burnham e Bennett furono portati a Londra per la conferenza sul "Town Planning", del Royal Institute of British Architects, tenutasi dal 10 al 15 ottobre, e alla "International City Planning Exhibit" tenutasi a Düsseldorf lo stesso anno. Secondo Thomas Hines nel "Burnham of Chicago" del 1974, il kaiser Guglielmo fu così colpito dal *Chicago Plan* che volle averne uno simile per la Berlino dell'anno 2000. Anche Walter Burley

Griffin (1876-1937), uno dei seguaci di Wright, nel 1912 si servì dei viali in diagonale del *Chicago Plan* per il suo premiato piano di Camberra, capitale dell'Australia.

Il periodico "Der Städtebau" fu il primo a riconoscere fin dal 1913 questa ed altre somiglianze. Sebbene R.G. Wilson indichi Roma come una delle maggiori fonti per il piano di Burnham, in un recente articolo su "Inland Architect", aprile '80, alcuni studiosi mettono in luce un altro collegamento con l'Europa e, in particolare, con la Francia.

Burnham e Bennett volevano fare di Chicago una Parigi della prateria, con sfavillanti viali ed edifici classici e ponti che riportano direttamente alla Parigi di Haussmann, per dare prestigio e aumentare il commercio di questa grande città d'affari. Saggi di Sally Chappell e Robert Bruegmann in "The Plan of Chicago: 1909-1979" confermano decisamente questo indirizzo come l'assunzione da parte di Burnham di Fernand Janin, uno studente francese di Victor Laloux, per eseguire gli studi architettonici del *Grand Park* e del *Civic Center*.

La *Buckingham Fountain* nel parco dal 1923 al '25 fa pensare a Versailles più di ogni altra costruzione media-europea, così come le doppie colonne nel portale d'ingresso del parco. Ma questo stile sarebbe appropriato a qualcuno come Edward H. Bennett (1874-1954), l'architetto e progettista che successe a Burnham nel fare la pianta di varie città del Nord America, durante il primo trentennio del XX secolo, che si era formato all'Ecole Des Beaux Arts a Parigi. Era uno dei tanti di Chicago formatisi a Parigi, come William Le Baron Jenney (1832-1907), uno studente dell'Ecole Centrale des Arts et Manufactures, e *Beaux Arts Boys* come Pierce Anderson (1870-1924) della Graham, Anderson,

Probst, e White, società di architetti che successero a Burnham; John A. Holabird (1886-1945) e John W. Root, Jr. (1887-1963) della Holabird e Root; e Ernest A. Grunsfeld, Jr. (1887-1970), tanto per citarne alcuni. Anche Sullivan studiò a Parigi nel 1875, malgrado a ricordare questo periodo della sua vita sia rimasto poco nei suoi schizzi architettonici. Gli altri di Chicago che non ebbero una formazione parigina, come Alfred Alschuler e Henry Dubin (1892-1963), visitarono l'Europa e conobbero i suoi architetti, a volte grazie a premi come il Plym Fellowship per lo studio e il disegno in Europa, patrocinato dalla University of Illinois di Urbana-Champaign.

Sebbene Sullivan possa non aver abbracciato l'architettura delle Beaux Arts dopo la World's Columbian Exposition, egli utilizzò l'idea delle Beaux Arts di «attenersi ad uno schizzo quando si progetta una decorazione architettonica», come fa notare Paul Sprague, nel suo libro del 1979, "The Drawings of Louis Henry Sullivan". Lauren Weingarden ha studiato ampiamente l'influenza reciproca tra Sullivan e la teoria progettuale francese in un articolo del "Journal of the Society of Architectural Historians", del dicembre 1980. Ella cita il riconoscimento che Sullivan ricevette dalla "Union Centrale des Arts Decoratifs", quando gli assegnarono le medaglie per il suo *Transportation Building* alla World's Columbian Exposition. Sullivan poi mandò loro modelli di decorazione e calchi per l'esposizione del 1894. L'opera di Sullivan fu anche inclusa in una mostra tenuta a Parigi sull'architettura americana circa ventisette anni più tardi. Il numero di gennaio 1921 del *Bulletin of the Illinois Society of Architects* elenca ventuno architetti di Chicago che dovevano essere presentati in quella mostra: Edward H. Bennett, Graham, Ander-

gustus Bauer (1827-1894), Frederick Baumann (1826-1921), Fritz Foltz (1843-1916) and Otto Matz (1830-1919). They made important contributions to Chicago's cityscape and, along with Adler and Schmidt, helped train another generation of German-American architects that included Alfred Alschuler (1876-1940) and Arthur Woltersdorf (1870-1948). Their relationship to the Chicago School of commercial buildings has yet to be examined thoroughly.

Finally, non-teutonic architects, from what Miesian-Gidieon trained researchers have doubtless considered the Dark Ages of Chicago's architecture, were also influenced by German architecture. (The term "Dark Ages" here refers to the time immediately preceding and following the Great Fire of 1871; it is an appropriate term when you consider the fact that most historians have completely ignored this period.) Sarah Bradford Landau's *P. B. Wight: Architect, Contractor, and Critic, 1838-1925* of 1981 shows that Wight, a New York and Chicago architect from the 1860s-70s copied illustrations from issues of the periodical *Architektonisches Skizzen-Buch* than helped him develop his own style of ornamentation. The German connections to Chicago do not end in the 1890s either. The Burnham and Bennett *Plan of Chicago* drawings traveled, in 1910, to London for the Royal Institute of British Architects Town Planning Conference 10-15 October, and the International City Planning Exhibit in Dusseldorf that year. According to Thomas Hines, *Burnham of Chicago*, 1974, Kaiser Wilhelm was so impressed with the *Chicago Plan* that he wanted to have a similar plan prepared for Berlin as it would be in the year 2000. And even Walter Burley Griffin (1876-1937), one of Wight's followers, used the diagonal boulevards of the *Chicago Plan* for his plan for Canberra, the capital of Australia, in 1912. A review in the periodical *Der Städtebau* in 1913 was the first to recognize these and other similarities.

Although Richard Guy Wilson points to Rome as one of the sources for Chicago's Burnham Plan, in a recent article in *Inland Architect*, April 1980, other scholars stress another European connection: France. Burnham and Bennett wanted to make Chicago a Paris on the Prairie, complete with radiating boulevards and classical buildings and bridges straight out of Haussmann's Paris, in order to bring status and increased commerce to this big business city.

Essays by Sally Chappell and Robert Bruegmann in *The Plan of Chicago: 1909-1979* consistently confirm this as well as Burnham's hiring Fernand Janin, a French student of Victor Laloux, to execute the architectural studies for Grant Park and the Civic Center. *Buckingham Fountain* in the Park, from 1923-25, smacks more of Versailles than anything natively midwest, as do the double-columned pylons at the entrance to the park. But this would be appropriate for someone like Edward H. Bennett (1874-1954), an architect and planner who succeeded Burnham in planning cities throughout North America during the first third of the twentieth century, and who trained at the Ecole des Beaux Arts in Paris. He was one of a long line of Parisian trained Chicagoans that included William Le Baron Jenney (1832-1907), a student at the Ecole Centrale des Arts et Manufactures, and "Beaux Arts boys" Pierce Anderson (1870-1924) of Graham, Anderson, Probst, and White, Burnham's architectural successor firm, John A. Holabird (1886-1945) and John W. Root, Jr. (1887-1963) of the firm Holabird and Root, and Ernest A. Grunsfeld, Jr. (1887-1970), to mention but a few. Even Sullivan studied there in 1875, though there is really not much in the way of "architectural" drawing that has survived from this period in his life. Those Chicagoans who did not have Parisian architectural training, such as Alfred Alschuler and Henry Dubin (1892-1963), still visited Europe and her architects, sometimes through awards such as the Plym Fellowship for European study and sketching, administered through the University of Illinois at Urbana-Champaign.

Although Sullivan may not have embraced Beaux Arts architecture after the World's Columbian Exposition, he utilized the Beaux-Arts idea of "holding to an *esquisse* when designing architectural ornament" as Paul Sprague noted in his 1979 book *The Drawings of Louis Henry Sullivan*. Lauren Weingarden has investigated Sullivan's interaction with French design theory fully in an article in the *Journal of the Society of Architectural Historians*, December 1980. She cites the recognition that Sullivan received from the Union Centrale des Arts Decoratifs when they awarded him medals for his *Transportation Building* at the World's Columbian Exposition. Sullivan then sent them models of ornament and casts for exhibition in 1894.

Sullivan's work was also included in a Paris Salon exhibit on American architecture some twenty-seven years later. The January 1921 issue of the *Bulletin of the Illinois Society of Architects* lists twenty-one Chicago architects who were to be represented in the show: Bennett, Graham, Anderson, Probst, and White, Holabird and Roche, Schmidt, Garden, and Martin, and Frank Lloyd Wright were among those cited.

Thus, it seems evident that Chica-

son, Probst e White, Holabird e Roche, Schmidt, Garden, Martin e Frank Lloyd Wright erano tra quelli citati.

Così è evidente che le relazioni architettoniche fra Chicago e l'Europa e nei sopraccitati casi con la Francia e la Germania, si erano già affermate attraverso la migrazione, i viaggi, le pubblicazioni, le mostre, molto tempo prima di Mies, Neutra, Gropius e i protagonisti del New Bauhaus. Abbiamo fin qui appena sfiorato l'argomento di questi collegamenti, ma penso che si possa affermare con sicurezza che l'Architettura di Chicago non può essere sbocciata miracolosamente dalle praterie selvagge senza alcuna relazione con l'Europa e le già esistenti tradizioni architettoniche, sia nel passato sia nel presente. La costruttiva influenza di Viollet-le-Duc sugli architetti da Wight a Wright, così come i cento e più progetti di concorrenti stranieri alla "Chicago Tribune Tower Competition", quasi metà del totale, non sono stati studiati. E nemmeno abbiamo discusso l'importanza di pubblicazioni internazionali come la rivista inglese "Academy Architecture" che pubblicò i disegni di architetti di Chicago e di altri architetti americani, così come quelli di architetti europei, nel primo ventennio del secolo. Questa rivista era diffusa in Europa e America.

È sufficiente qui per i fini di questo articolo dire che l'esposizione e l'organizzazione italiana della "New Chicago Architecture" è perfettamente consona con una tradizione di collegamento fra Chicago e l'Europa da lungo affermata. Ma in che modo questo fatto è in relazione con gli architetti contemporanei di Chicago e i loro disegni qui esposti?

Esamineremo parecchi architetti e i loro progetti in relazione a due tipi di influenza regionale e internazionale o, più specificatamente, due sfere di influenza in termini di immagini geografiche e immagini architettoniche: Chicago e l'Europa.

Sia Helmut Jahn sia Peter Pran hanno un evidente patrimonio europeo alle spalle. Così come i numerosi architetti nati e formatisi in Germania che si erano trasferiti a Chicago nel 1800, Jahn e Pran sono nati, cresciuti e si sono formati professionalmente in Europa. Jahn frequentò la Technische Hochschule a Monaco Pran l'Università di Oslo in Norvegia. Entrambi sono arrivati a Chicago per seguire gli studi superiori di architettura al IIT, la famosa scuola di architettura istituita da Mies. Come risultato i disegni di entrambi riflettono la loro istruzione scrupolosa e tecnica ma in modi diversi. I progetti di Pran per il *Recreation Building* al Marian College e per il *Bloomington Hospital Addition* richiamano i prospetti fortemente colorati di giallo di Michael Graves, sebbene le allusioni classiche di Pran siano molto più austere e acute di quelle di Graves. I particolari e l'insieme degli edifici nei disegni di Pran, in particolare quelli del citato Bloomington Hospital, ricordano una delle opere Art Deco classiche e misurate fatte da Graham, Anderson, Probst e White negli anni Trenta come il *Field Building* e il *General Post Office*.

Gli edifici di Pran hanno un qualcosa di classico senza esserlo in modo evidente. D'altra parte, l'opera di Jahn ha un sottofondo chiaramente modernista ma non l'aspetto severo di Graham, Anderson, Probst e White.

Le costruzioni e i progetti di Jahn reggono il paragone con le più elaborate e, se si vuole, vistose opere di Holabird e Root nei tardi anni Venti, particolarmente il loro *Palmolive*, ora *Playboy Building*, e il *Board of Trade*. Il grattacielo in forma scalare, costruito da Jahn come ampliamento alla *Board of Trade*, è un eccellente esempio del suo contestualismo urbano nel linguaggio tardo modernista, fatto di alluminio e vetro riflettente. Infatti, "urbano" è il migliore attributo per i progetti di Jahn, ed egli usa come fonte di ispirazione i grattacieli del 1920: forma urbana americana al suo stadio più imponente, specie agli occhi degli europei. Gli schizzi di Jahn con la loro tecnica a zig-zag danno l'idea del dinamismo elettrico della città americana, e i suoi disegni eseguiti a spruzzo con l'areatore, colmi di raggi di luce Deco che intersecano il cielo, rinforzano quel dinamismo.

Forse il migliore esempio del più recente lavoro di Jahn è la *Northwestern Station Office Tower*. Essa ha l'aspetto curvo ed aereodinamico di una carrozza pullman degli anni Trenta, di una Chrysler o di un DC3 Douglas: il tutto partendo da una futuristica immagine di questo tempo esprimente velocità e progresso. Le stesse linee curve e scalari derivano da mensole simili nell'*Holabird* e nella *Root Board of Trade* (lobby) e il loro volume e l'effetto a cascata ricordano i "giardini", fatti in terracotta smaltata da Henry Sauvage negli anni Venti. Tuttavia il grande arco d'ingresso deriva da una tradizione specifica di Chicago: il marchio di fabbrica di Sullivan in strutture quali il *Transportation Building*, alla "World's Columbian Exposition", e lo *Stock Exchange Building* di Chicago, ambedue del 1893.

Così Pran e Jahn, educati in Europa, restano legati nelle loro opere alle tradizioni americane, e di Chicago in particolare. L'architetto Stanley Tigerman nato ed educato a Chicago ha in sé, per contrasto, una mescolanza della consapevolezza europea e del disegno di Chicago. Un buon esempio dell'attenzione di Tigerman al patrimonio europeo sono gli schizzi – fatti durante i suoi viaggi – di vari edifici italiani, in particolar modo dei maggiori

go's architectural connections to Europe, and in the above mentioned cases with France and Germany, were well established through migration, vacation, publication and exhibition long before the time of Mies, Neutra, Gropius and the protagonists of the New Bauhaus. We have only just scratched the surface of these interconnections, but I think we can safely posit that Chicago's architecture did not spring miraculously out of the wild prairie without any relation to Europe and existing architectural traditions either then or now. The full impact of Viollet-le-Duc on architects from Wight to Wright, as well as the more than 100 designs submitted by foreign competitors to the "Chicago Tribune Tower Competition", almost half of the total have not been discussed. Nor have we discussed the importance of international publications such as the English magazine *Academy Architecture*, which published the drawings of Chicago and other American architects as well as those of Europeans, in the early twentieth century. They distributed their magazine throughout Europe and America. Suffice it to say for the purposes of this essay that the Italian showing and organization of "New Chicago Architecture" fits well within a long established tradition of architectural interaction between Chicago and Europe. But how does this interaction relate to contemporary Chicago architects and their drawings on display here? We shall examine several architects and their designs in relation to two types of influences: regional and international; or more specifically, two spheres of influence in terms of drawing images and architectural imagery: Chicago and Europe.

Both Helmut Jahn and Peter Pran have an obvious European heritage. As with the numerous German born and trained architects who moved to Chicago in the 1800s, Jahn and Pran were born, raised, and professionally trained in Europe. Jahn attended the Technische Hochschule in Munich, whereas Pran studied at Oslo University, Norway. Both came to Chicago for their advanced architectural studies at IIT, the famed architecture school established by Mies. As a result, the drawings of both reflect their precise, technical training, but in different ways.

Pran's proposals for the *New Recreation Center* at Marian College and the *Bloomington Hospital Addition* are somewhat reminiscent of the highly colored yellow trace elevations of Michael Graves, though Pran's classical allusions are much more austere and subtle than those of Graves. The details and massing of the buildings in Pran's drawings, particularly the contextual Bloomington Hospital, remind one of the restrained, classical Art-Deco work done by Graham, Anderson, Probst, and White in the 1930s, such as the *Field Building* and *General Post Office*. Pran's buildings look classical without overtly being so. On the other hand, Jahn's work has a definitive Art Moderne undertone to it, but without the severe Graham, Anderson, Probst, and White look.

Jahn's buildings and projects bear closer comparison with the more elaborate or flashier, if you will, work of Holabird and Root in the late twenties, particularly their *Palmolive,* now *Playboy, Building,* 333 North Michigan Avenue, and the *Board of Trade*. Jahn's setback skyscraper addition to the *Board of Trade* is an excellent example of his urban contextualism within the late modernist vocabulary of aluminum and reflective glass. In fact, "urban" is the best adjective for Jahn's projects, and he uses as his sources of inspiration the skyscrapers of the 1920s American urbanism at its most

3

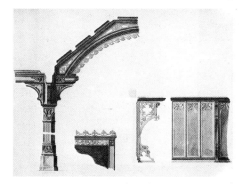

4

5

3 Installazione fotografica dei disegni della Chicago Tribune Tower Competition all'Art Institute di Chicago, 1923
4 Peter Bonnett Wight, Particolari della Stazione ferroviaria di Karlsruhe, 1860.
5 Disegni del *Plan of Chicago* a Düsseldorf del 1910, da Charles Moore, Daniel H. Burnham.

3 Installation Photograph of the Chicago Tribune Tower Competition drawings at the Art Institute of Chicago, 1923.
4 Peter Bonnett Wight, Copy of Details from the Karlsruhe Railroad Station, c. 1860.
5 The Chicago Plan Drawings on exhibit in Düsseldorf, 1910, from Charles Moore, Daniel H. Burnham.

monumenti come il *Colosseo*, la *Malcontenta*, il *Campidoglio*, *S. Maria della Salute* e *San Giorgio Maggiore*. Edifici storici e stili architettonici, in particolar modo il Rinascimento e il Barocco, hanno influenzato molto la sua opera, così come l'*Anti-Cruelty Society Building* e la *Villa Proeh*. Ma come nel suo *Best Products Showroom Project*, è affascinato dal sobborgo americano, allo stesso modo che lo è per il paesaggio piatto di Chicago che si ripete senza interruzione fino all'orizzonte.

Gli architetti di Chicago, Stuart Cohen, Kenneth Schroeder, Laurence Booth e Thomas Beeby, condividono meno questo misto di tradizioni europee e americane e hanno un maggiore rapporto formale con le immagini di Chicago. Lo straordinario fascino dello storico linguaggio popolare americano e di Chicago, in particolare, appare in progetti di riuso come lo *State Street Mall* di Cohen, con il *Chicago Stock Exchange Archway*, e nel disegno eseguito a spruzzo della struttura del *Mergenthaler Linotype Building*, di Schroeder che ha sullo sfondo blu una bandiera americana. Ma Booth ha sicuramente dato a Chicago la migliore innovazione dell'uso della tradizione costruttiva. Il suo *Apartment Building Project* per la 320, North-Michigan Avenue si avvantaggia della plasticità del calcestruzzo dando forma plastica alle finestre del prospetto, nel modo tipico di Chicago, simile a quelle rese popolari da Holabird e Roche e Smith, Garden e Martin nei loro edifici degli anni tra il 1890 e i primi del Novecento. Le modanature, l'ingresso con colonne, il coperto di vetro a "tempio" lo rendono un'appendice post-modernista, adatta ad una strada che ha, alla fine dell'isolato, il *London Guarantee and Accident Co. Building* del 1922-23 di Alfred Alschuler, con il suo elaborato tetto a forma di tempio.

Il disegno che Booth ha fatto del prospetto di questo grattacielo è paragonabile ai prospetti di edifici eseguiti a cavallo del secolo, come il disegno della *Montgomery Ward Tower* di Richard Schmidt, esposto al Chicago Architectural Club nel 1899. I disegni ad inchiostro su carta "maylar" di Beeby, preparati per questa mostra, sono perfettamente calati nella tradizione di serietà che è tipica di Chicago, con un tocco di Mies nei loro dettagli originali. La *Beasley House* di Beeby personifica questa tradizione di costruttori.

Gli architetti contemporanei di Chicago, come i loro colleghi a cavallo del secolo, condividono una pluralità di scambi. Ma tutto ciò ha in qualche modo a che fare col passato: sia esso europeo o americano, regionale o nazionale. E come Vincent Scully così acutamente asserisce nel "The Shingle Style Today, or the Historian's Revenge", tutti gli architetti per forza di cose hanno a che fare con il passato e con le tradizioni, lo credano o meno. È entusiasmante vedere che gli architetti di Chicago stanno approfittando al massimo di questo passato nei loro disegni e nelle loro costruzioni.

6 Illustrazione pubblicitaria per le sculture del ponte di Michigan Avenue (1917-20; Architetto Edward H. Bennett).
7 Fernand Janin, prospetto del CIVIC CENTER pubblicato in Burnham and Bennett's Plan of Chicago", 1909.
8 Louis H. Sullivan, schizzo tratto da una illustrazione di una rivista, eseguito a Parigi in 1875.

6 Advertising Illustration for Sculptures on the Michigan Avenue Bridge (1917/20; Edward H. Bennett, Architect).
7 Fernand Janin, Elevation of the PROPOSED CIVIC CENTER, published in Burnham and Bennett's PLAN OF CHICAGO, 1909.
8 Louis H. Sullivan, Sketch after a magazine illustration made in Paris, 1875.

impressive stage, especially to Europeans. Jahn's small sketches with their zig-zag technique convey the electric dynamism of the American city, and the large airbrush renderings of his work, replete with Deco beacons crisscrossing the skies, reinforce that dynamism. Perhaps the best example of his latest work is the *Northwestern Station Office Tower*. It has the curved streamlined look of a thirties Pullman car, Chrysler Airflow, or Douglas DC 3: all part of futuristic design imagery of our time connoting speed and progress. The curved setbacks themselves derive from similar brackets in the Holabird and Root *Board of Trade* lobby, and their massing and waterfalling effect remind one of similar terraces in Henri Sauvage's glazed terracotta work of the twenties. However, the large entrance arch derives from a specific Chicago tradition: Louis Sullivan's trademark in structure such as in the *Transportation Building* at the World's Columbian Exposition and the *Chicago Stock Exchange Building,* both from 1893.

Thus, the European trained Pran and Jahn relate to American and Chicago traditions in their work. Chicago born and bred architect Stanley Tigerman has, by contrast, a mix of European awareness and Chicago design roots. A good example of Tigerman's attention to Europe's heritage is in his travel sketches of Italian buildings, particularly major monuments such as *Coliseum, Malcontenta, Campidoglio, Santa Maria Della Salute,* and *San Giorgio Maggiore.*

Historic buildings and styles, particularly Renaissance and Baroque, have had a great influence on his work, such as the *Anti-Cruelty Society Building* and the *Villa Proeh.* But, as with his *Best Products Showroom* project, his other fascination lies with the American suburb which, as in Chicago's flat landscape, repeats itself endlessly to the horizon.

Chicago architects Stuart Cohen, Kenneth Schroeder, Laurence Booth, and Thomas Beeby share less of a mix of European and American traditions and have more of a design relationship to Chicago imagery.

The overwhelming fascination with the American and with Chicago's historic vernacular appears in reuse projects such as Cohen's *State Street Mall*, the *Chicago Stock Exchange Archway,* and Schroeder's airbrushed yellow trace drawing of the *Mergenthaler Linotype Building's* structural system within an American flag background of white stars on a blue field. But Booth has provided what is assuredly Chicago's most innovative use of its building tradition. His *Apartment Building Project*, for 320 North Michigan Avenue, takes advantage of the plasticity of poured concrete by giving the building's elevation molded Chicago windows similar to the type popularized by Holabird and Roche, and Schmidt, Garden, and Martin in their Chicago School office buildings of the 1890s and early 1900s. Its moldings, columned entrance, and glass temple top make it a fitting post modernist addition to a street which has, up the block, Alfred Alschuler's *London Guarantee and Accident Co. Building* of 1922-23 with its elaborate temple top. Booth's elevation drawing of this skyscraper parallels the straightforward elevations of buildings executed at the turn of the century such as Richard Schmidt's *Montgomery Ward Tower* drawing exhibited in the Chicago Architectural Club of 1899. Beeby's ink on mylar working drawings submitted for this current exhibit are very much in that no-nonsense Chicago tradition, with a touch of Mies placed in their pristine details. Beeby's *Beasley House* best captures, visually, this builder tradition.

As with their turn of the century counterparts, contemporary Chicago architects share a plurality of approaches. But all somehow deal with the past, be it European or American, regional or national. And, as Vincent Scully so aptly asserted in *The Shingle Style Today: or the Historian's Revenge*, all architects do deal with this past and with traditions, whether they realize it or not. It is exciting to see that Chicago architects are making the most of it in their drawings and their buildings.

CATALOGO/CATALOGUE

THOMAS BEEBY
LAURENCE BOOTH
STUART COHEN
DEBORAH DOYLE
JAMES GOETTSCH
GERALD HORN
HELMUT JAHN
RON KRUECK
JAMES NAGLE
ANDERS NEREIM
PETER PRAN
JOHN SYVERTSEN
KENNETH SCHROEDER
STANLEY TIGERMAN
BEN WEESE

1

2

Thomas Beeby, 1-2, HOUSE IN THE BAHAMAS,
1979
Pianta, prospettiva/plan, perspective
Laurence Booth, 3, APARTMENT BUILDING PRO-
JECT, 320 North Michigan Avenue, Chicago,
1981
Prospetto, sezione/elevation, section

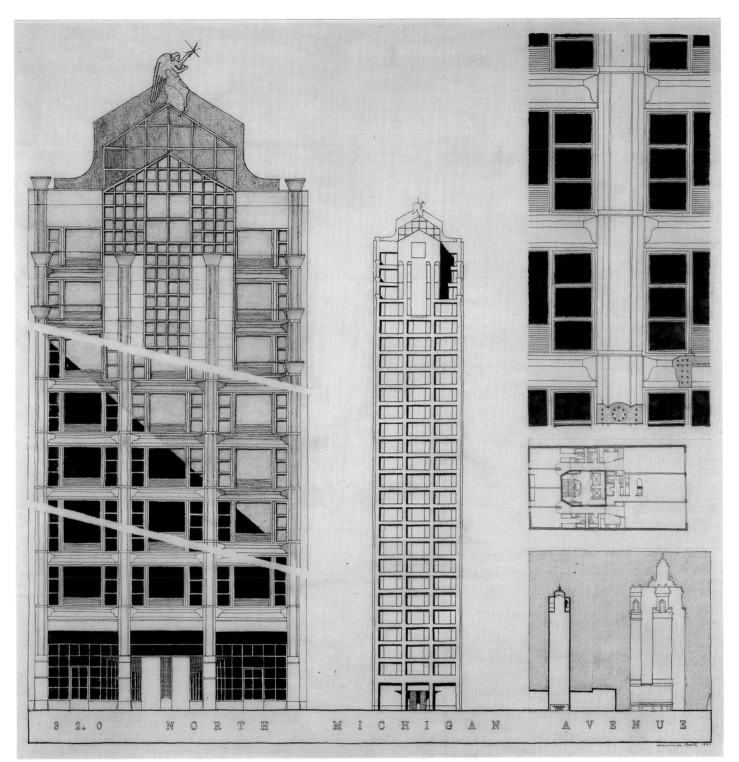

3 2 0   N O R T H   M I C H I G A N   A V E N U E

3

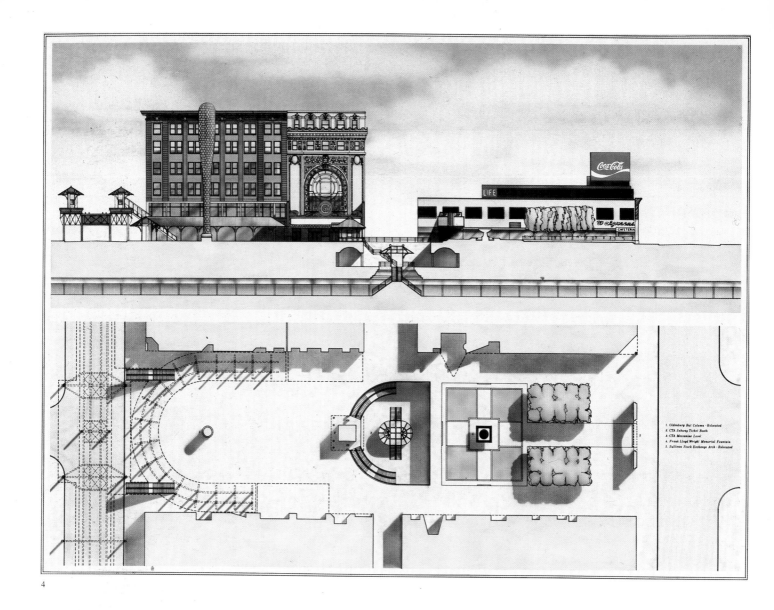

4

Stuart Cohen, 4, STATE STREET MALL PROJECT,
Chicago, 1980
Piante e sezioni/plans and sections

Deborah Doyle, 5-6, REFLECTIONS ON THE GOLD
APARTMENT, Chicago, 1979
Prospettiva, assonometria/perspective, axono-
metric

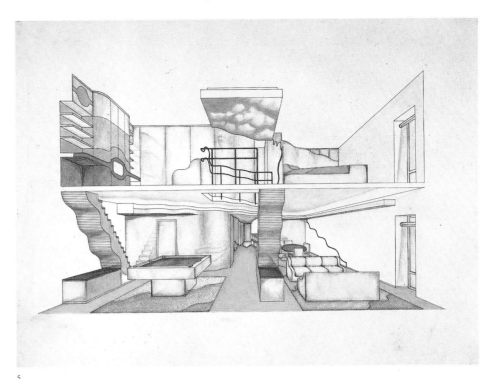

5

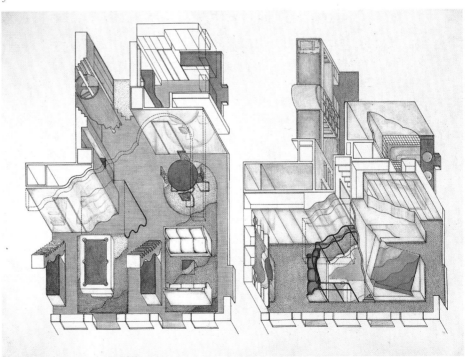

6

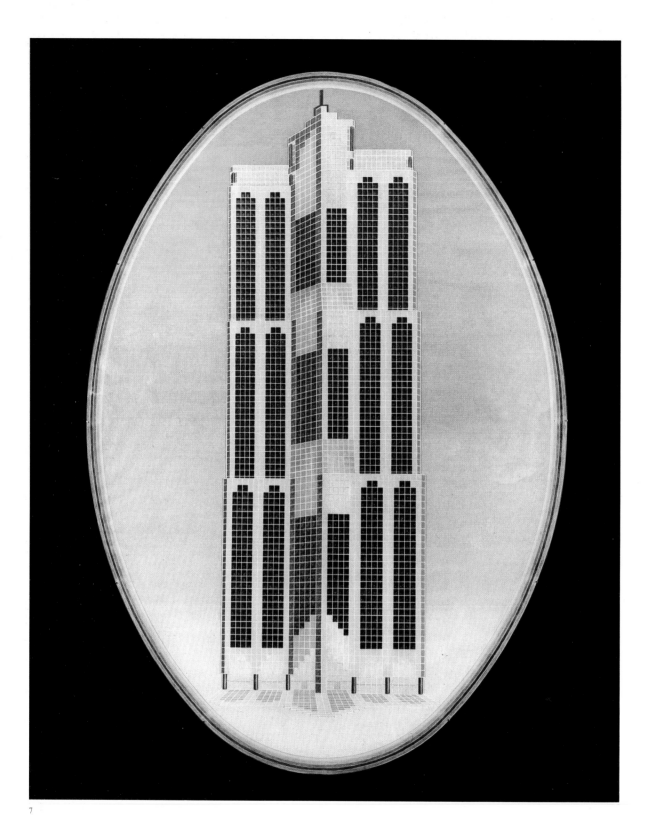

8

James Goettsch, 7, ONE SOUTH WACKER OFFICE
BUILDING, Chicago, 1981
Prospettiva/perspective

Gerald Horn, 8-9, CORPORATE HEADQUARTERS,
Research & Development Facility, Libertyville
Veduta generale/general view

9

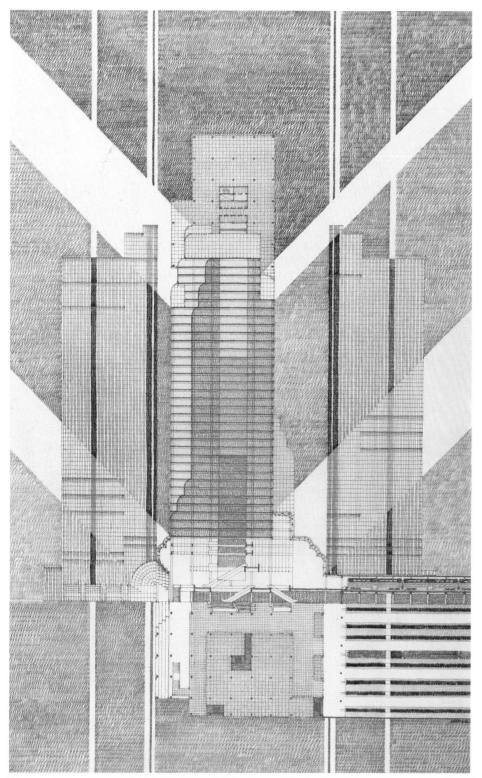

Helmut Jahn, 10, NORTH WESTERN TERMINAL, Chicago, 1981
Sezione/section
11, CHICAGO BOARD OF TRADE ADDITION, Chicago, 1981
Prospetto/elevation
12, URBAN VISION, 1981
Schizzi/sketchs
13, LATE ENTRIES TO THE CHICAGO TRIBUNE TOWER COMPETITION, Chicago, 1979
Prospettiva/perspective
14, ASPEN RESIDENCE, Aspen, Colorado, 1981
Prospetto/elevation

12

13

14

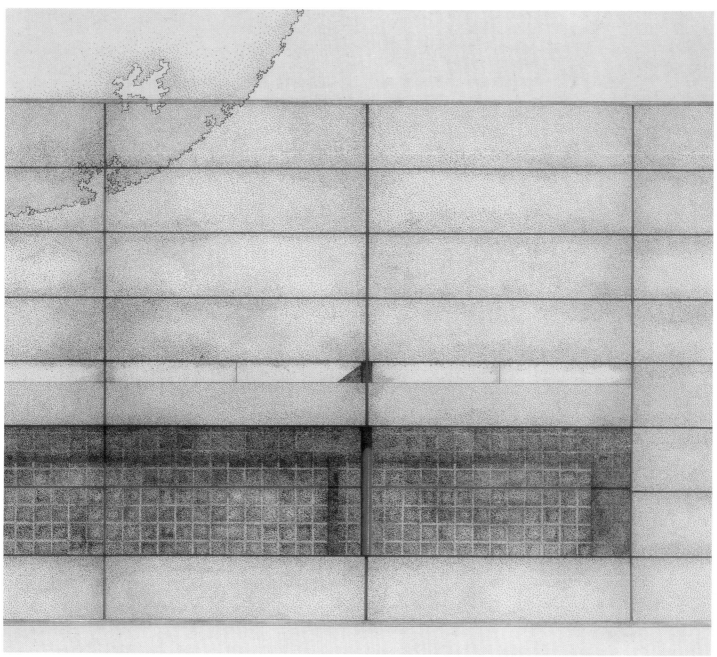

Ronald Krueck, 15, SUBURBAN MEDIAL TESTING
LABORATORY, Chicago, 1979
Prospetto/elevation
James Nagle, 16, TAYLORVILLE HOUSING, Taylor-
ville, Illinois
Prospettiva/perspective

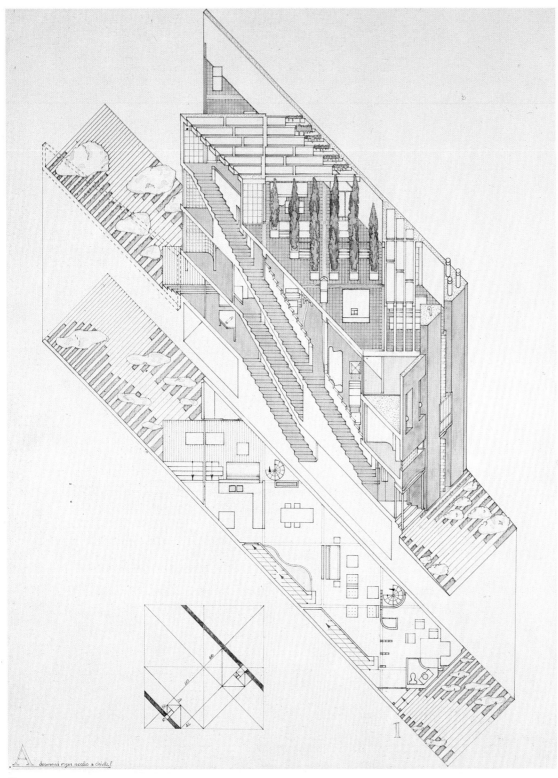

desmond ryan needle & chintz?

17

Anders Nereim, 17, CHICAGO TOWNHOUSE GRA-
HAM FOUNDATION COMPETITION, 1978
Assonometria/axonometric
18, LATE ENTRIES TO THE CHICAGO TRIBUNE TO-
WER COMPETITION, Chicago, 1980
Prospettiva/perspective

19

Peter Pran, 19, LATE ENTRIES TO THE CHICAGO TRIBUNE TOWER COMPETITION, Chicago, 1980
Prospettiva/perspective
20, FACILITIES CENTER, Methodist Hospital of Indiana, Indianapolis, 1980
Plastico/model
21-22, BLOOMINGTON HOSPITAL ADDITION, Bloomington, 1981
Prospetto, prospettiva/elevation, perspective

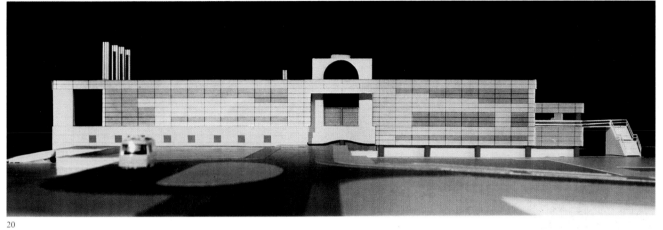

20

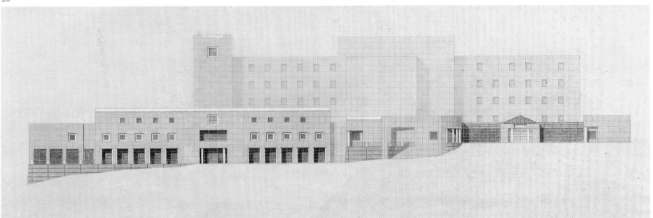

21

22

23

Kenneth Schroeder, 23, STARRY STARRY NIGHT,
Mergenthaler Linotype lofts, Chicago, 1980
Prospettiva/perspective

John Syvertsen, 24-27, FOUR AGRARIAN PATTER-
NS, 1981
Disegni/drawings

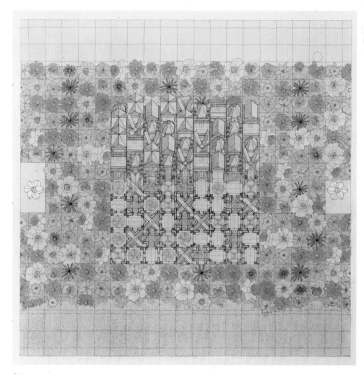

24

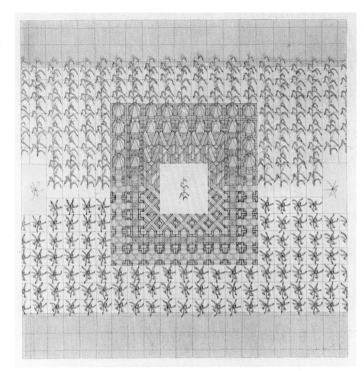

25

26

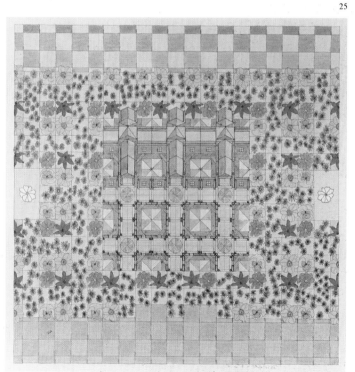

27

28

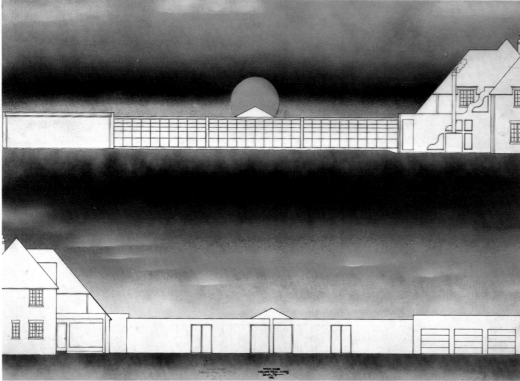

29

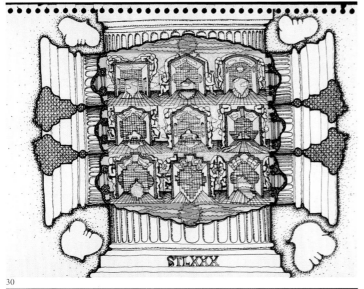

Stanley Tigerman, 28, PENSACOLA PLACE, Linear
City, 1979
Assonometria/axonometric
29, PRIVATE RESIDENCE HINGLAND PARK, Illinois,
1980
Prospetti/elevations
30-33, Schizzi/sketches

34

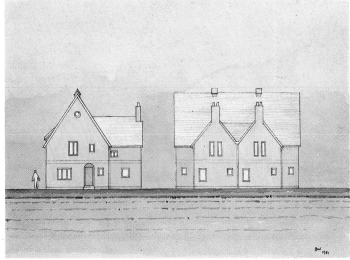

35

36

37

Ben Weese, 34-37, MILWAUKEE PARK WEST, Milwaukee, 1981
Prospetti/elevations
38, CHICAGO TOWNHOUSE GRAHAM FOUNDATION COMPETITION, 1978
Modelli, da sinistra/models, from left: Goettsch, Doyle, Nereim, Poli, Pran, Fugman, Read, Gross
39, CHICAGO TOWNHOUSE GRAHAM FOUNDATION COMPETITION, 1978
Modelli, da sinistra/models, from left: Beeby, Booth, Cohen, Freed, Jahn, Nagle, Tigerman, Weese

38

39

Thomas Hall Beeby

È nato nel 1941 a Oak Park, Illinois e si è laureato in architettura alla Cornell University, nel 1964; ha studiato con John Hejduk e Colin Rowe. Ha conseguito la specializzazione in architettura alla Yale University nel 1965 studiando con Paul Rudolph. Ha lavorato a Chicago nello studio di C.F. Murphy sotto la direzione di Gene Summer. È socio dal 1971 della Hammond Beeby and Associates. Dal 1973 al 1980 è stato professore aggiunto all'IIT e dal 1980 è Direttore della University of Illinois at Chicago Circle College of Architecture, Art and Urban Sciences. Tiene conferenze e fa parte della giuria di Architettura presso: la Cornell University, Yale University, University of Pennsylvania e Congress Circle dell'Università dell'Illinois. Ha rappresentato gli Stati Uniti alla Biennale di Venezia del 1980.

Born 1941, Oak Park, Illinois. Graduated Cornell University in Architecture, 1964, studying with John Hejduk and Colin Rowe. Master of Architecture, Yale University, 1965, studying with Paul Rudolph. Worked in the office of C.F. Murphy under the direction of Gene Summers. Partner, Hammond Beeby and Associates, 1971 to present. Associate Professor, IIT, 1973 to 1980 and Director, University of Illinois at Chicago Circle Collage of Architecture, Artand Urban Sciences School of Architecture, 1980 to present. Given lectures or served on architectural juries at Cornell University, Yale University, University of Pennsylvania and the University of Illinois. Received in 1976 Progressive Architecture Citation and two Distinguished Building Awards from the Chicago Chapter of the American Institute of Architects. He represented the United States at the 1980 Venice Biennale.

OPERE ESPOSTE/EXIBITED WORKS

FULTZ HOUSE, Chesterton, Indiana, 1971/80
con/with Ronald Krueck, Stephen O'Malley
FIRST NATIONAL BANK OF RIPON, Ripon, Wisconsin, 1973/75
con/with Harry Burroughs
CHAMPAIGN PUBLIC LIBRARY, Champaign, Illinois, 1975/77
con/with Ronald Krueck, Harry Burroughs, John Ekholm
HEWITT ASSOCIATES OFFICE BUILDING, Lincolnshire, Illinois, 1976/78
con/with John Arnold, Keith Olsen, Philip Costillo
TRI-STATE CENTER, Northbrook, Illinois, 1977/79
con/with Kenneth Hazlett, Philip Costillo, John Syvertsen
HOUSE IN THE BAHAMAS, Bahamas, 1979/81
con/with Tannys Langdon
HILD REGIONAL LIBRARY, Chicago, Illinois, 1980
con/with Tannys Langdon e John Clark
NORTH SHORE CONGREGATION ISRAEL, Glencoe, Illinois, 1981
con/with John Syvertsen

1

2

CHAMPAIGN PUBLIC LIBRARY
Champaign, Illinois, 1975/77

La disposizione degli elementi del progetto all'interno della costruzione è fortemente condizionata dalle caratteristiche del lotto. Gli spazi atipici, compresi la sala riunioni e i collegamenti verticali, sono posti all'esterno. Il prospetto ovest, più basso, s'armonizza col carattere residenziale della via su cui s'affaccia. Grandi vetrate che mostrano i servizi per i bambini, la sala riunioni e le estese aree di parcheggio si aprono sulla strada commerciale est. Il colore dei pannelli prefabbricati di metallo varia dal bianco al grigio; le superfici di metallo ondulato della sala riunioni e delle scale sono rifinite in alluminio. Le colonne e le scale sono a colori vivaci.

Placement of program elements within the building is heavily affected by the site. There is external display of atypical volumes including the meeting room and vertical circulation. The shorter west elevation is compatible with the residential scale of its facing street. Large glass areas displaying children's services, the figured assembly hall and major parking areas open to the eastern commercial street. Color of prefabricated metal panels varies from white to gray; corrugated metal surfaces of meeting room and stair elements are in aluminum finish. Columns and stairs are brightly painted.

3

4

1 Veduta esterna dell'ingresso/external view of the entrance
2 Veduta generale/general view

ELEVATION 1

ELEVATION 2

ELEVATION 3

SECTION B-B

ELEVATION 4

SECTION A-A

105

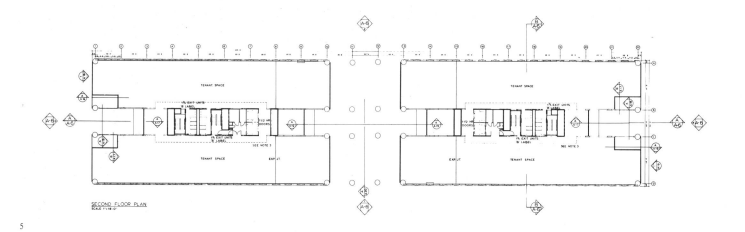

SECOND FLOOR PLAN
SCALE 1"=16'-0"

5

6

7

TRI STATE CENTER
Northbrook, Illinois, 1977/79

Edificio per uffici costruito su una strada di importanza strategica che conduce all'aereoporto, alla città e ai sobborghi. L'importanza in un mercato competitivo di una forma riconoscibile di costruzione è stata soddisfatta sfruttando immagini neo-classiche. Per il massimo risparmio economico nella costruzione e nell'uso di energia, i muri est ed ovest della costruzione a cinque piani sono pannelli di calcestruzzo prefabbricato, lavorati per mettere in risalto le finestre e i giunti dei pannelli con superficie vetrata inferiore al 30%. I muri nord e sud sono a specchio, con vetri riflettenti, tagliati e assemblati in modo da esprimere le caratteristiche non portanti dei muri. L'accesso alla costruzione avviene attraverso laghetti riflettenti e giardini, per poi penetrare nel fabbricato attraverso porte-cocheres illuminate da un'apertura nel soffitto, e quindi attraverso un atrio a due piani fino alla zona carrabile con al centro una fontana.

A speculative office building to be situated at a strategic curve in a major tollway which gives ready access to airport, city and desirable suburbs. Neo-classical imagery provides easy recognition with familiar building form so important in competitive marketing. For economy of construction and energy consumption, the east and west walls of the five-story building are precast concrete panels detailed to emphasize patterns of fenestration and panel joints and with less than 30% glass area. North and south walls are glazed mirrors (reflective glass) cut away and attached to express their non-load bearing characteristic. Approach to the building complex passes through reflecting ponds and landscaping and then penetrates the five-story building through porte-cocheres lighted by an aperture in the roof which brings light through a two story atrium to the drivethrough area with a fountain at its center.

3 **Veduta frontale/frontal view**
4 **Prospetti e sezioni/elevations and sections**
5 **Pianta 2° piano/2nd floor plan**
6 **Particolare interno/interior detail**
7 **Colonnato d'ingresso/entrance colonnade**
8 **Veduta dal fianco sud/view of south wall**
9 **Particolare dell'ingresso principale/detail of the main entrance**

8

107

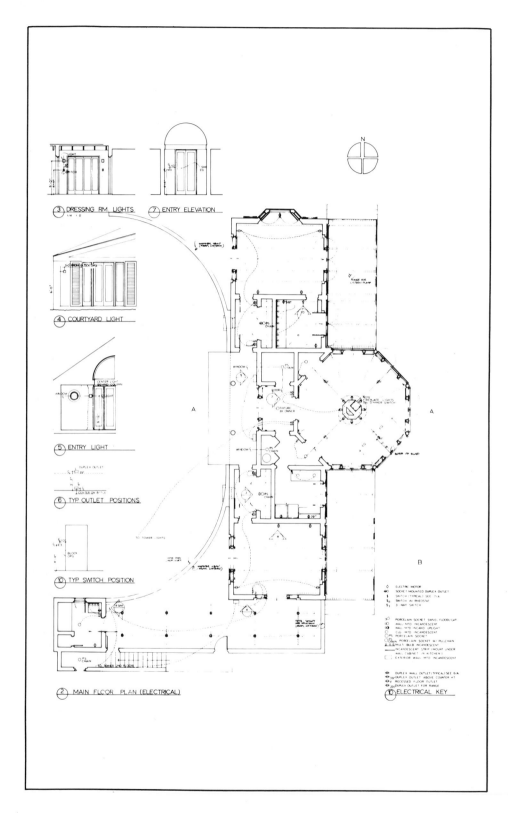

HOUSE IN THE BAHAMAS
Bahamas, 1979/81

Il luogo ove sorge questa casa è l'isola Harbour Eleuthera, Bahamas; è un ambiente tropicale con venti stagionali fortissimi e temperatura afosa. Gli elementi progettuali principali sono quelli per una convezione naturale dell'aria, per una pianta compatta, per la sicurezza fuori stagione, per una costruzione economica e l'uso di tecniche locali. Questi fattori fanno coincidere i desideri del cliente e dell'architetto di creare una casa di classica fantasia con allusioni alle grandi tenute, alle rotonde, alle torri e ai giardini classici generalmente associate a strutture più grandi. La casa si trova in prossimità di una lieve depressione, tra un gruppo di palme sulla spiaggia. Il panorama verso il mare ci ha consigliato di aprire quel lato della casa e di porvi la torre. La pianta e la sezione sono molto ordinati, mentre la conformazione del giardino è modificata per adeguarsi al sentiero d'accesso diagonale.

The site for this house is Harbour Island, Eleuthera, Bahamas, a tropical environment of seasonal high winds and humid heat. The basic design concept includes notions of natural convection, compact planning, off-season security, economy and native building techniques, which are in juxtaposition to desires of the client and architect to create a house of classical fantasy, including images of grand estates, rotundas, towers and formal gardens normally associated with larger structures. The house is placed before a depressed bowl, located in a palm grove on the shoreline. The view toward the sea opens up that side of the house and prompts the inclusion of the tower element. The plan and section are ordered with a distortion of the garden elements to adjust to the diagonal access path.

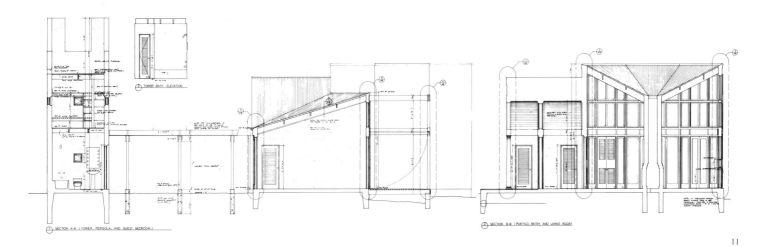

TOWER BATH ELEVATION

SECTION A-A (TOWER, PERGOLA, AND GUEST BEDROOM)

SECTION B-B (PORTICO, ENTRY, AND LIVING ROOM)

11

12

13

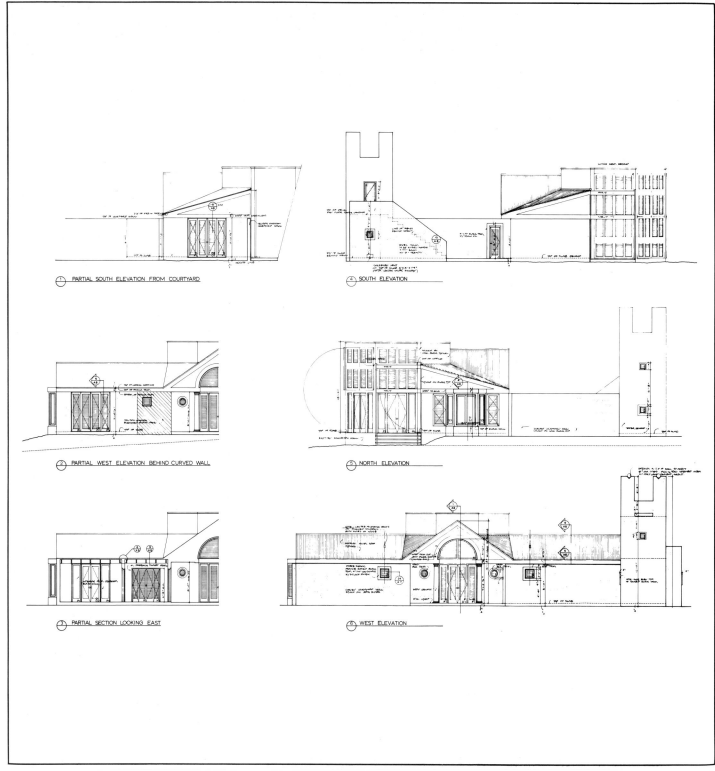

1 PARTIAL SOUTH ELEVATION FROM COURTYARD

4 SOUTH ELEVATION

2 PARTIAL WEST ELEVATION BEHIND CURVED WALL

5 NORTH ELEVATION

3 PARTIAL SECTION LOOKING EAST

6 WEST ELEVATION

14

HILD REGIONAL LIBRARY
Chicago, Illinois, 1980

Questa biblioteca ad uso di una specifica comunità è parte di un sistema regionale di servizi di una grande città. Essa è un servizio "completo" destinato a questa particolare comunità di cui, sebbene superata, la biblioteca esistente è un elemento chiave. Una grande strada diagonale attraversa il reticolo della città e definisce i caratteri del centro commerciale culturale e ricreativo. La nuova biblioteca sarà situata su questa importante arteria, di fronte ad un grande parco. Strade residenziali di costruzioni unifamiliari e *low-rise* intersecano l'arteria diagonale formando un lotto lungo, stretto e triangolare. Il prospetto principale della biblioteca e l'entrata danno sul marciapiede della strada diagonale. La parete nord dell'edificio segue l'andamento angolare della strada. Al punto sud del triangolo, un angolo curvato enfatizza la particolare forma del lotto. L'organizzazione interna della biblioteca sarà condizionata dall'attività intensa della strada principale e dal coordinamento delle funzioni della distribuzione interna.

The library is part of a major city's regional system with full service available to a specific community of which its handsome although outgrown library is a key element. A major diagonal street pierces the city's grid and defines central commercial, cultural and recreational features. The new library will be on this major artery opposite a large active park. Residential streets of single family and low rise housing intersect the diagonal artery making for a long, narrow, triangular site. The library's main elevation and entrance are at the sidewalk line of the diagonal street. The north building wall follows the angular street pattern. At the south tip of the triangle a bowed end accommodates and emphasizes the particular shape of the land. Organization of library elements will respond to high level activity at the principal street and coordination of internal program needs.

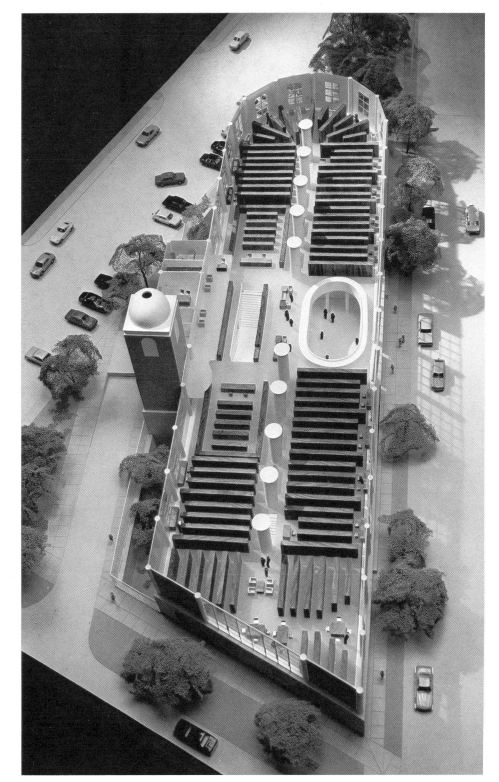

15 Plastico, vista dell'alto/model view from above

15

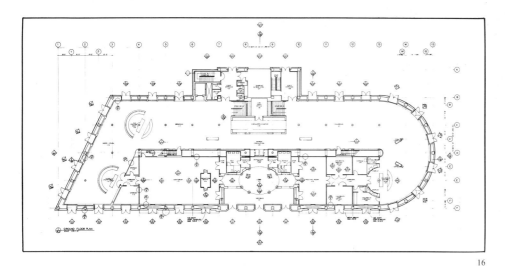

16

17

18

16 Pianta del piano terra/ground floor plan
17 Plastico, vista dall'alto/model, view from above
18 Plastico, vista livello strada/model, view from road level
19 Sezione verso sud e particolari prospetti interni/section looking south and particular interior elevations

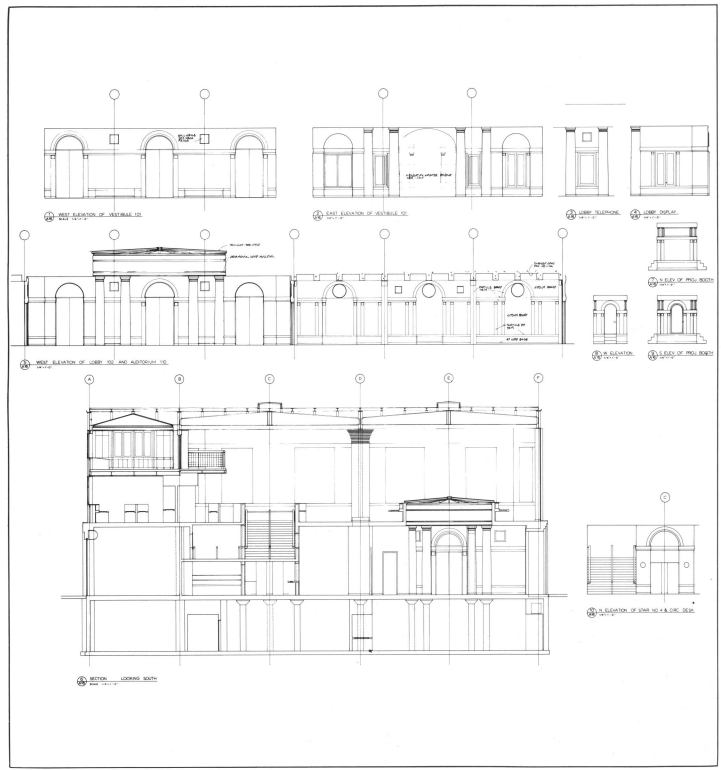

1 — WEST ELEVATION OF VESTIBULE 101
A16 SCALE 1/4"=1'-0"

2 — EAST ELEVATION OF VESTIBULE 101
A16 1/4"=1'-0"

3 — LOBBY TELEPHONE
A16 1/4"=1'-0"

4 — LOBBY DISPLAY
A16 1/4"=1'-0"

5 — WEST ELEVATION OF LOBBY 102 AND AUDITORIUM 110
A16 1/4"=1'-0"

7 — N ELEV OF PROJ BOOTH
A16 1/4"=1'-0"

8 — W ELEVATION
A16

9 — S ELEV OF PROJ BOOTH
A16 1/4"=1'-0"

6 — SECTION   LOOKING SOUTH
A16 SCALE 1/4" = 1'-0"

10 — N. ELEVATION OF STAIR NO. 4 & CIRC. DESK
A16 1/4"=1'-0"

Laurence Booth

Nato a Chicago nel 1936, ha conseguito la laurea in architettua presso il MIT nel 1960. Nel 1966 ha lavorato in società con Nagle. Dal 1980 lavora associato con Hansen. Inoltre ha mantenuto la sua attività di scultore, partecipando a mostre con il gruppo "The Five" e ad altre.
Ha tenuto lezioni in molte università e fino al 1972 è stato insegnante di architettura all'University of Illinois at Chicago Circle Campus. È stato membro all'Illinois Arts Council e della Board of Chicago Chapter AIA, ed è stato tra gli *organizzatori della mostra "Chicago Architects".*

He was born in Chicago in 1936. He received an ABA from Stanford University and his Architecture degree from MIT. From 1966-1980 he worked in a partnership, Booth & Nagle. Since 1980 he has been working in partnership with Paul Hansen. He has maintained a parallel career as a sculptor, exhibiting with the group "The Five", and other shows. He has been a visiting lecturer at many universities and until 1972 was an instructor of architecture at the University of Illinois at Chicago Circle Campus. He was a member of the Illinois Art Council, a member of the Board of Chicago Chapter, AIA, and was a coorganizer of the exhibition Chicago Architects.

OPERE ESPOSTE/EXHIBITED WORKS

FIRE STATION, Chicago, Illinois, 1976
con/with William Ketcham
U.S. EMBASSY HOUSING, Kinshasa Zaire, 1978
con/with William Ketcham, Bruce Wance
HERMAN MILLER HEALTH SCIENCE DIVISION, Grandville, Michigan, 1979
con/with Bill James, William Ketcham, Max Underwood
ADAMS ROAD VILLA, Oakbrook, Illinois, 1979
con/with Robert Steffen
VALHALLA, Telluride, Colorado, 1979
con/with Keith Campbell, William Ketcham
PRIVATE RESIDENCE, Grand Rapids, Michigan, 1980
con/with Keith Campbell, William Ketcham
APARTMENT BUILDING PROJECT, for 320 North

Michigan Avenue, Chicago, Illinois, 1981
con/with Paul Hansen, Steve Weiss, William Ketcham e Holly Gerberding
HYL INTERNATIONAL TRAINING CENTER, Monterrey, Mexico, 1981
con/with Frederik Read, William Ketcham, Max Underwood, Keith Campbell
WALSH RESIDENCE, Burr Ridge, Illinois, 1981
STEPAN VENTURE OFFICE, Chicago, Illinois, 1981
THE SANCTUARY, Renovation and Townhouses, Chicago, Illinois, 1981

*ARCHITETTURA E IDEOLOGIA:
ALLA RICERCA DI UN'ARCHITETTURA
AMERICANA*

*L'architettura ha bisogno di un'ideologia per investire le costruzioni di significato e gli architetti di convinzioni. Durante gli ultimi cinquanta anni l'ideologia architettonica negli Stati Uniti è stata sostenuta dal progresso scientifico e industriale. Quest'ideologia ha prodotto un'architettura basata sulla tecnologia e sul progresso... la cosiddetta "architettura moderna". Recentemente, i pregi di quest'architettura sono stati messi in discussione. L'ideologia e la teoria alla base dell'architettura non sono più imperative. Il pluralismo, orientamento corrente nella teoria architettonica, rappresenta, infatti, una perdita di ideologia; un'ideologia riformata è essenziale per dare nuovo significato e spirito all'architettura. Sullivan e Wright hanno ricercato un'architettura che potesse incarnare questo ideale politico. Durante gli ultimi ottant'anni questa ricerca è stata interrotta e l'architettura ha seguito obiettivi culturali importati e indirizzati verso un progresso materiale. È ora di riproporre quella ricerca.
Durante gli ultimi due anni siamo arrivati ad un "modo di pensare mite"
A Nuovi fattori principali:
1 La popolazione esistente in via di espansione conta sulla tecnologia industriale e scientifica per mantenere il suo tenore di vita.
2 La sopravvivenza dell'uomo dipende dall'ordine e dal controllo di individui e di gruppi per assicurare un uso pacifico di tecnologie potenti. I problemi e le loro soluzioni vanno oltre gli interessi individuali e richiedono soluzioni collettive.*

*B Il nuovo modo dell'uomo di considerarsi: "il punto di vista socio-simbiotico dell'uomo"
Il punto di vista socio-simbiotico dell'uomo iniziò con movimenti di gruppi sociali ed ecologici. L'uomo dovrà rispettare i processi naturali, dovrà vivere in armonia con la natura e con gli altri uomini. Gli individui sono responsabili verso la propria società la quale dipende dal loro comportamento. Le buone relazioni tra i popoli sostituiscono no il potere come base dell'attività umana.*

*C La nuova ideologia architettonica: "la sintesi mite"
Le costruzioni esprimono un'ininterrotta civiltà della non aggressività e dell'accettazione dei "valori democratici"; vengono incontro alle esigenze umane con segni di affezione. Le tecniche industriali sono usate semplicemente per arrivare a questi scopi. L'originalità architettonica viene contenuta da un contesto politico, storico, culturale, psicologico e sociale che è comunemente compreso. L'architettura è una "sintesi" di "interessi multipli".*

*I valori democratici condivisi
I valori democratici condivisi, dato che sono di natura politica, sono meglio considerati nella nostra Dichiarazione d'indipendenza. Questi valori sono alla base dell'architettura americana.
«... tutti gli uomini sono creati eguali...»
Jefferson, assieme ai filosofi morali scozzesi, credeva che questa dichiarazione fosse vera in un senso morale. La sensibilità morale fu riconosciuta superiore all'intelligenza, alla ragione e alle altre facoltà di cui gli uomini non godono in modo eguale. Gli uomini sono creati eguali in senso morale.
«... la vita, la libertà e la ricerca della felicità...»
Jefferson credeva che la felicità dell'individuo fosse in rapporto con la felicità generale e che dipendesse dalla gratificazione del senso morale. La felicità non è il risultato della gratificazione dei desideri individuali né del semplice interesse egoistico ma, piuttosto, della ricerca della felicità degli altri.*

*La sintesi degli interessi multipli
Attualmente l'architettura soffre di eccessiva specializzazione con interessi e punti di vista un po' troppo ristretti degenerando in una stilizzazione fine a se stessa. L'enfasi esagerata di piccoli aspetti particolari nell'architettura ha creato stili idiosincratici e oscuri che hanno un significato soltanto per i loro progettisti. Ci serve un'architettura pubblica.*

*Ogni costruzione dovrebbe considerare:
1 Le qualità dell'esperienza umana individuale che coinvolge le varie facoltà dell'uomo: il movimento, la visione, l'udire, il toccare, la memoria, l'umore, la comprensione. Essa dovrebbe rinforzare il nostro sistema comune di valori ed esprimere una visione socio-simbiotica dell'uomo e la sua facoltà di affetto. L'architettura dovrebbe simboleggiare una civiltà della mitezza.
2 La soddisfazione economica della necessità e dell'utilità. Edifici utili costruiti con un'economia di mezzi. L'architettura democratica deve dimostrare un senso di responsabilità verso l'impiego delle risorse.
3 La durata delle tecniche e dei materiali. Le costruzioni devono resistere bene all'azione del tempo con un minimo di manutenzione.
4 Un'organizzazione flessibile che sia in grado di anticipare i cambiamenti creati dalla nostra società dinamica: gli edifici dovrebbero essere in grado di adeguarsi a questi cambiamenti.*

5 Una risposta al contesto fisico, psicologico, culturale, sociale e storico assicurerà una comunicazione significativa.
6 Costruire con una coerenza di tutti i processi impiegati. Gli edifici dovrebbero essere costruiti con facilità.
7 Conservazione dell'energia. Una tecnologia che richieda poca energia, materiali naturali, un sistema solare passivo per ridurre il consumo.
8 Le costruzioni dovrebbero manifestare le forze vitali che le hanno create... ordine organico.
9 Forma e proporzione: l'esperienza architettonica dipende dai distinti rapporti fra pieni, vuoti e la luce.
10 L'invenzione e l'imitazione sono necessari per costruzioni che attraggono la gente. Un'idea base dell'architettura democratica è che bisogna creare costruzioni che possano essere capite e godute dalla gente a tutti i livelli della società.
11 La sensibilità umana: il miglior modo per giudicare il successo di una costruzione e di constatare se i suoi fruitori sono felici e contenti. La gente ha ragione di pretendere un'architettura dentro la quale sentirsi bene.
È la piena esperienza umana di una costruzione che crea l'architettura! (L.B.)

ARCHITECTURE AND IDEOLOGY IN SEARCH OF AN AMERICAN ARCHITECTURE

Architecture needs ideology to inform buildings with meaning and architects with conviction. During the last fifty years or so, an architectural ideology in the United States was supported by scientific and industrial progress. This ideology produced an architecture based on technology and progress... so called "Modern Architecture." The benefits of this architecture have lately come into question. The supporting architectural ideology and theory seem to be no longer imperative. Pluralism, the current trend in architectural theory, in fact, represents a loss of ideology; a reformed ideology is necessary to give architecture new meaning and renewed spirit. The United States gave to the world an ideology of government: «Of the people, by the people and for the people.» Sullivan and Wright sought to develop an architecture that embodied this political ideal. During the last eighty years this search has been discontinued as American architecture pursued other goals of imported culture and material progress. It is time to renew that search.

In the past few years, shifting circumstances have produced the need for a "gentle mind set."
A New Principal Factors
1 Existing, expanding population depends upon industrial and scientific technology for life support and maintenance of its standard of living.
2 Survival of mankind depends upon the regulation and control of individuals and groups to insure benevolent use of powerful technologies. Problems and their solutions have grown beyond the scope of only individual concerns, and require concerted group solutions.
B Man's New View of Himself: Socio-Symbiotic View of Man"
Socio-Symbiotic view of man initiated with social and environmental group movements. Man is to respect the workings of nature, live in cooperative harmony with nature and his fellow man. Individuals are responsible to their society for their conduct. Affection between people replaces power over people as the basis of human activities.
C New Architectural Ideology: "Gentle Synthesis"
Buildings express a "continuous gentle civilization" and "shared democratic values," meeting human needs with signs of affection. Industrial techniques are simply employed to accomplish these goals. Architectural originality is contained in commonly understood political, historical, cultural, psychological and social context. Architecture is a synthesis of multiple concerns.

Explanation of Key Phrases
"Continuous Gentle Civilization" depends upon certain ideas that people hold to be constant: Courtesy, Kind Manner, Moderation/Temperance, Civility, Politeness, Justice, Benevolence.

Shared Democratic Values
Shared democratic values, are political in nature, are stated best in the American Declaration of Independence. These values provide the fundamental basis for an American architecture.
«... all men are created equal...»
Jefferson, along with the Scottish moral philosophers, believed this to be true in a moral sense. Moral sensibility was recognized as superior to intelligence, reason, and other faculties that men do not enjoy equally. Men are equal in a moral sense.
«... life, liberty and the pursuit of happiness...»
Jefferson believed happiness of the individual was relative to general happiness and depended on gratification of the moral sense. Happiness does not result in gratification of individual desires or simple self interest, but rather in seeking happiness for others.

Human Needs
Physical, Security, Self Esteem, Status, Fulfillment
The idea of progress provided self esteem, status and fulfillment. As the myth of progress evaporates, these important needs must be met with other ideas that are derived from civilization.

Signs of Affection
Jefferson again provides the idea that affection is the highest faculty of man. This is counter to our present concept of science as steady, certain and exact, while sentiment is considered light, trivial and inconstant. His belief that affection is the basis of government resulted from combining French "sensibilité" with the moral sense of Scottish philosophers. This insight into the nature of man provides the basis for a renewed idealism. The needs of a noble civilization based on affection between men will provide the basis for a reformed architectural ideology.
Jefferson's ideas are a great part of the philosophy that constitutes the American political system. Since architecture derives much of its meaning from the body politic, it is appropriate to emphasize American political ideals as a source for architectural meaning.

Synthesis of Multiple Concerns
Architecture currently suffers from specialization into narrow viewpoints and concerns that have degenerated into self-conscious stylizations. Over emphasis of small, particular aspects of architecture has created obscure idiosyncratic styles, meaningful only to their designers. We need a public architecture.

All buildings should be concerned with:
1 Quality of the individual human experience engaging man's many faculties: Movement, Vision, Hearing, Touch, Memory, Mood, Understanding. This experience should reinforce our common value system expressing a sociosymbiotic view of man and the faculty of affection. Architectural experience should manifest a gentle civilization.
2 Economic satisfaction of necessity, utility. Useful buildings built with economy of means. Democratic architecture must demonstrate a responsible use of resources.
3 Durability of techniques and materials -Buildings should weather well with little maintenance.
4 Flexible organization with a sense of order that anticipates change – buildings should be able to respond to change – created by our dynamic society.
5 Response to physical, psychological, cultural, social and historical context will insure meaningful communication.
6 Construction with tolerance/Understanding of all processes involved. Buildings should be easy to build well.
7 Energy conservation - low energy technology, material in natural states, passive solar configuration to reduce operating energy.
8 Buildings should manifest the forces of life that create them... organic order.
9 Form and propostion - The architectural experience depends upon distinct relationships of solids, voids and light.
10 Invention and imitation are both necessary for buildings to be engaging and accessible to people. It is the fundamental idea of democratic architecture to create buildings that are understood and enjoyed by people from all levels of society.
11 Human sensitivity: The final measure of a building is to make the users happy and satisfied. People have every right to expect an architecture in which they feel comfortable.
It is the full human experience of a building that creates architecture! (L.B.)

FIRE STATION
Chicago, Illinois, 1976

L'organizzazione di questo edificio è stata suggerita dal desiderio di creare una struttura di una monumentalità pratica che esprimesse lo spirito di un governo civico democratico. La sala operativa, con copertura a vetrate, si trova al centro con i servizi ad ambedue i lati. L'ingresso per il pubblico viene indicato da una campana che simboleggia la responsabilità comunitaria del servizio di vigilanza del Fire Department.

The goal of creating practical monumentality expressing a democratic civic government generated the organization of this building. The apparatus room, with passive solar skylights, is located in the middle with the support functions on either side. The entry for people is notated with a symbolic bell that explains the responsibility of the Fire Department to the community.

20 Prospettiva centrale/central perspective
21 Modello: veduta della facciata/model: view of the facade

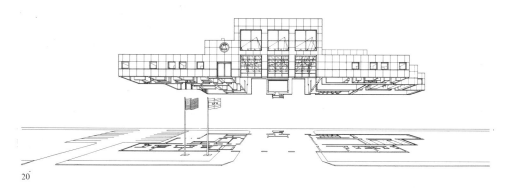

20

21

HERMAN MILLER HEALTH SCIENCE DIVISION
Grandville, Michigan, 1980

Questo edificio riunisce le funzioni produttive e quelle amministrative utilizzando il sistema dell'arredamento per uffici – del quale Miller è stato il pioniere – che permette una flessibilità assoluta all'interno degli spazi. Il rivestimento è di pannelli di porcellana. Le finestre sono orientate in modo da avere le migliori vedute, ricevendo calore solare minimo.

The facility integrates manufacturing and administration into a single complex utilizing the Action Office Furniture System that Herman Miller pioneered, to achieve complete flexibility within. The enclosure is of porcelain panels. Windows are oriented to minimize heat gain while opening views to surrounding natural environs.

22 Veduta dell'esterno/external view
23 Prospettiva interna/interior perspective
24 Plastico/model
25 Prospettiva centrale/central perspective

22

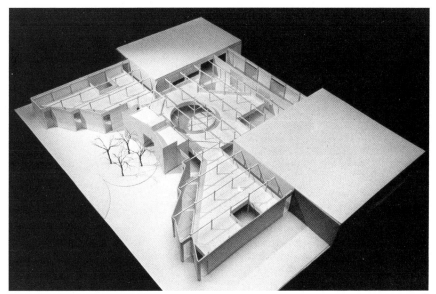

23

24

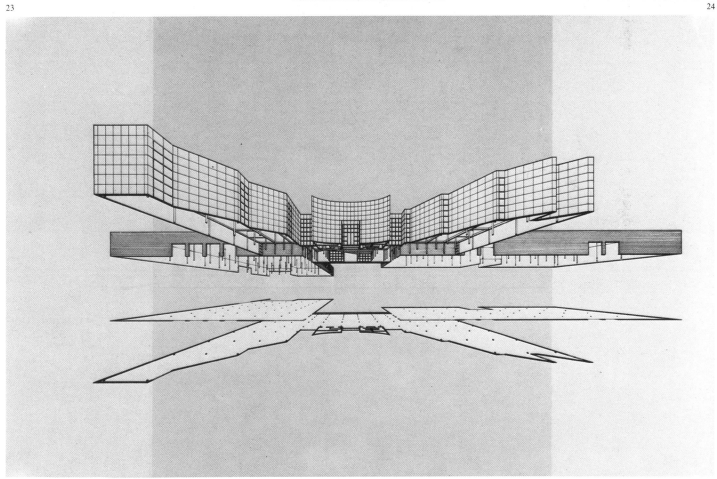

25

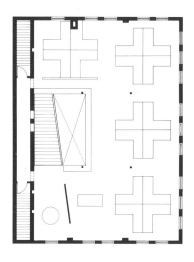
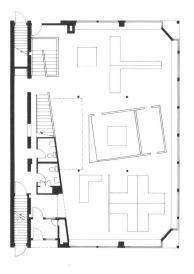

26

BOOTH/HANSEN & ASSOCIATES
Chicago, Illinois, 1980

Il progetto di riuso di una costruzione *loft* di fine secolo nella zona di Printing House Row District si focalizza attorno al nuovo elemento delle scale, situato in uno spazio a due piani, che collega i livelli alti con il piano terra.

The renovation of a 1890's loft building in the Printing House Row district, focuses upon a new stair element located in a two-story space connecting the upper and lower levels.

26 Piante/plans
27 Interno del piano terra/ground floor interior

27

VALHALLA
Telluride, Colorado, 1979

Riferimenti al mito del Valhalla ci sono sembrati appropriati per questo ritiro nelle montagne del Colorado. La casa si organizza attorno ad una grande sala dalla quale si può godere una vista magnifica. L'intera costruzione diventa un raccoglitore di energia tramite l'impiego di finestre che guardano a sud e attraverso una grande superficie centrale di collettori solari. Un telaio che sostiene tendoni fornisce l'ombra d'estate.

Recollection of the Valhalla myth seemed appropriate for this retreat high in the Colorado mountains. The house is arranged around a great hall from which to enjoy the magnificent views. South-facing windows and massive middle floor construction make a solar collector of the whole building. A framework that holds awnings makes summer shade.

28 Piante/plans
29 Prospettiva interna centrale/central interior perspective
30 Prospettiva/perspective

118

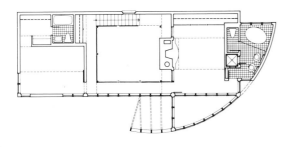

SECOND FLOOR PLAN

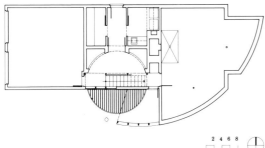

FIRST FLOOR PLAN

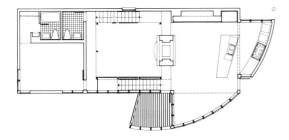

BASEMENT FLOOR PLAN

2 4 6 8

28

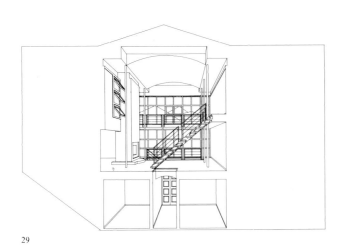

29

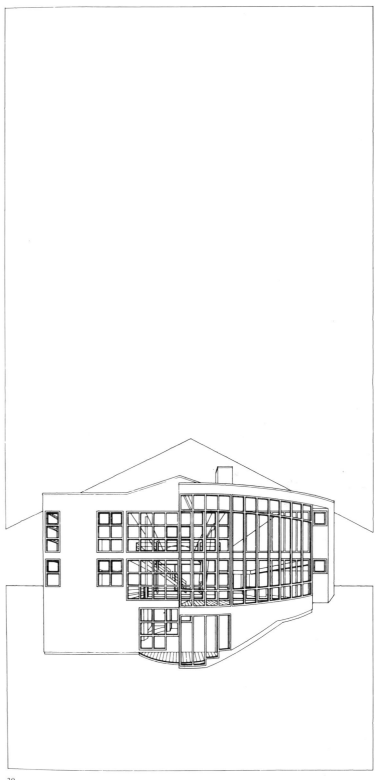

30

119

ADAMS ROAD VILLA
Oakbrook, Illinois, 1979

Questa casa riesce a definire spazi riservati e spazi aperti mettendo in rilievo il rapporto con la pineta e il suo modo di corrispondere al movimento del sentiero e della strada. Le estremità della casa sono rettilinee e lo spazio maggiore ne fornisce il "collegamento". Il centro è diviso in "stanze aperte" a volta. Un sistema di apertura collegato alla torre-biblioteca provvede ad una ventilazione naturale.

31

Focusing on a grove of pine trees and responding to the movement of men on a footpath and machines in the drive, this house makes particular places combined with flowing spaces. Rectilinear structures form the ends with the major space being the "in between." The center is divided with vaulted "open rooms." Window systems coupled with the tower library provide natural ventilation.

31 Prospettiva/perspective
32 Planimetria/site plan
33 Veduta dall'esterno/exterior view

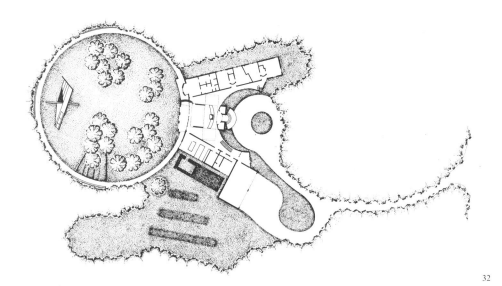

32

PRIVATE RESIDENCE
Grand Rapids, Michigan, 1980

L'edificio che si trova in un bosco e guarda a sud realizza un progetto per il massimo sfruttamento dell'energia solare, con parti accuratamente disegnate e una tecnologia che utilizza una semplice struttura di legno con un rivestimento in compensato, fornendo complessivamente un'immagine domestica e familiare.

Located in a forest facing south upon a clearing, this house combines passive solar design, formal and proportional system, simple wood framing technology and details, plywood and batten enclosing skin, and a familiar domestic image.

34 Assonometria e piante/axonometric and plans

33

120

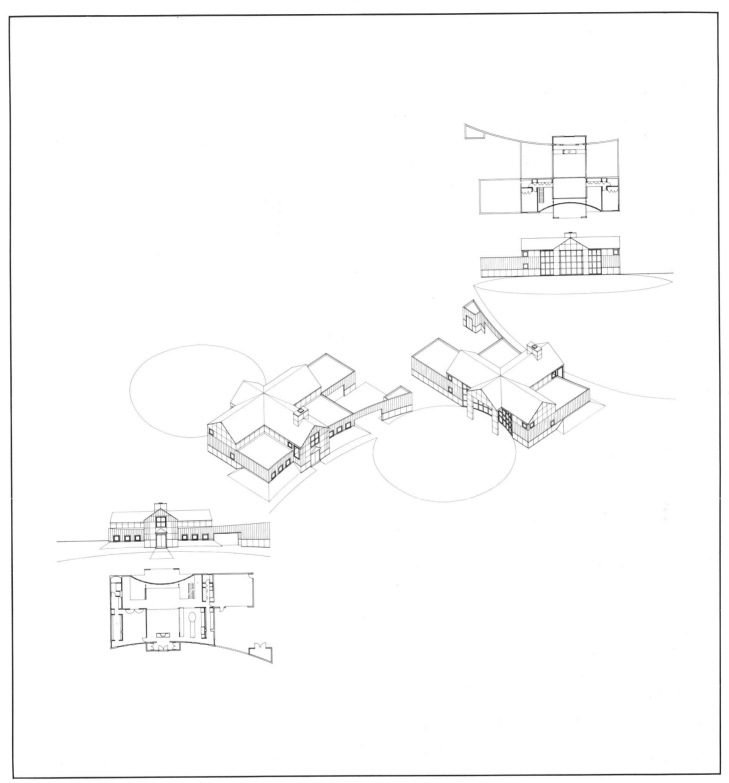

HYL INTERNATIONAL TRAINING CENTER
Monterrey, Mexico, 1981

Il centro ospita allievi provenienti da tutto il mondo per apprendere una tecnologia avanzata nell'uso dell'acciaio. Gli edifici sono sensibili all'eredità della civiltà messicana ma anche ai bisogni delle aziende americane. La flessibilità e le possibilità di espansione dell'edificio sono determinate da una struttura di calcestruzzo armato formante un reticolo di 6 mq di luce.

The center welcomes people for technical training from all over the world. The goal of this facility is to make them comfortable while they learn advanced steel technology. The buildings are sensitive to the heritage of Mexican civilizations, while meeting the needs of a rapidly expanding and dynamic company. Flexibility and expansion are accommodated with 6 meter square bays of reinforced concrete supported on columns; all interior walls are non-load bearing.

35 Plastico, veduta generale/model, general view
36 Schizzi/sketches

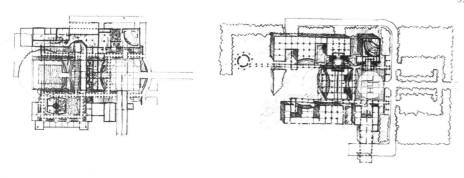

APARTMENT BUILDING PROJECT
for 320 North Michigan Avenue, Chicago, Illinois, 1981

Negli ultimi anni l'architettura di Chicago si è fatta notare per il suo minimalismo nell'uso di strutture d'acciaio e di vetro. Attualmente il calcestruzzo armato, gettato in cantiere, sembra abbia rimpiazzato questa tecnologia per la maggior parte delle costruzioni alte. Questo tipo di costruzione sfrutta al massimo le sue possibilità e in questo modo dà una risposta al contesto in cui si trova, composto di case decorate degli anni Venti, e rispetta la chiarezza di struttura tipica della tradizione di Chicago. Il carattere residenziale dell'edificio si esprime attraverso le terrazze e la serra.

Chicago architecture has been known for structural minimalism of steel and glass over the last few decades. At present, reinforced concrete poured in place appears to have replaced this technology for most construction of tall buildings. Taking advantage of the potential of this material and methodology, this building responds to its context of ornamented buildings dating from the 1920's while respecting the Chicago tradition of clarity of structure.

37 Prospetti/elevations

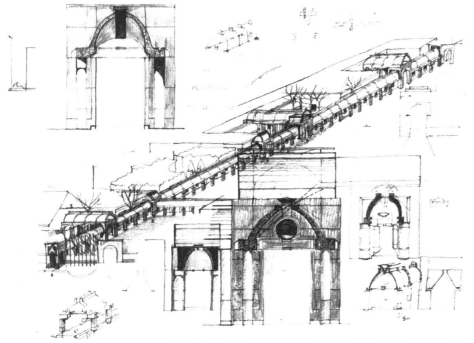

36

Stuart Cohen

Nato a Chicago nel 1942 si è laureato all'Università di Cornell dove è stato allievo di Colin Rowe; ha lavorato a New York per Richard Meier e per Philip Johnson; ora è assistente di architettura all'Università di Illinois at Chicago Circle Campus. Dal 1978 al 1981 ha lavorato nello studio Sisco/Lubotsky Associates Ltd and Stuart Cohen AIA. Nel 1981 ha fondato lo studio Sturat Cohen & Anders Nereim. I suoi progetti hanno vinto premi presso la rivista "Progressive Architecture" e dal "Chicago Chapter" dell'American Institute of Architecture. Recentemente ha esposto i suoi lavori alle gallerie Gray e Kelly di Chicago come componente dei "Chicago Seven". Nel 1976 è stato organizzatore della mostra "Chicago Architects". Ha partecipato alla mostra "Drawing Toward a more Modern Architecture" al Drawing Center di New York e al Museo County di Los Angeles. Ha rappresentato gli Stati Uniti alla Biennale di Venezia nel 1980.

He was born in Chicago in 1942. He holds Bachelor's and Master's degrees from Cornell University where he was a student of Colin Rowe. He worked in New York for Richard Meier and for Phillip Johnson; he's presently Assistant Professor of Architecture at the University of Illinois at Chicago Circle. Since 1978 to '81 he had worked for Sisco/Lubotsky Associates LTD & Stuart Cohen AIA. In 1981 he established the Stuart Cohen & Anders Nereim studio. His designs have won awards from "Progressive Architecture" magazine and the Chicago Chapter of the American Institute of Architecture. Recently he has exibited architectural projects at Chicago's Gray and Kelly Galleries as part of the "Chicago Seven". His drawings were also included in the exhibit "Drawing Toward a More Modern Architecture" exhibited at the Drawing Center in New York and the Los Angeles County Museum. Stuart Cohen represented the United States at the 1980 Venice Biennale.

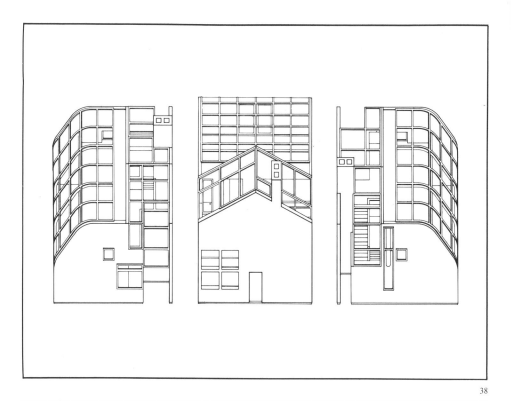

38

39

OPERE ESPOSTE/EXHIBITED WORKS

KINDERGARTEN CHATS HOUSE, Chicago, 1977
con/with Gary Paul
MACKENBACH HOUSE, Bloomingdale, Illinois,
1979
con/with Sisco/Lubotsky Architects
TUDOR HOUSE FOR BROOKWOOD BUILDERS, Elgin,
Illinois, 1980
MORGENSTERN HOUSE ADDITION, Highland Park,
Illinois, 1980
con/with Sisco/Lubotsky Architects
STATE STREET MALL PROJECT, Chicago, Illinois,
1980
con/with Jon Halper, Robert Krone
1981
Sisco/Lubotsky Architects con/with Stuart Cohen
BAUM HOUSE ADDITION, Highland Park, Illinois,
1981
con/with Sisco/Lubotsky Architects
WEISBERG/KLEIN OFFICES, Chicago, Illinois, 1981
con/with Sisco/Lubotsky Architects

KINDERGARTEN CHATS HOUSE
Chicago, Illinois, 1977

Questa casa è stata progettata come una riaffer-
mazione della funzione tradizionale della facciata che è intesa come se la casa fosse il disegno
d'un bambino e contiene elementi archetipi, il
cui uso è la base di una qualsiasi architettura
simbolica o rappresentativa.

The house was designed as a restatement of the
traditional function of the front. The facade is
intended as a child's drawing of a house, which
includes archetypal elements. The use of archetypal as well as referential forms is the basis of
any symbolic or "representational" architecture.

38 Assonometrie/axonometrics
39 Plastico/model

MACKENBACH HOUSE
Bloomingdale, Illinois, 1979

La casa è situata nel punto più appartato del terreno boscoso, in modo da incorporare gli alberi
nel panorama che si stende verso sud ed è inserita nel declivio di una collina. Dato lo spazio voluto dal cliente, e di contro la limitata possibilità
di spese per la costruzione, la casa è stata concepita come una grande scatola. La decisione di
costruire una semplice scatola con un piano nobile è stata suggerita dall'idea di un palazzo italiano rinascimentale situato a ridosso di una collina.

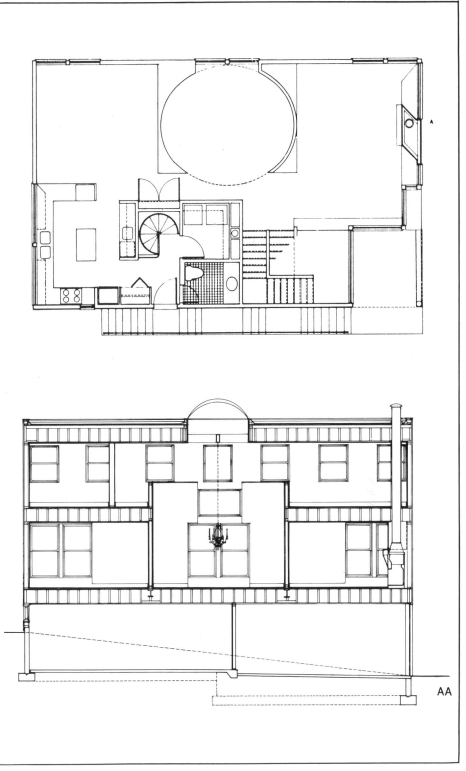

40

41

42

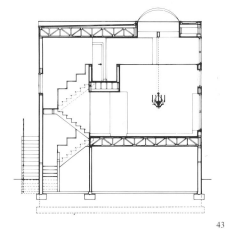

43

44

The house is pushed as far back as possible on its wooded site to preserve trees and to make them part of the view to the south where there is a small lake. The house is cut into the gentle slope of a hill with the main living areas on the second floor. Because of the large amount of space the client wanted, and their moderate construction budget, the house was planned as a big box. The decision to build a simple box with a *piano nobile*, suggested an Italian Renaissance palazzo set into the hillside as a generalized model.

40 Pianta e sezione longitudinale/plan and longitudinal section
41 Interno/interior

42 Plastico/model
43 Sezione trasversale/transversal section
44 Veduta esterna/external view

STATE STREET MALL PROJECT
Chicago, Illinois, 1980

Questo progetto è nato come critica allo State Street Mall recentemente completato, salvo la decisione di chiudere la strada rendendola pedonale. Esso proponeva un grande ingresso alla città con mezzi pubblici di massa, collegando la ferrovia sopraelevata del Loop con la metropolitana già esistente. È stato proposto di riprendere l'arco dello *Stock Exchange* di Louis Sullivan dall'Art Institute e la *Bat Column* di Claes Oldenburg e risistemarli in State Street come portale d'ingresso o obelisco.

This project was done as a criticism of the recently completed State Street Mall, with the exception, however, of the city's decision to close State Street. This project proposed a grand entry to the city by mass transportation linking the Loop elevated train to the existing subway. It also proposed borrowing Louis Sullivan's *Stock Exchange* arch from the Art Institute and Claes Oldenburg's *Bat Column* and relocating them to State Street as entrance portal and obelisk.

45 Pianta e sezione/plan and section

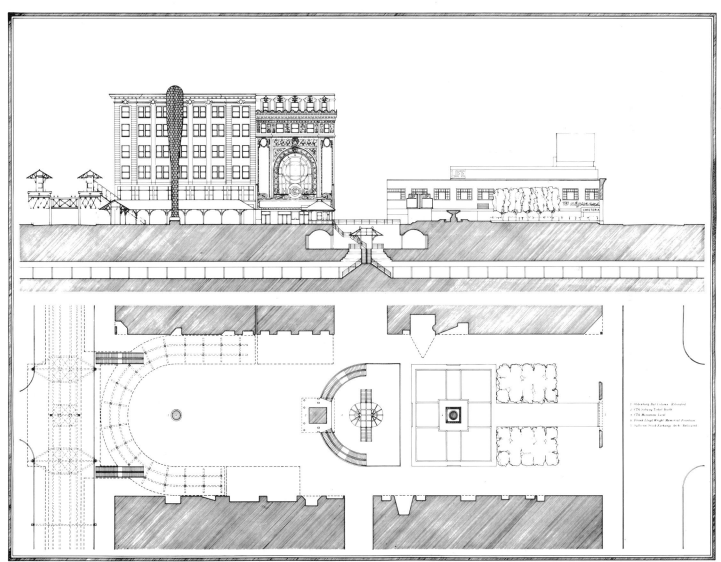

45

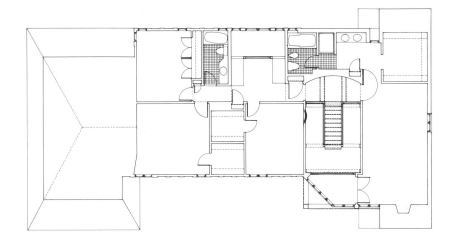

TUDOR HOUSE FOR BROOKWOOD BUILDERS
Elgin, Illinois, 1980

Questo progetto è stato commissionato da un costruttore che intendeva farne una speculazione e richiese specificatamente un tipo di casa in legno e mattoni con tetto in ardesia. Più che dallo stile Tudor le forme sono riprese dalle ville di campagna inglesi del tardo Ottocento. Si ha un sistema compositivo di assi verticali, finestre e pannelli di stucco.

This design was commissioned by the builder for the construction of cost-speculative housing. He specifically wanted a half-timber brick house with slate roof. The house's forms are borrowed from late 19th century English country houses rather from the Tudor Style. The house has a visual system of vertical boards, windows, and "stucco" panels.

46 Piante/plans
47 Plastico/model
48 Plastico/model

46

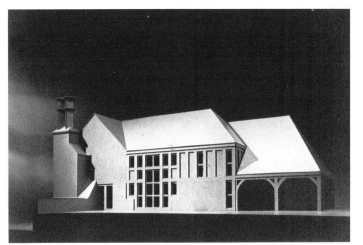

47

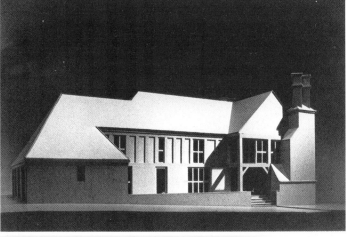

48

WEISBERG/KLEIN OFFICES
Chicago, Illinois, 1981

Gli uffici Weisberg/Klein sono destinati a due ditte: una produce detersivi industriali e l'altra li vende. Lo spazio degli uffici forma una "L" lungo i due lati di un edificio già esistente. Detto spazio è stato trattato come un guscio dentro cui è stato inserito un lungo muro. Questo muro è scalato per creare le forme scultoree lungo un estesissimo corridoio e poi curva per segnare la fine del più importante spazio di lavoro. Le pareti sono dipinte di alcune tonalità di grigio. Il marrone è adoperato sulle vecchie pareti che sono il contenitore dello spazio principale, e sul muro scalato che è il contenitore nuovo dello spazio del corridoio. Le forme creano una metafora: una città formata di spazi pubblici e privati. I colori sono adoperati per enfatizzare la differenza fra gli elementi che creano gli spazi.

The Weisberg/Klein offices are for two companies: one that manufactures industrial detergents and the other that markets them. The office space forms an "L" along two edges of an existing factory building. The "L" shaped space, the existing condition, has been treated as a shell into which a long wall has been inserted. This wall steps to make sculptural shapes along a very long corridor and curves to define the end of the main work space. The walls are painted in shades of gray. Maroon is used on the old walls, the container of the main space, and on the stepping wall, the new container of the corridor space. The forms create the metaphor of a city comprised of public and private spaces. The colors are used only to emphasize the difference between the elements which create spaces.

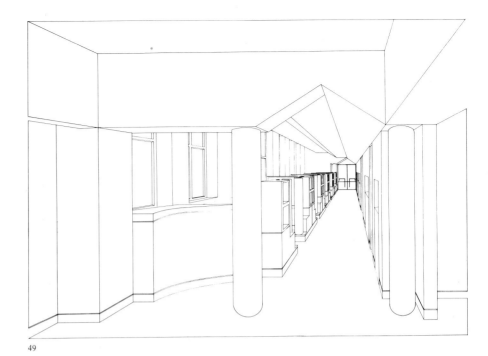

49

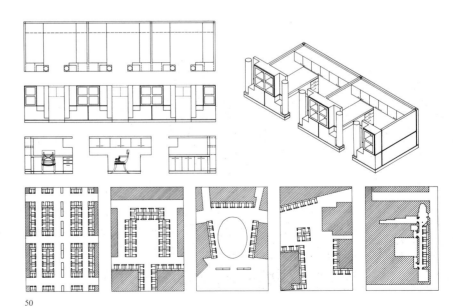

50

49 Prospettiva interna/internal perspective
50 Piante/plans

129

Deborah Doyle

Nata nel 1952 si è laureata in architettura all'Institute of Tecnology dell'Illinois e all'Architectural Association di Londra. Lavora presso Stanley Tigerman e insegna all'Università dell'Illinois. Scrive per la rivista "Skyline". I suoi lavori, compresi la *Townhouse* premiata al concorso bandito nel 1978 dalla Graham Foundation, sono apparsi in varie mostre.

Born in 1952, she received her degrees in architecture with honors from Illinois Institute of Technology and the Architectural Association of London. A former associate of Stanley Tigerman & Associates, she now has a private practice in Chicago. She has taught at the University of Illinois in both their Chicago and European programs, and at the Université de Paris. Her work, including her winning entry to the 1978 Graham Foundation "Townhouse Competition" and her submission to the "Late Entries to the Chicago Tribune Competition", has appeared in several exhibits.

OPERE ESPOSTE/EXHIBITED WORKS

TOWNHOUSE FOR GRAHAM FOUNDATION COMPETITION, Chicago, Illinois, 1978
FOURTH FEDERAL DESIGN ASSEMBLY LOUNGES, Washington D.C., 1978
con/with Stanley Tigerman & Associates
REFLECTIONS ON THE GOLD APARTMENT, Chicago, Illinois, 1979-81
con/with Stanley Tigerman & Associates;
assisted on drawings by Terrence Houck
LATE ENTRIES TO THE CHICAGO TRIBUNE TOWER COMPETITION, 1980
assisted by Patrick Burke
THE MC CORMICK ROWHOUSES, Chicago, Illinois, 1880-1980
assisted by Lisette Khalastchi
FRANK ASSOCIATES LAW OFFICE, Chicago, Illinois, 1980
con/with Stanley Tigerman & Associates
drawings by Terrence Houck e Lisette Khalastchi
HARLIB REMODELLING, 1980
con/with Stanley Tigerman & Associates

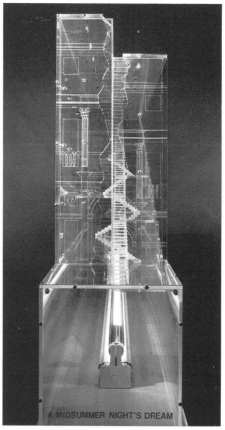

A MIDSUMMER NIGHT'S DREAM

51

51 Plastico, veduta frontale/model, frontal view
52 Plastico/model

52

REFLECTIONS ON THE GOLD APARTMENT
Chicago, Illinois, 1979-81

Il progetto prende le mosse da una sagoma a forma di nuvole ritagliata dalla piastra che separa i due piani di questa unità condominiale duplex che si trova in una costruzione nuova di Harry Weese. La parte "rimossa" viene attaccata al soffitto sopra l'apertura a mo' di lucernario dipinto a nuvole *trompe l'oeil*. Il resto del progetto muove da questo intervento e si sviluppa come uno studio di immagini riflesse.

The design commences with a cloud shaped cutout in the slab separating the two floors of this duplex condominium unit in a new building by Harry Weese. The "removed" piece attaches itself to the ceiling above the opening as a light soffit rendered in *trompe l'oeil* cloud. The rest of the design takes its cue from this event and evolves as a study in reflected imagery.

53 Assonometria/axonometric

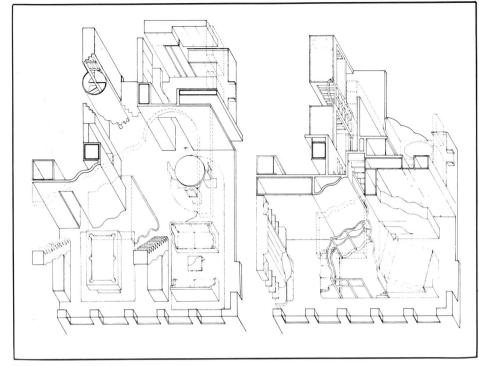

53

FOURTH FEDERAL DESIGN ASSEMBLY LOUNGES
Washington D.C., 1978

Per la Quarta Assemblea del Design, tenutasi a Washington D.C., furono progettate due sale che dovevano essere costruite con uno stock di materiale già fornito dal governo. Le due sale si chiamano "servito" e "servitore". "Servito" è la sala progettata per il comfort degli amministratori, "servitore" è la sala progettata per quanti devono trattare con loro.

For the Fourth Federal Design Assembly in Washington D.C., two lounges were designed which had to be constructed of government supply stock. Our two lounges are entitled the "Served" and the "Server." The "Served" is a lounge designed for the comfort of administrators. The "Server" is a lounge designed for the person who must deal with the administrator.

54 Prospettive/perspectives

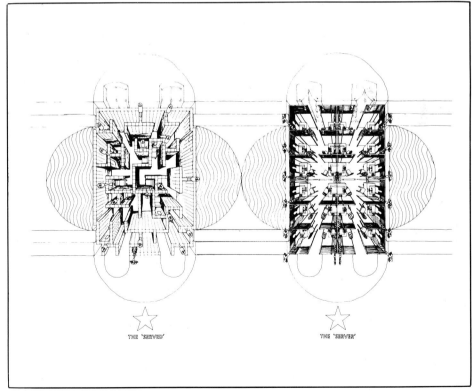

THE "SERVED"

THE "SERVER"

54

FRANK ASSOCIATES LAW OFFICE
Chicago, Illinois, 1980

L'ufficio si trova al 17° piano del nuovo Xerox Center progettato da Helmut Jahn nello spazio dal famoso angolo rotondo. Per questo è stato creato un colonnato galleria d'arte, le cui estremità – realizzate con specchi – alludono a una continuità infinita. Gli uffici sull'asse dell'angolo arrotondato sono forniti di porte curve che si spalancano scoprendo una scrivania Luigi XIV.

The office is located on the 17th floor of Helmut Jahn's new *Xerox Center* in the prime space in the rounded corner. Therefore it was created as art gallery colonnade, whose ends could be mirrored for an allusion of infinity. The offices on axis in the rounded corner would have curved doors which open to reveal the Louis XIV desk.

55 Assonometria/axonometric

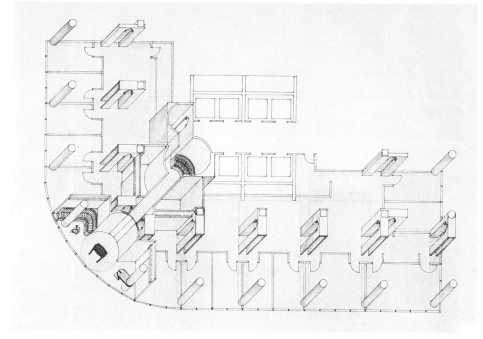

55

THE McCORMICK ROWHOUSES
Chicago, 1880-1980

«Questo è un progetto di recupero delle *McCormick Rowhouses* costruite a Chicago nel 1880. Si è partiti da una di queste per realizzare un prototipo cui far subire una successione di sviluppi ove ogni stadio realizza o muta una idea del modello precedente. Con ciò si illustra la teoria secondo cui se A porta a B e B porta a C, allora anche A porta a C. Dato che l'architettura, una volta realizzata, può solo rappresentare lo stadio C, questo studio consente di esplorare lo stadio mediano.»

«This is a renovation project of the *McCormick Rowhouses* built in Chicago in 1880. I thought it would be interesting to start with one of these as a prototype and take it through an evolutionary series whereby each unit of the series builds on or changes one of the ideas of the previous model. This serves to illustrate the theory that if type A leads to B, and type B leads to C, then A also leads to C. Since architecture in the built form can only represent the C or end product, this study provides an opportunity to define the middle ground.»

56 Pianta e prospetto/plan and elevation
57 Assonometria/axonometric

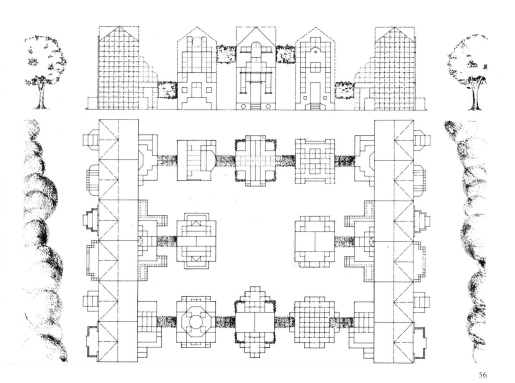

56

James Goettsch

Nato nel 1941, si è laureato presso l'Università dello Stato di Iowa nel 1967. Dal '69 al '70 ha lavorato presso il Prentice-Chan Architects a New-York. Dal '70 fino ad oggi lavora per la C.F. Murphy Associates, poi per la Murphy/Jahn di cui è diventato vice-presidente nel '76; è inoltre membro *Corporate* dell'American Institute of Architects.

He was born in 1941 and graduated from Iowa State University in 1967. From 1969 to 1970 he worked for Prentice-Chan Architects in New York. From 1970 to present with C.F. Murphy Associates and sucessor firm of Murphy/Jahn, Vice President since 1976. Corporate Member of American Institute of Architects.

OPERE ESPOSTE/EXIBITED WORKS

TOWNHOUSE COMPETITION FOR GRAHAM FOUNDATION, Chicago, Illinois, 1978
CAPITOL CENTER, St. Paul Civic Arena, Minnesota, 1981
con/with Helmut Jahn
TRANSPORTATION TERMINAL, Bogotá, Columbia, 1981
con/with Helmut Jahn
ONE SOUTH WACKER OFFICE BUILDING, Chicago, Illinois, 1981
con/with Jelmut Jahn

Con/with Helmut Jahn, come/as Project Architect:
KEMPER ARENA, Kansas City, Missouri, 1974
CONFERENCE CITY ABU DHABI, United Arab Emirates, 1976
MINNESOTA II, St. Paul, Minnesota, 1976
XEROX CENTER, Chicago, Illinois, 1977/80
ST. MARY'S ATHLETIC FACILITY, South Bend, Indiana, 1977
ARGONNE PROGRAM SUPPORT FACILITY, Argonne, Illinois, 1981
STATE OF ILLINOIS CENTER, Chicago, Illinois, 1981
PAHLAVI NATIONAL LIBRARY, Teheran, Iran, 1978

CHICAGO TOWN HOUSE COMPETITION FOR GRAHAM FOUNDATION
Chicago, Illinois, 1978

58 Plastico/model
59 Piante, sezioni e assonometrie/sections, axonometrics, plans

58

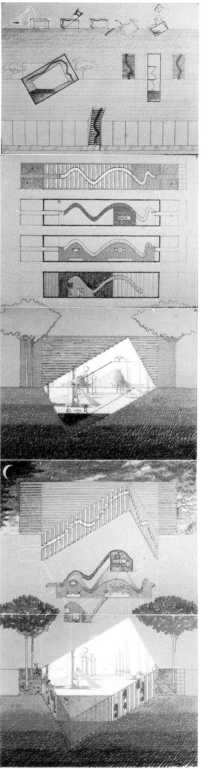

59

134

CAPITOL CENTER
St. Paul Civic Arena, Minnesota, 1981

Il complesso comprende un albergo e un centro per esposizioni che verrà aggiunto alla Arena civica di St. Paul, già esistente. Nel disegno riportato la facciata sud è normale, mentre quella nord è disegnata capovolta, questa combinazione dà un effetto di riflessi. Il margine di 2 pollici intorno al disegno raffigura un motivo a scacchiera simile a quello sulla facciata dell'albergo, ed è posta di 1 pollice davanti al disegno, determinando in questo modo l'effetto d'ombra come di una scatola.

Capitol Center consists of a hotel and an exposition center which are being added to the existing St. Paul Civic Arena. The drawing has the south elevation right side up and the north elevation upside down, which almost appears as a reflection. The 2" border around the drawing is a checker motif, similar to the hotel facade, and is set 1" in front of the drawing, which causes a shadow box effect.

60 Disegno/drawing
62 Plastico/model

TRANSPORTATION TERMINAL
Bogotá, Columbia, 1981

61 Planimetria/siteplan

60

61

62

Gerald Horn

Nato in California, a Inglewood, nel 1934 vi è abitato fino al 1966, poi si è trasferito a Chicago. Ha lavorato dal 1962 al 1966 alla Craig Ellwood, dal 1966 al 1968 alla C.F. Murphy Associates, dal 1968 al 1970 alla Skidmore Owings & Merrill e dal 1971 alla Holabird & Root dove è Director of Design. Horn è stato "studio lecturer" all'Illinois Institute of Tecnology.

Born at Hingkewood in 1934. Residency in California, 1934 to 1966; Chicago 1966 to present. Horn had worked with Craig Ellwood, 1962-1966; C.F. Murphy Associates, 1966-1968; Skidmore, Owings & Merrill, 1968-1979; and Holabird & Root, 1971 to present, where he is Director of Design. Since 1974 he has been a studio lecturer at the Illinois Institute of Technology.

OPERE ESPOSTE/EXHIBITED WORKS

HEALTH SCIENCES BUILDING Northwestern University, Chicago, Illinois, 1979
INTELSAT HEADQUARTERS, Washington, 1980
CORPORATE HEADQUARTERS, Research & Development Facility, Hollister, Inc., Libertyville, Illinois, 1981

HEALT SCIENCES BUILDING
Northwestern University, Chicago, Illinois, 1979

Questo progetto è stato eseguito per creare un collegamento tra l'ospedale Northwestern Memorial e l'università. Gli obiettivi principali da raggiungere sono stati: a) centralizzare le cure vigenti e il servizio di assistenza ai degenti per novecento posti letto, le istituzioni d'insegnamento e i servizi di emergenza; b) prevedere attrezzature per l'insegnamento agli studenti e per la specializzazione clinica in odontoiatria. L'università contiene anche il National Cancer Institute con un centro di ricerca interdisciplinare oncologica, una specializzazione dipartimentale e laboratori di ricerca su cavie animali. Il progetto consiste di sette piani e un interrato. L'edificio comprende la sezione di emergenza con ventisei laboratori di analisi e un dipartimento di radiologia, un centro cardiologico diagnostico, un centro per le cure chirurgiche post-operatorie e ventiquattro sale operatorie.

This facility was undertaken as a joint venture by Northwestern Memorial Hospital and Northwestern University. First, to provide a centralized acute care and ancillary in-patient service for a nine hundred bed teaching institution delivering tertiary and comprehensive emergency services. Second, to provide facilities for undergraduate and graduate clinical teaching for the School of Dentistry. The University also received a National Cancer Institute grant for an interdisciplinary oncological research center with specialized departmental and animal care laboratories. The project consists of seven floors and a lower level, needed to meet the program. The building took shape around facilities including an emergency room with twenty-six exam/treatment stations, radiology department a cardiac diagnostic center, surgical and acute postoperative care facilities, a surgical suite containing twenty-four operating rooms.

63 Veduta/view

CORPORATE HEADQUARTERS
Libertyville, Illinois 1981

Uffici centrali, produzione leggera, reparto analisi, attrezzature per computer e laboratori di ricerca e sviluppo si mescolano in questo complesso ideato per il centro di attrezzature sanita-
rie. Una strada interna congiunge il parcheggio
agli edifici e crea un'entrata a volta e una sintesi
degli elementi dell'edificio. È possibile recarsi ai
diversi reparti e agli edifici attraverso questo
spazio, e allo stesso modo le attrezzature dei laboratori vengono spostate da un edificio all'altro
passando nell'atrio. L'esterno è formato da una
parete di pannelli modulari metallici con vetro
isolante.

General offices, light manufacturing, a test assembly plant, computer facilities, and research
and development laboratories are combined in
this facility for this major producer of health-
care equipment. The abundant landscape dom-
inates the site. A cross circulation spine con-
nects the parking to the buildings and creates an
entrance canopy and formal synthesis of building elements. This entrance space is an arched
atrium. People can circulate among different departments and buildings through this space. Mechanical equipment also circulates between
buildings via the atrium. The exterior is constructed of a modular metal panel curtain wall
with insulating glass.

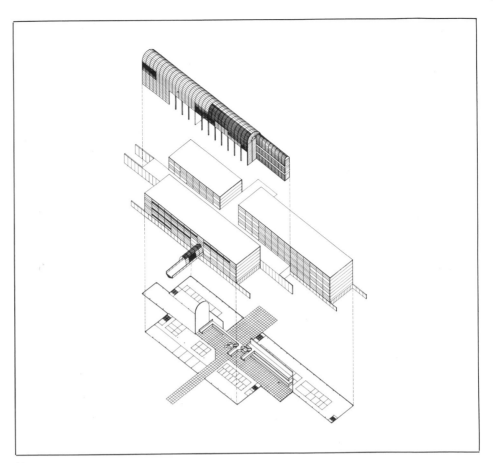

64

64 Assonometria/axonometric
65 Veduta generale/general view

65

INTELSAT HEADQUARTERS
Washington, 1980

Questo edificio dalle semplici forme geometriche vuole riflettere la vocazione tecnologica della società. L'intenzione era quella di creare al centro dell'edificio un polo di attività che fosse al tempo stesso legame e passaggio dal Parco della Cancelleria alla Connecticut Avenue. I diversi livelli delle entrate e delle uscite s'adattano al terreno in pendenza. Sopra l'atrio un percorso attraversa l'edificio e permette la continuità del passaggio pedonale. La facciata rettilinea dell'edificio è in armonia col Parco della Cancelleria mentre l'altra facciata lievemente curva si adatta alla pendenza del luogo e forma all'interno un vasto spazio per le assemblee e le conferenze; a ovest dell'ingresso, sale di riunione, sale di ricevimento, ristorante e servizi annessi. La configurazione lineare dell'edificio crea una vasta superficie per la distribuzione degli spazi. Il tetto a "onde" racchiude l'atrio e scavalca le due parti dell'edificio.

Its simple geometrical shapes underline the technological inclination of society. The purpose was to create in the middle of the building a center of activies which could be at the same time the link and circulation from the Chancery Park to Connecticut Avenue. The different levels of the entrances and exits harmonize with the slope of the ground. Over the atrium a passage crosses the building creating continuity of circulation. The right lined facade harmonizes with the Chancery Park while the other slightly curved one suits the slope of the ground and forms in the interior a vast space for assemblies and meetings; west of the entrance there are meeting rooms, restaurants and support functions. The linear shape of the building creates an extensive area for the disposal of spaces. The wavy roof contains the atrium and glides over the two elements of the building.

66 **Pianta, livello ingresso/lobby level plan**
67 **Assonometria/axonometric**
68 **Plastico, veduta frontale/model, frontal view**
69 **Plastico, veduta dall'alto/model, view from above**

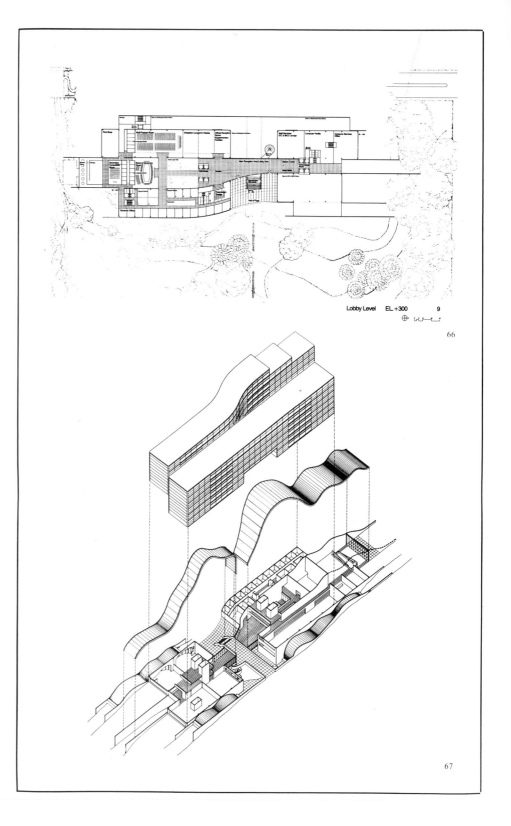

Lobby Level EL +300 9

66

67

68

69

139

Helmut Jahn

Nato a Norimberga nel 1940 si è laureato alla Technische Hochschule, Monaco, Germania nel 1965 e nel '67, si è laureato all'Illinois Institute of Technology. Nel 1965/66 ha lavorato a Monaco, Germania, con P.C. von Seidlein. Dal '67 lavora alla C.F. Murphy Associates di cui è socio e direttore di progettazione e disegno. Nel '77 si è associato al gruppo dei partecipanti alla mostra "Chicago Seven" Exquisite Corpse. Nel '75 la National AIA gli ha conferito riconoscimenti onorifici per la *Kemper Arena*. Nella "International Competition for Abu Dhabi Conference City"è stato premiato. Nel '77 ha vinto il concorso nazionale di architettura per la "Minnesota Capital Expansion", e ancora dal 1975 ha continuato a ricevere riconoscimenti dalla Chicago Chapter AIA. Ha rappresentato gli Stati Uniti alla Biennale di Venezia del 1980.

Born in 1940 in Nüremberg, Germany. Graduated Technische Hochschule, Munich, Germany 1965. Graduate studies Illinois Institute of Technology, 1966-1967. Worked in Munich, Germany 1965-1966 with P.C. von Seidlein. Partner and Director-in-Charge of Planning and Design, C.F. Murphy Associates 1967 to present. Participant in group show by "Chicago Seven " Exquisite Corpse, 1977. 1975 National AIA Honor Award for *Kemper Arena*. Prize in International Competition for Abu Dhabi Conference City. 1977 Winner in National Architectural Competition for Minnesota Capital Expansion. Received numerous 1975, 1976 and 1977 Chicago Chapter AIA Awards. He represented the United States at the 1980 Venice Biennale.

OPERE ESPOSTE/EXHIBITED WORKS

KEMPER ARENA, Arena Kansas City, Missouri, 1974
con/with James Goettsch
AURARIA LIBRARY, Denver, Colorado, 1975
FOURTH DISTRICT COURTS BUILDING, Maywood, Illinois, 1976
KANSAS CITY CONVENTION CENTER, Kansas City, Missouri, 1976

ST. MARY'S ATHLETIC FACILITY, Notre Dame, Indiana, 1977
con/with James Goettsch
MICHIGAN CITY LIBRARY, Indiana, 1977
XEROX CENTER, Chicago, Illinois, 1977
con/with James Goettsch
PAHLAVI NATIONAL LIBRARY, Teheran, Iran, 1978
con/with James Goettsch
RUST OLEUM CORPORATION HEADQUARTERS, Vernon Hills, Illinois, 1978
TRIBUNE TOWER LATE ENTRIES COMPETITION, Chicago, Illinois, 1979
COMMONWEALTH EDISON DISTRICT HEADQUARTERS, Downers Grove, Illinois, 1980
DE LA GARZA CAREER CENTER, East Chicago, Indiana, 1980
OAK BROOK POST OFFICE, Oak Brook, Illinois, 1980
700, NORTH MICHIGAN AVENUE BUILDING, Chicago, Illinois, 1980
AREA 2 POLICE HEADQUARTERS, Chicago, Illinois, 1981
FIRST BANK CENTER, South Bend, Indiana, 1981
ARGONNE SUPPORT FACILITY, Argonne, Illinois, 1981
con/with James Goettsch
O'HARE RAPID TRANSIT STATION, Chicago, Illinois, 1981
CHICAGO BOARD OF TRADE ADDITION, 1981
ONE SOUTH WACKER OFFICE BUILDING, Chicago, Illinois, 1981
con/withJames Goettsch
STATE OF ILLINOIS CENTER, Chicago, Illinois, 1981
con/with James Goettsch
NORTH WESTERN TERMINAL, Chicago, Illinois, 1981
con/with James Goettsch
TERMINAL TRANSPORTATION, Bogotá, Colombia, 1981
con/with James Goettsch
ASPEN RESIDENCE, Aspen, Colorado, 1981
WISCONSIN RESIDENDE, Wisconsin, 1981
CHICAGO NORTHWESTERN STATION, Chicago, Illinois, 1981
URBAN VISION, 1981
SKY-SCRAPERS, 1980-81

CIÒ CHE STA OLTRE

Gli ultimi dieci anni sono stati dominati da un riesame serio e approfondito dei maestri dell'architettura. Durante questo periodo l'architettura ha avuto diversi cicli.
I maestri del "movimento moderno" (Wright, Mies, Le Corbusier) sono morti: i loro seguaci o li hanno esasperati o si sono esauriti. L'architettura che ha seguito i principi del funzionalismo,

del determinismo programmatico e dell'espressionismo strutturale e tecnologico ha prodotto costruzioni senza nessun legame con la posizione, l'ambiente, l'uomo e la storia. Quest'architettura è fallita nella sua fede utopistica di dare soluzioni universali ai problemi del riparo e della vita urbana, non è mai stata in grado di sfruttare il potenziale tecnologico e industriale ed ha rinunciato al ruolo tradizionale dell'architetto come irreducibile creatore di forme, in contrasto con la nozione dell'architetto come semplice interprete di un'espressione appropriata delle esigenze sociali, economiche e tecniche.
Le alternative si esprimono nel "tardo modernismo" che rimane all'interno del linguaggio ristretto del modernismo ma che si esaspera in una logica dogmatica enfatizzando l'espressione tecnologica, la circolazione, il movimento e l'uso manierato e complesso della geometria e dell'estetica cubista, giungendo a forme astratte. "Post-modernismo" è una definizione elastica di diversi contributi frammentari, costituenti un nucleo di pensiero comprensibile dell'architettura , si riferisce alla storia, al contestualismo e al simbolismo. Usando forme tradizionali ed eclettiche il post-modernismo è caduto in una sua ortodossia e si è dimostrato un approccio ristretto ed ingenuo, carente proprio di quella comprensività che pretendeva di possedere.
Tuttavia, vale la pena di studiare questi contributi. Essi hanno cambiato il modo di guardare le costruzioni e di parlarne, hanno stabilito un dialogo più aperto fra l'architettura e il suo contesto sociale e culturale e ne hanno allargato il potenziale comunicativo, dando una risposta ai suoi doveri di arte civica.
Sebbene molti di questi vari e spesso frammentati approcci abbiano portato a nuove soluzioni di queste ricerche individuali, spesso si sono dimostrati fallimentari a livello globale di architettura. Rappresentano tentativi "unici" senza alcuna ricerca di sintesi tra di loro; infatti ogni approccio è finito in sé.
Il nostro lavoro si basa sulla convinzione che il movimento moderno non è morto e che i suoi principi possono continuare ed essere estesi. Guardiamo al nostro immediato passato, che ormai è diventato tradizione, ed anche quello più remoto per cercare ispirazione. Scorgiamo un "sintesi nuova" non di natura astratta, non di utopia tecnologica e non come un modo di frugare nella storia per avere dei prestiti; essa è, invece, una ricomposizione degli elementi classici e moderni delle arti costruttive che portano ad una continuità storica, basata su nessi concettuali. La sua forza si può trovare nelle tensioni e nelle trasformazioni che genera fra vecchio e nuovo, arte e artigianato, tecnologia, astrazione e significato. Crediamo nelle influenze del passato, nelle implicazioni mutanti del presente e nelle possibilità e potenzialità del futuro. Negare queste implicazioni del presente e del futuro si dimostrerebbe sbagliato quanto l'indifferenza dimostrata dal movimento moderno verso le qualità della storia, del contesto e della decorazione.
Le strategie che vengono impiegate e le trasformazioni che si succedono rivelano un'interazio-

ne costante fra uno sforzo per integrarsi con le realtà fisiche di un edificio e le teorie e le idee sull'architettura. È una intensa ricerca dei fattori architettonici determinanti la forma.

Oltre alle funzionali implicazioni tecnologiche c'è "l'uso metafisico del colore e l'uso di materiali convenzionali in un modo innovativo" come risposta al mutare dei criteri e delle sensibilità oltre a servire per una ricerca della tecnica e della espressione popolare appropriata come decorazione contemporanea".

Oltre all'espressionismo strutturale vi è lo sfruttamento del potenziale formale e plastico" in rapporto alla forma globale.

Oltre al movimento e alla circolazione che mostrano le preoccupazioni contemporanee vi è un interesse per la "composizione, l'ordine e la luce".

Oltre al minimalismo formale vi è un senso della libertà ed una ricerca della "trasparenza, dei riflessi e della traslucidità" e il loro effetto sulla forma e la geometria come un bisogno di arricchimento e di specificità.

Oltre all'espressione del determinismo funzionale, il contenitore e la forma rispondono all'esigenza di "risparmio" delle risorse.

Oltre al minimalismo formale c'è l'invenzione formale basata sulla "forma referenziale".

Oltre al minimalismo formale c'è l'invenzione formale basata sui "prototipi storici".

L'uso dello "spazio aperto" come elemento positivo e di attrattiva pubblica, circondato da spazi funzionali.

Una attenzione al rapporto degli edifici con la strada e i pedoni attraverso l'uso di elementi tradizionali, quali "ingressi evidenziati e portici".

Una attenzione all'impatto prodotto dall'edificio sull'orizzonte attraverso la "evidenziazione della sommità" sviluppata in rapporto alla forma globale o alle sue caratteristiche spaziali.

Oltre al minimalismo formale c'è l'invenzione formale, basata sulla "creazione idiosincratica della forma" con risonanze formali che corrispondono all'uso, al programma e al contesto urbano. Edifici come realizzazione delle "fantasie" e ispirazione per scenari elaborati per il loro funzione e per viverci. Un'architettura "meccanica popolare" mediatrice fra tendenze tecnologiche e spiritualistiche della nostra epoca. (H.J.)

WHAT'S BEYOND

The last ten years have been dominated by a serious and thorough reexamination of the generators of architectural form. During that time architecture has gone several cycles.

"Modern movement's masters (Wright, Mies, Le Corbusier) are dead and their followers have overrated or became stale. Architecture along the principles of functionalism, programmatic determinism and structural and technical expressionism produced buildings without connection to site, place, the human being and history. This architecture failed in its utopian belief of universal solutions to problems of shelter and urban living, never harnessed the potential of technology, industrialization and without reference

or meaning gave up the architect's traditional role as the willful creator of form, in direct contrast to the notion of the architect as the mere translator of economical, social and technical forces into an appropriate expression.

The alternatives are thus characterized: "late modernism" remains within the restricted language of modernism, but exaggerates through extreme logic, emphasis on circulation, movement and expression of technical systems and mannered and complex use of geometry and cubist aesthetics leading to abstract forms.

"Post-modernism" is a loose characterization for many fragmented efforts. It constitutes a comprehensible body of thought in architecture, concerned with history, contextualism and symbolism. In its use of traditional and eclectic forms as formal reference it fell into its own orthodoxy, as a narrow and often naive approach, devoid of the inclusiveness it proclaimed. These efforts are, however, worth attention. They have changed the way we look at buildings and talk about them, established a more open dialogue between architecture and its social and cultural context, expanded its communicative potential and responded to its obligation as civic art.

Though many of these various and often fragmented approaches have led to new solutions of these individual pursuits, they often fail on the level of a total architecture. They represent "one liners" without interest and attempt for synthesis with other approaches and each approach leads to an end itself.

Our work is based on the belief that the modern movement is not dead and its principles can be extended and continued. We look to our immediate past which now has become a tradition and also to our remote past for inspiration.

We see a "new synthesis" not of an abstract nature, not of a technological utopia, nor looking back to borrow from history, but as a recomposition of classical and modern elements of the building arts leading to a "historical continuum" based on conceptual relationship. Its strenght can lie in the tensions and transformations it provides between old and new, art and craft, technology, abstraction and meaning.

We believe in the influences of the past, the changing implication of the present and the possibilities and potential of the future. Any denial of these implications of the present and future would prove as mistaken as the disregard towards the qualities of history, context, and ornament once shown by the modern movement.

The strategies which are applied and the transformations which occur reveal a constant interaction between the efforts to deal with the physical realities of a building and with theories and ideas on architecture. It is an intense investigation of the architectural determinators of form.

Beyond function and technology enclosures explores "metaphysical use of color and uses of conventional material in an innovative way" in response to changed criteria and sensibilities.

Beyond servicing as programmatic fit and technical performance the representation of "a

search for a popular and appropriate technique and expression as a modern day ornament."

Beyond structural expressionism its "formal and sculptural potential" are exploited in relationship to the overall form.

Beyond movement and circulation, representing preoccupations of a modernist age, and interest in "organization, order and light."

Beyond formal minimalism a sense of freedom and an exploration of "transparency, reflections, translucency" in their effect on form and geometry as a need for enrichment and specificity.

Beyond expression of use of functional determinism, enclosure and form respond to "conservation of" resources.

Beyond formal minimalism, formal invention based on "referential form."

Beyond formal minimalism, formal invention based on "historic prototypes."

Use of "open space" as a positive element and a civic amenity, with functional space around it.

Attention to relation of buildings to street and pedestrian by use of traditional elements like "reinforced entries and arcades".

Attention to impact of the building on the skyline through "reinforced tops," developed in relationship to its overall form or its spatial characteristics.

Beyond formal minimalism, formal invention "willful creation of form" with allusive formal overtones in response to use, program and urban context.

Buildings as the realization of "fantasies" and inspiration for elaborate scenarios for its use and living. A "popular machine" architecture as mediator between the spiritualistic and technological trends of our age. (H.J.)

KEMPER ARENA
Kansas City, Missouri, 1974

Questa costruzione è un'arena destinata ad usi diversi con 16 000 posti per hockey e 17 500 per la pallacanestro. L'ingresso degli spettatori è al livello degli atri e degli uffici. La pianta ovale dei posti a sedere è a due livelli sovrapposti. Al livello superiore quattro volumi tecnici danno riparo agli ingressi per gli spettatori. La sovrastruttura, in "tubi d'acciaio", si situa fuori dall'edificio permettendo il minimo di superficie esterna e di volume costruttivo.

This building is a multipurpose arena with a seating capacity of 16,000 for hockey and 17,500 for basketball. The spectator entrance is at the concourse level. The oval seating plan has overlapping upper and lower seating tiers. At the upper level, four mechanical rooms provide cover for the spectator entrances. The steel tube superstructure is located outside of the building, permitting minimum exterior skin and building volume.

70 Particolare esterno/exterior detail

SAINT MARY'S ATHLETIC FACILITY
Notre Dame, Indiana, 1977

Questo impianto polivalente comprende due grandi zone per l'attività sportiva, due campi da tennis, un atrio con spazi adiacenti per gli allievi e il personale, spogliatoi e stanze per attrezzature. I due livelli della costruzione derivano dalla divisione delle sue funzioni. La struttura è costituita da travi d'acciaio che ad ogni estremità sporgono per sostenere pannelli in fibra di vetro e di acrilico.

This multipurpose facility includes two large activity areas, two racquet ball courts, a hobby center with adjacent faculty and student facilities, locker rooms and technical support. The two levels of the building relate to its functional division. Steel trusses are cantilevered at each end to support curved acrylic glazing and fiberglass panels. All systems are left exposed and painted bright colors.

70

71 Particolare esterno/exterior detail

71

ARGONNE PROGRAM SUPPORT FACILITY
Argonne, Illinois, 1981

L'edificio progettato per il Dipartimento dell'energia di Chicago e per il Laboratorio nazionale Argonne ha forma rotonda sviluppata come risposta alla rete stradale, al carattere nondirezionale del luogo ed anche alle allusioni simboliche suggerite dalla associazione di idee, evocata dal sole come fonte di energia.

Projected for the Chicago Branch of the Department of Energy and Argonne National Laboratories, the building has a round shape generated in response to the road network, the nondirectional character of the site, and on a symbolic level from the association it evokes with the sun as an energy source.

72 Assonometrie/axonometrics
73 Plastico/model

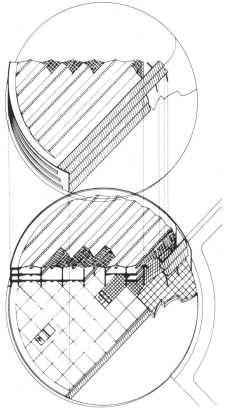

72

73

XEROX CENTER
Chicago, Illinois, 1977

La progettazione di questo complesso di uffici è impostata sul rapporto migliore tra la First National Bank e Plaza, con lo storico *Marquette Building* e altre strutture lungo la Monroe Street. La costruzione è arretrata rispetto alla Dearborn Street e presenta la facciata curvata sull'angolo. La struttura è di cemento armato, mentre la superficie è d'alluminio smaltato e vetro.

This rental office building project emphasies the relationship to the First National Bank and Plaza, the historic Marquette Building and the remaining structures along Monroe Street. The building is set back on Dearborn and curved at the corner. The building is of reinforced concrete. The exterior wall is of enamelled aluminum with glass.

74 Assonometria/axonometric
75 Veduta esterna/exterior view

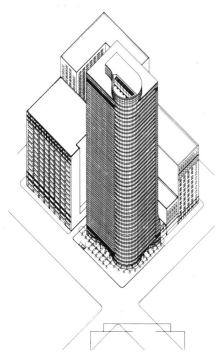

74

75

CHICAGO BOARD OF TRADE
ADDITION
Chicago, Illinois, 1981

L'edificio è composto di piani per i rapporti commerciali e loro spazi di supporto, e di uffici per i membri della borsa. È progettato in modo da funzionare integralmente con l'edificio esistente in stile Art Deco. Una parete di vetro avvolge le piante dei piani e del tetto scivolando dietro le cortine di calcare.

This building is composed of support spaces for the trading floors and office space for the exchange members. It is designed to function with the existing building as one unit. The device used is a glass wall, wrapping the highly articulated planes of the wall and the roof. The taut membrane slips behind limestone "screen walls" on both sides, recalling the dominant expression and the material of the old building.

76 **Plastico/model**
77 **Disegno/drawing**
78 **Piante/plans**
79 **Spaccato prospettico/perspective section**

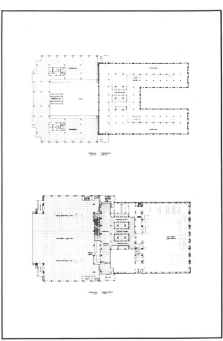

78

77

76

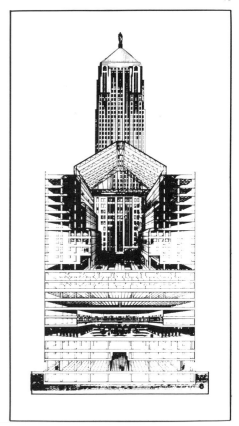

79

144

SKY - SCRAPERS
1980-81

«Il nostro approccio ai grattacieli vuole essere una sintesi tra le forme tradizionali, che vanno dagli archetipi storici all'Art Deco, e nuove invenzioni formali attraverso l'uso di materiali e di tecniche moderni. Questo sforzo, volto a creare un *continum* storico, ci ispira a conferire ai nostri edifici ingressi enfatizzati, raffinati basamenti, un tronco articolato e una sommità ben definita, contrariamente alla forma dei grattacieli moderni. Noi vediamo questi edifici quasi isolati ma contemporaneamente come parte del contesto urbano. I fasci di luce creano un teatro per un mondo futuristico, suscitano sorpresa, eccitazione e piacere nella gente.»

Our approach to sky-scrapers synthesizes an approach to traditional form – which stretches from historic archetypal to Art Deco/moderne – coupled with formal invention using modern materials and techniques not in a literal, orthodox duplication, but abstracted to create meaningful references and images.

This effort to create a "Historical continuum" inspires us to give our buildings refined bases and expressed entrances, articulate the shaft or progressively set back the building's bulk, and give them definite tops unlike the shaft-like towers of the modern style. This "new synthesis" is not abstract nature not of a technological utopia, but recomposition of all those elements. Its image and expression beyond technological determinants. Which still shape a buildings systems and components plong a logical and objective analysis. This goals are coupled with an almost romantic drive to create fantasies for human use and living. We see those buildings as isolated objects, that are context. Those rays of light act as a theater for futuristic world of tomorrow ambience. They create excitement surprise and are intended to be people pleasing. The continuity with the past together with futuristic fantasies can arrive at a temporary settlement between the spiritualist and technological trends of our age. Such popular machine architecture can represent a genuine synthesis between modern architecture and popular culture, one which was denied to modern architecture in to 20's which conceived a machine architecture in advance of technology.

80 Schizzi/sketches

80

ONE SOUTH WACKER OFFICE BUILDING
Chicago, Illinois, 1981

La caratteristica dell'edificio è la grande superficie destinata ai piani. La costruzione si rastrema due volte per creare tre piani tipo che corrispondono a tre gruppi d'ascensori in dotazione all'edificio. La molteplicità e il tipo di piani disponibili è stata ulteriormente accresciuta da atrii a tre piani posti sopra e sotto le rientranze. Il rivestimento di facciata è modulare ed è ideato per sottolineare l'articolazione della struttura e ridurre la massa della torre. Il riferimento alle costruzioni degli anni Venti, mediante la pianta e l'idea delle rientranze, portò a considerare il rivestimento nella parte alta dell'edificio, nel trattamento di superficie della struttura e della base dal punto di vista decorativo.

The concept of the building is based on providing very large floor areas. The building sets back twice to create three typical floor areas which correspond to the three elevator groups serving the building. The variety and type of floors available has been further increased by three-story atriums which are located above and below the setbacks. The skin is on a 5' module and conceived to reinforce the articulated shape and reduce the bulk of the tower. The association with 20's buildings through plan and setback led to treating it in a decorative way with its top, surface treatment of the shaft and its base.

81 Plastico/model

81

STATE OF ILLINOIS CENTER
Chicago, Illinois, 1981

Questo centro contiene 180 000 mq di superficie: di cui 120 000 riservati agli uffici statali e 60 000 per uso commerciale. Tutte le facciate sono coperte da una superficie rivestita e divisa verticalmente in moduli sottili. Per creare diverse qualità di trasparenza sono stati usati vetro opaco grigio, azzurro, bianco, e vetro trasparente ed argentato. Il vetro, inoltre, dà una qualità pittorica alla forma monumentale.

It contains 1,150,000 GSF, 1,000,000 GSF house state agencies and 150,000 GSF are reserved for commercial use. A glazed skin encloses all surfaces of the building in a 2'-6" vertical division. Opaque glasses colored blue-grey-white are used with silver and clear glass to create various levels of transparency, reflections, and to give the monumental shape a painted quality.

82 Foto montaggio/photo montage
83 Pianta/plan
84 Plastico/model

82

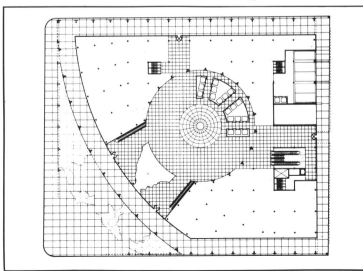

83

84

147

85

THE CHICAGO TOWNHOUSE OF THE GRAHAM FOUNDATION COMPETITION
Chicago, Illinois, 1978

85 Plastico/model

86

ASPEN RESIDENCE
Aspen, Colorado, 1981

86 Plastico/model
87 Plastico/model

87

NORTH WESTERN TERMINAL
Chicago, Illinois, 1980

L'edificio corrisponde a criteri fondamentali di disegno urbanistico. Costituisce un importante passaggio della stazione verso Madison Street, che funge da raccordo al Loop ad est e all'area urbana ad ovest. La forma della torre riflette la simmetria della pianta e il variare delle dimensioni dei piani. Questo risultato è ottenuto facendo scorrere tre forme l'una contro l'altra che, unite alla base, arrivano separate alla cima.

The building responds to some important urban design criteria; it forms a major "gateway" of the station to Madison Street, which acts as a major connector to the Loop to the east and the urban renewal area to the west. The form of the Tower reflects the symmetry of the scheme and the varying floor sizes. This device is shifting three "extruded" shapes against each other, which come together at the base and separate at the top.

88 Disegno prospettico/perspective drawing

88

Ronald Adrian Krueck

Nato nel 1946 a Cincinnati, Ohio, nel 1970 si laurea in architettura all'Institute of Tecnology dell'Illinois. Dal 1970 al '71 esercita la professione presso la C.F. Murphy Associates. Dal 1971 al '76 lavora alla Hammond Beeby & Associates. Negli anni 1976/78 studia pittura all'Art Institute di Chicago. Nel '76 insegna all'Illinois Institute of Tecnology e nel '78 si associa a K.R. Olsen e costituisce la Krueck & Olsen Associates.

He was born in Cincinnati, Ohio, in 1946 and received a Bachelor of Architecture from the Illinois Institute of Technology. From 1970 to 1971 he worked for C.F. Murphy Associates. From 1971 to '76 he worked for Hammond, Beeby & Associates. From 1976 to '78 he studied painting at the School of the Art Institute of Chicago. From 1976 he has been teaching at the Illinois Institute of Technology and in 1978 came to be partner of Krueck & Olsen Architects.

OPERE ESPOSTE/EXHIBITED WORKS

STEEL & GLASS HOUSE, Chicago, Illinois, 1980
con/with K.R. Olsen
TOWNHOUSE REMODELING, Chicago, Illinois, 1981
con/with K.R. Olsen
SUBURBAN MEDICAL TESTING LABORATORY, Chicago, Illinois, 1979
con/with K.R. Olsen
FURNITURE MANUFACTURER'S SHOWROOM, Chicago, Illinois, 1981
con/with K.R. Olsen

STEEL & GLASS HOUSE
1949 Larabee Street, Chicago, Illinois, 1980

Questa casa destinata ad una sola persona si trova in una anonima lottizzazione nella parte Nord di Chicago. La casa è di circa 800 mq. ed è a due piani. La sua forma ad "U" viene divisa tramite un taglio luminoso in tre padiglioni rettangolari: uno spazio a due piani, una zona notte ed una zona servizi con stanze per gli ospiti e sopra una terrazza. La struttura si basa su un'armatura metallica prefabbricata che sostiene un sistema di finestre in metallo a forma di grata con vetri di opacità diverse. Le facciate che guardano le proprietà adiacenti sono rivestite in lamiera scanalata. L'ingresso principale è una grata di acciaio. I muri della terrazza solare sono rivestiti di cemento gessato e gli spazi interni ed esterni vengono attraversati dal nucleo contenente i bagni e i servizi. Questo nucleo è un elemento libero ed è rivestito di piastrelle di ceramica. Lo spazio interno viene articolato attraverso piani liberi e forme funzionali.

This single occupant house is situated on an anonymous city lot in a gridded section of the near north side of Chicago. The house is 5000 sq. ft. arranged on two levels with the U-shaped plan severed by a reveal of light into three rectangular pavilions: a two-story living space, private sleeping accommodations, and a service area with guest conveniences and communal sun terrace above. The structure of shop fabricated steel angle frames supports a steel window system which is a continuous latticework filled with glass of different opacities. The front entry is a screen of steel grating. Interior space is articulated by free planes and functional forms where color is used independently.

89 Assonometria/axonometric
90 Piante/plans
91 Prospettiva/perspective

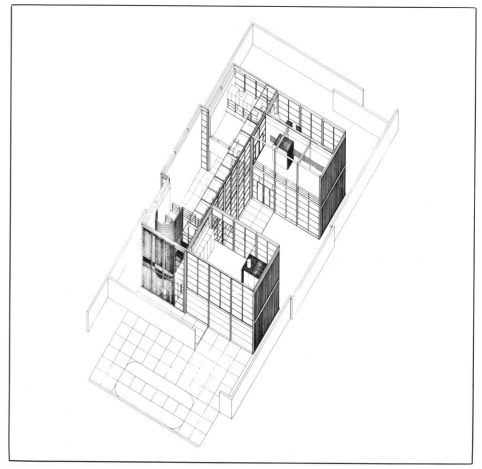

1 FOYER
2 POWDER ROOM / STORAGE
3 LIVING ROOM
4 DINING ROOM
5 CONSERVATORY
6 KITCHEN
7 PANTRY
8 LAUNDRY ROOM
9 SERVANT'S ROOM / BATH
10 MASTER BEDROOM / BATH
11 STUDY / STORAGE
12 BEDROOM / BATH
13 SUNDECK
14 GARAGE

1

2

90

TOWNHOUSE REMODELING
1522 Deaborn Parkway, Chicago, Illinois, 1981

Una casa urbana vittoriana che si trova a nord
del centro città è l'occasione per una completa
ristrutturazione interna e per un importante ampliamento. Mobili moderni e fuori serie in smal-
to lucido vengono inseriti nella costruzione originale. Una gamma di più di trenta colori viene
usata su soffitti, pareti, rifiniture e mobili per ac-
centuare i dettagli originali, ravvivare le stanze e
unificare gli spazi. Un'autorimessa, spazi abitati-
vi e terrazze solari sono costituiti da costruzioni
nuove con superfici rivestite di pannelli e pareti
divisorie in metallo e vetri a specchio.

A near north side Victorian townhouse is the
setting for a complete interior revitalization and
a major addition. Contemporary furniture and
custom cabinetwork of polished lacquer are used
in juxtaposition to the original construction. A
palette of more than thirty colors is used on
walls, ceilings, trim and cabinets to enhance
original details, brighten rooms and pull spaces
together. A garage, informal living areas and
sundecks are new spaces with faceted surfaces of
multi-colored, mirrored glass and taut metal
screens and panels. Horizontal and vertical
planes are tapered at their edges to emphasize
their planar quality.

92 Piante/plans

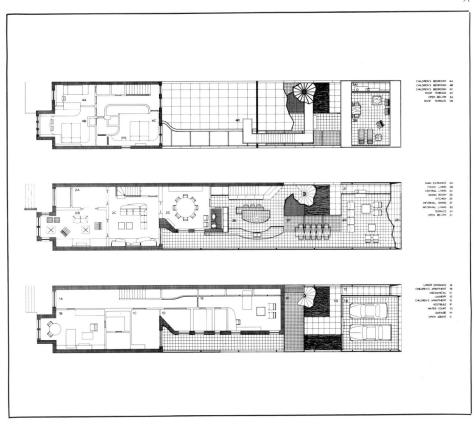

CHILDREN'S BEDROOM 4A
CHILDREN'S BEDROOM 4B
CHILDREN'S BEDROOM 4C
ROOF TERRACE 4D
OPEN BELOW 3A
ROOF TERRACE 3B

MAIN ENTRANCE 2A
FRONT LIVING 2B
CENTRAL LIVING 2C
KITCHEN 2E
INFORMAL DINING 2F
INFORMAL LIVING 2G
TERRACE 2H
OPEN BELOW 2I

LOWER ENTRANCE 1A
CHILDREN'S APARTMENT 1B
MECHANICAL 1C
LAUNDRY 1D
CHILDREN'S APARTMENT 1E
VESTIBULE 1F
WATER COURT 1G
GARAGE 1H
OPEN ABOVE 1I

92

James Nagle

Nato a Iowa City nel 1937, si è laureato in Liberal Arts presso la Stanford University nel 1959 e in architettura presso il Massachussetts Institute of Tecnology nel 1963 e ha conseguito il dottorato in Architettura presso la Harvard University Graduate School of Design nel 1964. Ottenne il riconoscimento "Henry Adams of the AIA" nel 1963 e la borsa di studio Fulbright per l'Olanda nel 1964. Dal 1965 lavora con Laurence Booth. L'opera di Booth e Nagle è stata pubblicata in libri e riviste d'architettura internazionali. È stato lettore e critico di molte università e fino al 1972 ha insegnato disegno architettonico presso la University of Illinois at Chicago Circle Campus. È presidente della Chicago School of Architecture Foundation e membro dell'AIA Committee on Design.

He was born in Iowa City in 1937. He received a Liberal Arts degree from Stanford University in 1959, a Bachelor of Architecture degree from Massachusetts Institute of Technology (1963), and a Master of Architecture degree from Harvard University Graduate School of Design (1964). He won the Henry Adams Award of the AIA in 1963 and a Fulbright Traveling Scholarship to the Netherlands in 1964. In 1965 he began a private architectural practice with Laurence Booth, which continues to date. The work of Booth & Nagle has been published internationally in books and journals on architecture. He has been a visiting lecturer and critic at several universities and until 1972 was a lecturer in architectural design at the University of Illinois at Chicago Circle Campus. He is a former President of the Chicago School of Architecture Foundation and is currently a member of the national AIA Committee on Design.

OPERE ESPOSTE/EXHIBIT WORKS

GRANT PLACE FLATS SYNOPSIS, Chicago, Illinois, 1980
con/with Steven Gross

WORLD'S FINEST CHOCOLATE FACTORY, Chicago, Illinois, 1979
con/with Mark Ridolphi
WILLOW PARK TOWN HOUSES, Iowa, 1979-80
con/with Christopher Rudolph
NEAR WEST TOWNHOUSES, Chicago, Illinois, 1979
con/with Susan Greenwald
LAKE BLUFF TOWNHOUSES,
con/with Susan Greenwald
LEHMANN COURT TOWNHOUSES, Chicago, Illinois
con/with Mark Ridolphi
HYDE PARK SINGLE FAMILY HOUSE, Chicago, Illinois, 1980
con/with Charles Grund
TAYLORVILLE HOUSING, Taylorville, Illinois, 1981
con/with Dirk Danker
ST. GREGORY'S ABBEY, 1980
con/with Marc Dilet
HIGHLAND PARK HOUSE

L'ARCHITETTURA COME ARTE: "IL FRONTE E IL RETRO"

Poiché mi è stato chiesto di scrivere sull'architettura come forma d'arte mi sento obbligato, naturalmente, ad indicare ciò che è l'architettura e ciò che non è arte. In "An Introduction to Modern Architecture" J.M. Richards dice chiaramente: «L'architettura è un'arte sociale legata alla vita della gente alla quale serve, non è un esercizio accademico sulla decorazione applicata.» Quest'affermazione viene citata da Robert A.M. Stern nel suo articolo "The Doubles of Post-Modern" ("Harvard Architectural Review", primavera 1980). L'affermazione riporta la tesi di Stern, nella sua nota a "New Directions in Modern Architecture", sottolineando che ormai i principi del post-modernismo sono: 1) il contesto, l'edificio singolo come frammento di un insieme; 2) l'allusione, l'architettura come arte di risposte culturali e storiche; 3) l'ornamento, il muro come mezzo di significato architettonico.
Sarete contenti di sapere che sono, semplicemente, d'accordo con la tesi tripartitica di Stern e lo sono sempre stato. Anche il tema dell'interpretazione storico-architettonica della cultura occidentale nel contesto regionale americano è una tesi affascinante la quale, però, verrà affrontata in un saggio futuro.
Sebbene, come tanti architetti professionisti, sia cresciuto in un'epoca dove l'architettura doveva essere "moderna" a tutti i costi ed anche "nello

spirito dei tempi" ("zeitgeist"), io e i miei colleghi siamo ormai liberi da questo peso. David Watkins, nel "Morality and Architecture", ha indicato la fallibilità dello "zeitgeist"; William Hubbard nel "Complicity and Conviction" abbraccia la tesi di un'architettura convenzionale e Juan Bonta in "Architecture and its interpretations" ridicolizza l'attuale critica dell'architettura. E queste sono le ultime pubblicazioni sull'architettura. Esse pretendono un approccio sensibile all'arte dell'architettura, ma ci lasciano indovinare esattamente che cos'è. Io direi che la risposta, dal punto di vista di un architetto, è sia complessa sia semplice – è buon senso – è un approccio umanistico. L'Umanesimo con la "U" maiuscola come viene definito da Geoffrey Scott (Rinascimento) e l'umanesimo, con la "u" minuscola, meglio esemplificato nei lavori di Alvar Aalto (che esprime l'essere umano) possono coesistere. Infatti l'architettura è una forma d'arte che colpisce testa e cuore.
Indicherò adesso qualche progetto del nostro studio/ufficio. La sala da pranzo del "Kankakee Yout Center" è stata progettata come struttura focale di un particolare "istituto". È il luogo d'incontro per quel complesso semplice. Il fronte (di mattoni) è formalmente studiato e richiama un magazzino di campagna o un municipio del Midwest, mentre il retro (di legno) è funzionale ma quieto, e tiene conto della luce da sud, del patio e della ventilazione naturale. Per lo sviluppo ci sono stati richiesti quei particolari materiali ma la forma finale non ha subito la burocrazia. La "Chocolate Factory", da costruirsi nella "zona bassa" di Chicago, capovolge la solita tipologia di stabilimento che tetto a zig-zag e la zona uffici con il tetto piatto e liscio sul davanti. Abbiamo deciso di costruire dietro la zona pulita della fabbrica e presentare un fronte articolato. L'ufficio si contrappone ai bungalow al di là della strada, mentre il giardino cuscinetto serve sia al quartiere sia al cliente. La dicotomia fra fronte e retro (separati da un atrio comune) appare qui su scala maggiore ed è enfatizzata da forme, colori e materiali diversi che rispondono ad esigenze sia estetiche sia sociali.
Le "townhouses" a Lehmann Court sono una diversa risposta edilizia alle esigenze di programma, di ambiente, alle suggestioni del quartiere e alla forma artistica. Altre "townhouses" in duplex progettate dal nostro studio hanno avuto una simile organizzazione delle parti anteriori e posteriori, mentre l'interno ha fornito un elemento di sorpresa e di contrasto. Questo lotto richiedeva che il prospetto sulla strada (che era la posizione più luminosa) fosse pieno/primario mentre le parti sul vicolo (con poca luminosità) fossero funzionali/secondarie e orientate verso il giardino. Il risultato è che le parti posteriori richiamano il vocabolario delle vecchie scuderie e quelle sulla strada richiamano le case urbane di Chicago dell'epoca vittoriana. Lo spazio fra le due parti viene così attivato e, al momento di entrarci, presenta una sorpresa. La casa a Chicago nell'Hide Park è la sintesi più evidente del dualismo fronte/retro. Questo lotto è fiancheggiato da case georgiane. Come costruire, allora, in modo

adatto al contesto, alludere al passato ed esprimere il presente articolando questi elementi a due livelli? Il fronte di mattoni è complementare: i cornicioni sono allineati, le superfici sono a livello, le aperture sono simili e i colori e i dettagli sono riadattati. Ma il retro di "stucco" è fluido e rispondente alle funzioni dell'interno e ai desideri del cliente, è molto diverso dal fronte ma vi è ben collegato. Notate il passaggio all'interno, lo spazio di servizio e soggiorno, diviso dal muro curvato: questa non è un'idea nuova neanche nell'architettura moderna.

Abbiamo visto veramente il retro della "Robie House", del "Swiss Pavilon" e del "MIT Dormitories"? Il fatto è che l'architettura, specialmente l'architettura moderna, deve mettersi in rapporto alla vita della gente a cui serve: «non come esercizio accademico ma come un vero oggetto e come un contributo positivo ad una forma d'arte che continua. (J.N.)

ARCHITECTURE AS AN ART FORM: "THE FRONT AND THE BACK"

Because I have been asked to write about architecture as an art form, I feel compelled, of course, to point out what architecture is that art is not. J.M. Richards, in "An Introduction to Modern Architecture", says it nicely: «That architecture is a social art related to the life of people it serves, not an academic exercise in applied ornament.» Robert A.M. Stern uses this quote in his article "The Doubles of Post Modern" (Harvard Architectural Review", Spring 1980). This statement reinforces Mr. Stern's thesis, in his postscript to "New Directions in Modern Architecture", that the principles of post-modernism at this time are: 1) contextualism, the individual building as a fragment of the larger whole; 2) illusionism, architecture as an art of historical and cultural response; 3) ornamentalism, the wall as a medium of architectural meaning.

You will be relieved to know that I simply agree, as you will see, with Mr. Stern's tripartite thesis, and really always have. The subject of historical architectural interpretation of Western culture in the American vernacular/regional context is a fascinating thesis, too, which needs to be isolated and discussed in a future paper.

Although like many practitioners I was raised in a time when architecture was supposed to be "modern" at all costs and "in the spirit of the times" ("zeitgeist"), my peers and I are relieved of this burden now. David Watkins in "Morality and Architecture" points to the fallibility of the "zeitgeist". William Hubbard in "Complicity and Conviction" espouses an architecture of convention, and Juan Bonta in "Architecture and its Interpretation" ridicules present architectural criticism. Now these are the latest architectural publications. They at once call for a sensible approach to the art of architecture, but they leave a haunting question of just what that is. I recommend that the answer from this practitioner's point of view is involved but simple –it is common sense – a humanistic approach. Humanism (capital H) as defined by Geoffrey Scott (the Renaissance) and humanism (small h) best typified by Alvar Aalto (to be humane) can coexist. It is in fact an art form that strikes you in the head and the heart simultaneously.

I will now point out some projects from our office/studio which I hope close in on this approach. The dining hall at the "Kankakee Youth Center", was designed to be a focal structure for one "institution". It is a meeting place for that poor complex. The front (brick) is formal, recalling the midwest townhall or country store, while the back (wood) is pragmatic but gentle, relating to south light, a patio, and natural ventilation. We were required to use two materials by the developing agency, but lost the built-form to the bureaucracy.

The "Chocolate Factory" to be built in Chicago's "back of the yards" district, reversed the usual sawtooth-roof manufacturing area with the slick flat-roof modern office building in front. Instead, we chose to order the smooth, necessarily clean manufacturing and storage areas at the rear and present an articulated front. The office becomes a formal response to the bungalows across the street, while the buffer garden serves both the neighborhood and the client. The dichotomy of front and back (separated by the common atrium) appears here at a much larger scale and is emphasized by differing form, material and color as a response to both social and aesthetic input.

The townhouses on Lehmann Court on Chicago's North Side, are an unusual housing response to program, surroundings, neighborhood recall, and art form. Earlier double duplex townhouses which our firm has done had similar front and back surprise. This site required that the street elevation (which was the best exposure) be dense/primary, while the units on the alley (with poor exposure) be pragmatic/secondary and turned inward to the garden. The result is that the rear units recall Victorian Chicago cityhouses. The space between the two is activated and unpredictable upon entry.

Finally, the house in Hyde Park, Chicago, is the clearest summation of front and back duality. This infill lot is bookended by Georgian houses. How then to build in context, allude to the past and express the present, and articulate these forms on both levels? The front is complementary (brick): cornice lines matched, surface planar, openings similar, color and detail manipulated. But the back is fluid and responsive (stucco) to the functions within, the aspirations of the client, and very different but very much related to the front. Notice the transition inside, the space served and servant, divided by the curved wall; this is not a new idea, even in modern architecture.

Have we really seen the back of the "Robie House", the "Swiss Pavilion" and the "MIT Dormitories"? The fact is that architecture, especially modern architecture, can relate to the life of the people it serves: not as an academic exercise but as a real object and a positive contribution to a continuing art form. (J.N.)

GRANT PLACE FLATS SYNOPSIS
Chicago, Illinois, 1980

Questi appartamenti si trovano in una delle zone di Chicago nota per le sue case vittoriane. La tradizionale tipologia a costruzioni basse, che si riscontra in tutta l'area, è stata studiata e ridefinita: il prototipo che ne è risultato è una facciata, arricchita di dettagli sul fronte strada ed alcune soluzioni interne che danno significato e proporzione agli spazi.

Located in an historic landmark district in one of Chicago's turn of the century Victorian neighborhoods, the historic context became a strong design determinant in forming the original concept. The traditional "flat" building typology, which is found throughout the neighborhood, was studied and redefined and the resulting prototype is a detailed facade on the exterior relating to and enriching the definition of the street; a series of pochéd spaces on the interior giving meaning and scale to the spaces therein.

93 Piante del primo piano/first floor plans
94 Planimetria e fronte strada/site plan and street elevation
95 Assometria/axonometric

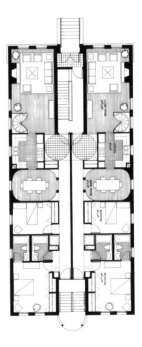

93

153

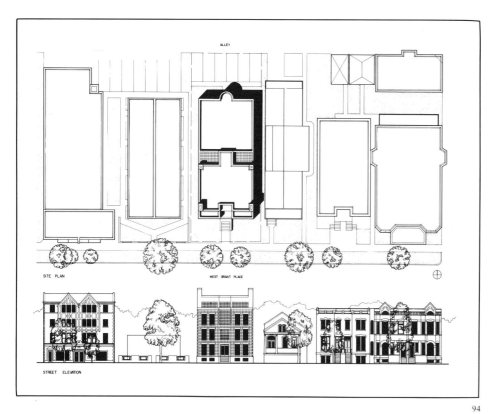

SITE PLAN

WEST GRANT PLACE

STREET ELEVATION

94

LEHMANN COURT TOWNHOUSES
Chicago, Illinois, 1980

Questo progetto per ventisei case richiama il rapporto fra casa principale e scuderia. È stato usato un linguaggio semplice di forme, colori e materiali, prima per contenere i costi al massimo, e poi per ottenere un legame con l'immagine del prototipo storico. Uno degli elementi importanti di questo linguaggio è la forma ripetuta del timpano sia nei fronti anteriori sia in quelli posteriori, il tutto unificato dalla singola linea di colmo sovrastante. Ha anche una sua importanza la superficie tesa in mattoni di color rosso/arancione che viene articolata da poggioli e cornicioni in cotto e accentuata dalle ringhiere sottili dei balconi. Il giardino interno costituisce il punto centrale del progetto.

Recalling the front-house/carriage-house relationship, typical of much of Chicago's architectural past, this twenty-six unit townhouse project seeks to create a new neighborhood. A simple vocabulary of form, material and color has been employed: first to provide a cost-conscious project, and second to provide a link with the visual economy of the historic prototype. An important element of this vocabulary is the repeated gable form of both the front and rear units, which is unified by the single roof form above. Also important is the taut, planar masonry surface of rich reddish-orange brick, which is sparingly articulated by terra-cotta sills and copings, and accented by the lace-like rails at the balconies. The interior garden is the central focus of the project.

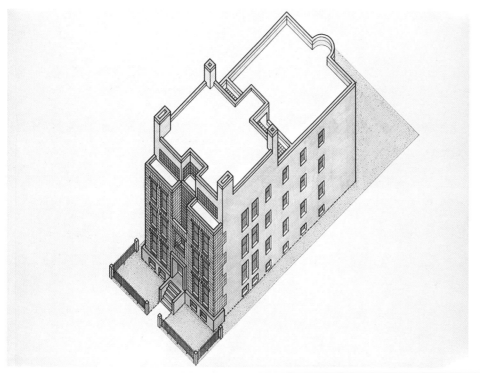

96 Pianta, prospetti e vista assonometrica /plan, elevation and axonometric view

95

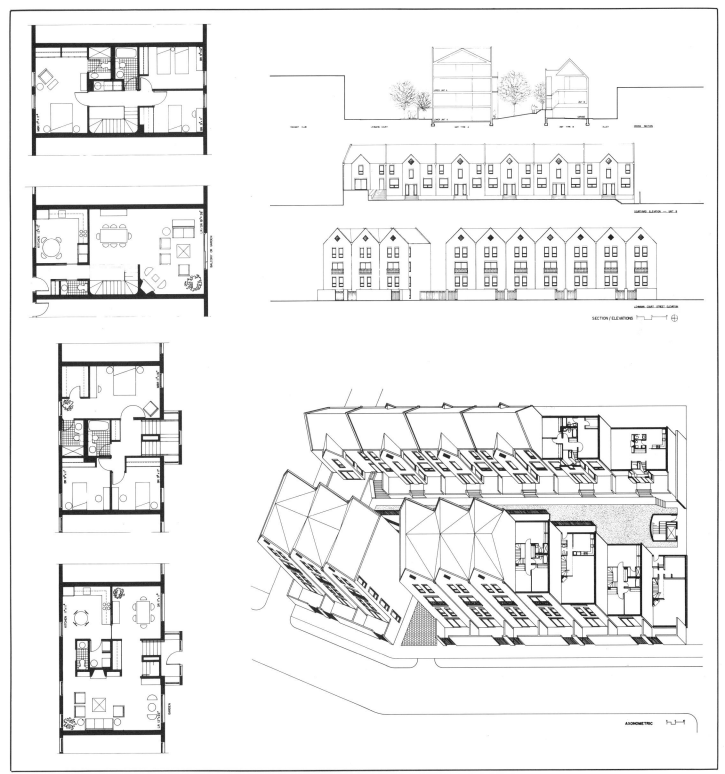

WORLD'S FINEST CHOCOLATE FACTORY
Chicago, Illinois, 1979

Il progetto è costituito dalla nuda fabbrica e dal centro per i rapporti internazionali della ditta committente. Il centro dà su un parco ed è una struttura lineare a due livelli, mentre la fabbrica è dotata di passaggi elevati per visitatori; le funzioni dei due blocchi sono integrate da un atrio in comune.

The World's Finest Chocolate Factory has proposed a new factory and international headquarters for a site on the southwest side of Chicago adjacent to a residential community. Overlooking a park is the international headquarters which is housed in a linear structure on two levels. The atrium space functions as a central circulation facility between the office and factory.

97 Assonometria/axonometric

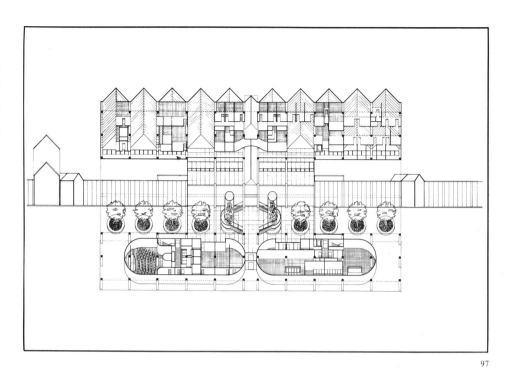

97

HYDE PARK SINGLE FAMILY HOUSE
Chicago, Illinois. 1980

L'edificio sostituisce una residenza coloniale distrutta da un incendio; è costituito da una struttura a due piani e mezzo che mantiene il precedente allineamento rispetto alla strada, ma che ha solo la metà della profondità delle case accanto. L'idea centrale della casa si basa sulla dicotomia: davanti/dietro, pubblico/privato, spazi comuni/spazi per i collaboratori domestici.

The house substitutes a colonial revival residence which was demolished after a fire and it is a two and one half story structure maintaining the existing setback and frontage but only half the depth of the neighbors. The idea of the house is dichotomy: back and front, public and private, open spaces and servant spaces.

98 Planimetria e prospetto strada/site plan and street elevation
99 Piante, vista assonometrica della facciata e del retro/plans, front and rear axonometric

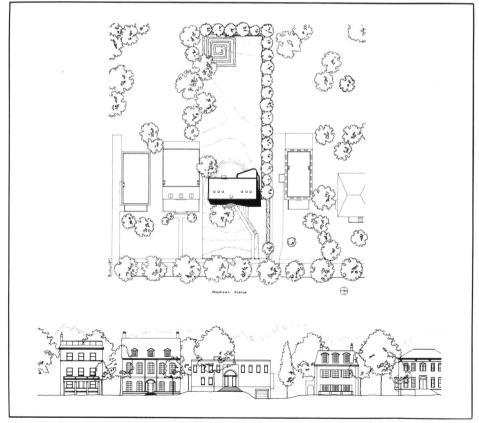

98

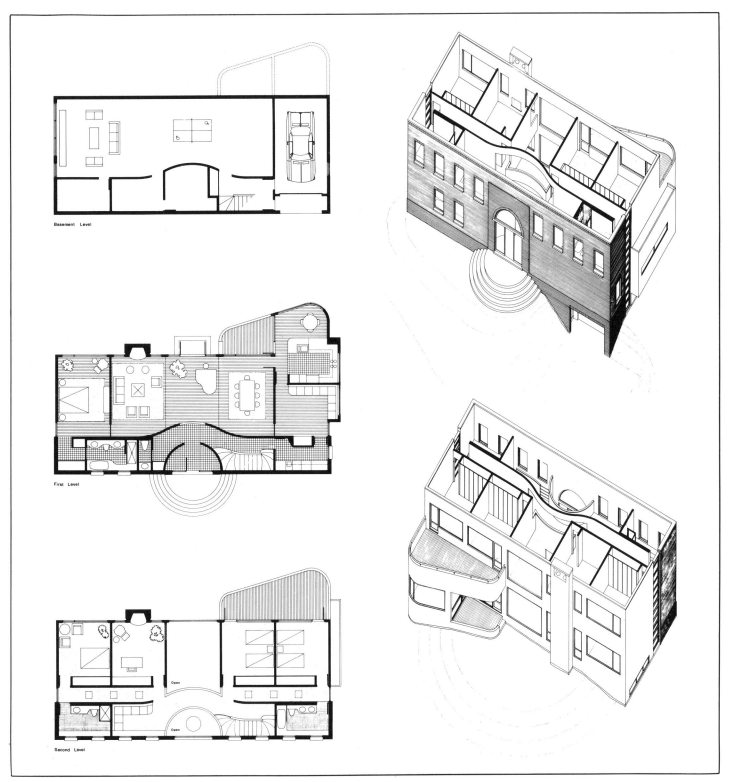

Basement Level

First Level

Second Level

99

WILLOW PARK TOWNHOUSES
Iowa, 1979/80

Questo gruppo di otto *townhouses* è il primo di parecchi edifici da collocarsi al margine di un parco. Gli edifici a tre piani sono posti su una collina, per cui il parcheggio resta sotto e sul retro. C'è un'entrata "a ponte" che porta nella casa, dalla cui balconata si domina il parco. Nonostante la struttura sia data da un raggruppamento di case a schiera, progettato per essere costruito in maniera semplice e funzionale, il disegno è insolito.

This group of eight townhouses is the first of several buildings to be located along the edge of a park. The three-story houses are organized on a hillside so that parking is below and behind the street entry. There is a formal "bridge" entry to the living level which overlooks the park from a balcony. While the structure is a row house cluster designed to be simply and efficiently framed, the formal presentation is unusual.

100 Prospetti e sezione/elevations and section

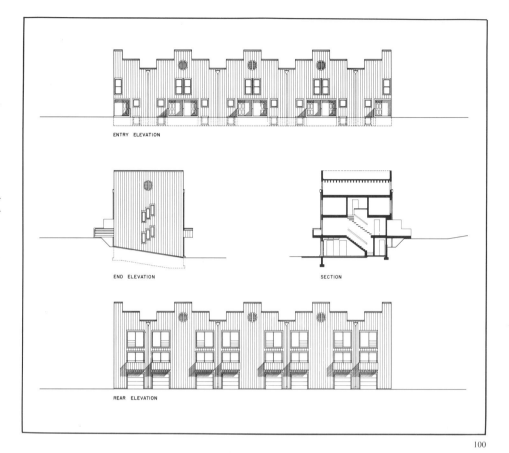

ENTRY ELEVATION

END ELEVATION   SECTION

REAR ELEVATION

100

NEAR WEST TOWNHOUSES
Chicago, Illinois, 1979

Queste case sono situate in un vecchio sobborgo italiano a Chicago. Il progetto è di quattro unità aggregate in modo da creare un edificio con letture sovrapposte: una verticale e l'altra orizzontale, tipica delle case a schiera. L'immagine anteriore della facciata è predominante. La facciata posteriore è più semplice e il contrasto fra le facciate anteriore e posteriore si ripresenta nell'uso dei materiali.

The four units of the project are located in an old Italian neighborhood in Chicago; they are joined to create a building with overlaying readings: one vertical, the other horizontal, typical of row housing. The back facade is simpler with conventional windows and the front-back contrast reappears in the use of materials.

101 Plastico/model
102 Prospetto e sezione prospettica/elevation and perspective section

101

158

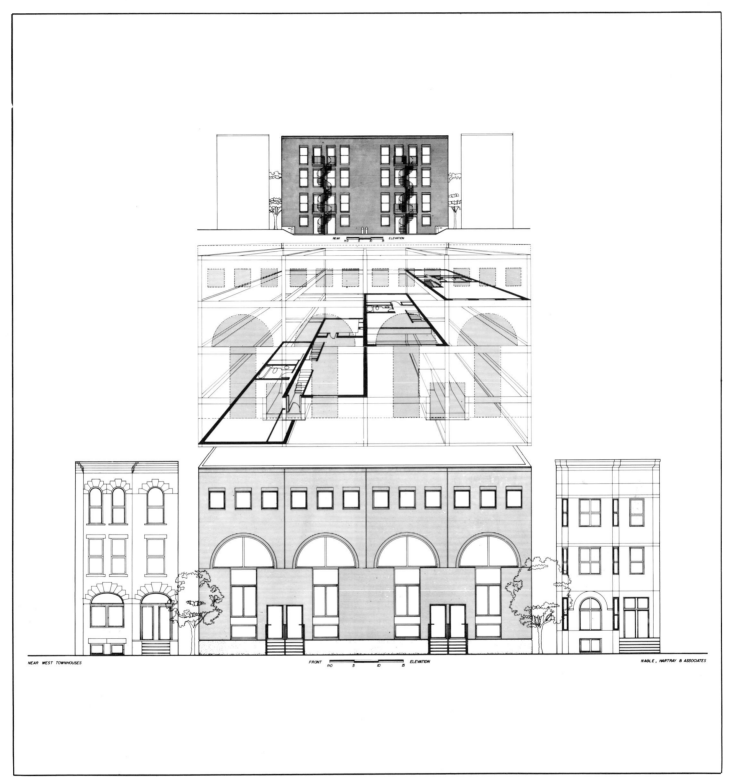

REAR ELEVATION

NEAR WEST TOWNHOUSES

FRONT ELEVATION

NAGLE, HARTRAY & ASSOCIATES

Anders Nereim

Nato a Chicago nel 1947, si è laureato all'Università di Chicago e all'Università dell'Illinois al Chicago Circle. Nel 1978 fu uno dei vincitori del Townhouse Design Competition per la progettazione di una casa urbana sponsorizzata dalla Fondazione Graham. Insegna architettura all'University of Illinois at Chicago Circle. Nell'attività giornalistica ha collaborato al "Journal of Architectural Education" ed è attualmente direttore del "Chicago Architectural Journal", pubblicato dalla Rizzoli. Esercita l'attività d'architetto con Stuart Cohen.

He was born in Chicago in 1947. He has a Liberal Arts Degree from the University of Chicago, and graduated in design from the University of Illinois at Chicago Circle. In 1978 he was cowinner of the Townhouse Design Competition, sponsored by the Graham Foundation. He teaches architectural design at the University of Illinois and has written for the *Journal of Architectural Education*. Currently he is editing the *Chicago Architectural Journal*, which will be published by Rizzoli this year. He is practicing architecture in partnership with Stuart Cohen.

OPERE ESPOSTE/EXHIBITED WORKS

TOWNHOUSE COMPETITION OF GRAHAM FOUNDATION, Chicago, 1978
LATES ENTRIES TO THE CHICAGO TRIBUNE TOWER COMPETITION, 1980
con/with Robert Krone
HANSEN RESIDENCE, Wilmette, Illinois, 1981
Gene Sisco, Sisco/Lubotsky
Architects con/with Stuart Cohen, Anders Nereim
PLAYWOOD HOUSE COMPETITION, 1979

TOWNHOUSE COMPETITION OF GRAHAM FOUNDATION
Chicago, 1978

La scala sale dall'esterno dell'ingresso anteriore con andamento diagonale ininterrotto, supera una parete divisoria che protegge il grande atrio, passa lungo una biblioteca all'altezza del mezzanino e le unità private, e sale fino all'orchidarium e al giardino pensile. L'inclinazione della pianta crea un movimento multidirezionale fra le stanze, anziché lungo l'asse creato dalle pareti divisorie. Alcuni elementi della facciata sulla strada che alludono al "castello" ed altri ancora la fanno sembrare autodifesa.

The stair rises in an uninterrupted diagonal sweep from outside the front entry, past a rood screen protecting the great hall, alongside a mezzanine library and private suites, up to an orchidarium and a secluded roof garden. Skewing the grid causes movement between rooms to occur in a variety of directions rather than on the axis created by the megaron-like party walls.

103 Piante/plans
104 Assonometrie/axonometrics

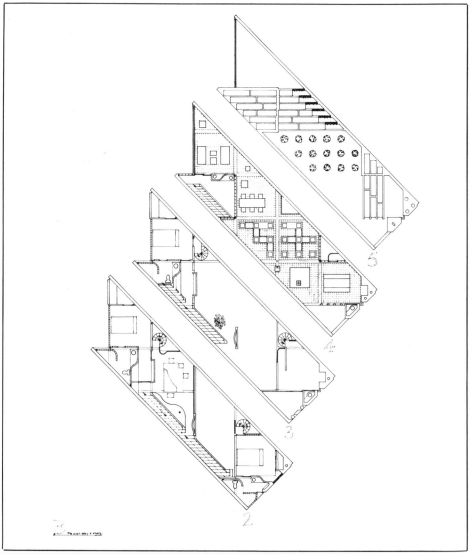

laser knee saw posse, claire.

LATE ENTRIES TO THE CHICAGO TRIBUNE TOWER COMPETITION
Chicago, Illinois, 1980

Questa torre ripropone alla sua base l'immagine di una città tradizionale, simile a un insieme di piccole costruzioni divise da strade strette. Vista da lontano, la sua grande costruzione e le "finestre Chicago" rendono omaggio al linguaggio delle strutture commerciali che stanno già scomparendo dalla città.

This tower reintroduces at its base the image of a traditional city, appearing first as a collection of small buildings separated by narrow streets. From farther away, the overscaled frame and "Chicago windows" render homage to Chicago's disappearing vernacular commercial structures.

105 Veduta prospettica/perspective view

VIEW OF A SKYSCRAPER proposed as a late entry to the Chicago Tribune Competition
drawn by Anders Nereim in Chicago

105

HANSEN RESIDENCE
Wilmette, Illinois, 1981

La casa ha una pianta libera divisa diagonalmente in una metà aperta e l'altra piena, con un oggetto centrale alla Le Corbusier. Alcuni rimandi alle case dell'Ottocento le conferiscono il senso del luogo: un atrio che si interrompe visivamente a metà, un focolare al centro della casa, un angolo comune a questi elementi.

This small house has a free plan divided diagonally between a dense half and an open half, with a central figural object in the manner of Le Corbusier. The associations which give it a sense of place, are to the great houses of the nineteenth century: a two-story stair hall with an event at midflight, a hearth in the very center of the house, an inglenook which is part of both.

106 Plastico/model
107 Plastico/model
108 Piante e prospetti/plans and elevations
109 Vista prospettica dalla strada e sezioni assonometriche/perspective street facade and axonometric plans

106

107

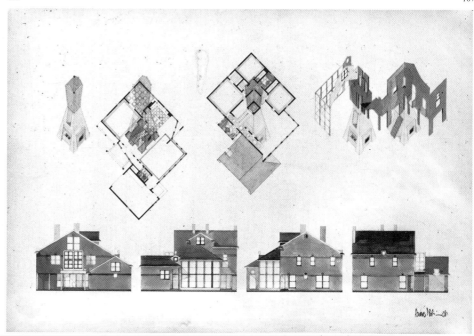

108

Hansen Residence
Wilmette, Illinois

109

Peter Pran

Nato ad Oslo in Norvegia nel 1935, si laurea nel 1961 alla Oslo University; nel 1969 prende la specialità di master of Science all'Illinois Institute of Technology di Chicago. Dal 1963 al 1966 lavora a Chicago come architect-designer nello studio di Mies van der Rohe, dal 1971 al 1973 a Washington esercita come socio nello studio D. Anderson & Peter Pran; dal 1973 al 1978 è senior architect nello studio di Skidmore, Owings & Merrill; dal 1978 è design director dello studio Schmidt, Garden & Erickson di Chicago. Ha insegnato dal 1969 al 1973 alla Washington State University come assistant professor, dal 1973 alla University of Illinois at Chicago Circle Campus come assistente e adjunct associate professor; sarà visiting associate professor all'University of Illinois Urbana-Champaign dall'autunno 1981. Pran ha ricevuto dei premi per la grafica dalla Graham Foundation (Townhouse Competition), da Chicago Chapter AIA, Architectural Record, e con SGE nella mostra d'architettura per il Pittsburg Center for the Arts quest'anno. Ha esposto al Museum of Contemporary Art, all'Art Institute e alla Frumkin-Struve Gallery di Chicago, al Cooper-Hewitt Museum di New York, al Walker Art Center di Minneapolis. Ha partecipato alla mostra itinerante "Chicago Tribune Tower Competition". Ha rappresentato gli Stati Uniti nella mostra "Creation and Recreation: America Draws", aperta ad Helsinki, nel 1980, e che sta ora girando in Europa. È un membro dell'AIA e del NAL.

Born in Oslo, Norway, in 1935, Pran graduated from Oslo University in 1961. In 1969 he received an MS degree at IIT in Chicago. From 1963 to 1966 he worked as architect-designer for Mies van der Rohe: from 1971 to 1973 he was a partner in the office of D. Anderson and P. Pran in Pullman, Washington; and from 1973 to 1978 he was senior architect for Skidmore, Owings and Merrill. Since 1978 Pran has been design-director for Schmidt, Garden and Erickson of Chicago. He has taught at Washington State University (Assistant Professor and Adjunct Associate Professor, 1973 to present). From the Fall of 1981 he is Visiting Associate Professor at the University

of Illinois Urbana-Champaign. Pran has received design awards from the Graham Foundation (Townhouse Competition), Chicago Chapter AIA, Architectural Record, and with SGE in the architectural competition for the Pittsburgh Center for the Arts in 1981. He has exhibited at the Museum of Contemporary Art, the Art Institute of Chicago, and Frumkin-Struve Gallery in Chicago; Cooper-Hewitt Museum in New York; and Walker Art Center in Minneapolis. He is a participant in the travelling exhibit "Chicago Tribune Tower Competition". He represented U.S. in the exhibit *"Creation and Recreation: America Draws"*, which opened in Helsinki, Finland in 1980, and is now touring Europe. He is a member of AIA and of NAL.

OPERE ESPOSTE/EXHIBITED WORKS

LATE ENTRIES CHICAGO TRIBUNE TOWER COMPETITION, Chicago, Illinois, 1980
ITT TOWNHOUSE PARKING COMPLEX, Chicago, Illinois, 1980
Design Director for Schmidt, Garden & Erikson; Joel Van Ryzin, partner-in-charge
FACILITIES CENTER, Methodist Hospital of Indiana, Indianapolis, Indiana, 1980
Design Director for Schmidt, Garden & Erikson, Louis Michelsen; partner-in-charge James Weith; co-partner-in-charge
METHODIST FAMILY HEALTH CENTER, Methodist Hospital, Gary, Indiana, 1980
Design Director for Schmidt, Garden & Erikson; Wayne Fishback, partner-in-charge of design
NEW RECREATION CENTER, Marian College, Fond du Lac, Wisconsin, 1981
Design Director for Schmidt, Garden & Erikson; Joel Van Ryzin, partner-in-charge, 1981
BLOOMINGTON HOSPITAL ADDITION, Bloomington, Indiana, 1981
Design Director for Schmidt, Garden & Erikson, Wayne Fishback, partner-in-charge of design
NEW ENTRY, Methodist Hospital, Gary, Indiana, 1981
NEW HOSPITAL, Indiana, 1981
Architects: Schmidt, Garden & Erikson, Peter Pran, design director; Suzanne Underwood, project designer; Warren Hendrickson, project designer
PITTSBURGH CENTER FOR THE ARTS, Pittsburgh, Pennsylvania, 1981
Architects: Schmidt, Garden & Erikson, Mihai Marcu, partner-in-charge; Joel Van Ryzin, co-partner-in-charge; Peter Pran, design director; Robert Moro, project designer

110

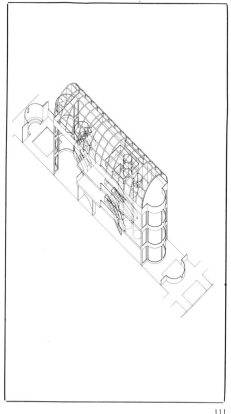

111

**TOWNHOUSE OF THE GRAHAM
FOUNDATION COMPETITION**
Chicago, Illinois, 1978

110 Plastico/model
111 Assonometria/axonometric

ITT TOWNHOUSE PARKING COMPLEX
Chicago, Illinois, 1980
con/with Joel Van Ryzin, Warren Hendrickson,
Dennis Mika, George Kase, Karl Wegener, Gres
Surufka

Il progetto comprende 60 case a schiera a due,
tre, e quattro camere da letto, e prevede un parcheggio per poter soddisfare l'esigenza delle abitazioni e degli appartamenti adiacenti.
Il disegno rettilineo, compatibile con le strutture
circostanti, viene ammorbidito dalla facciata
curvata a nord che apre il complesso verso una
verde zona ricreativa.

The project consists of 60-two, three and four
bedroom townhouses, to fill the gap in existing
faculty and senior staff housing, and a 500-car
garage to serve the parking requirements of the
townhouse and adjacent apartment residents.
The rectilinear design, compatible with the surrounding structures, will be softened by the
curving northern facade which will open the
complex towards a green, recreational area.

112 Particolare prospettico/perspective detail
113 Assonometria, prospettiva di interni/axono-
metric, perspective interiors

112

165

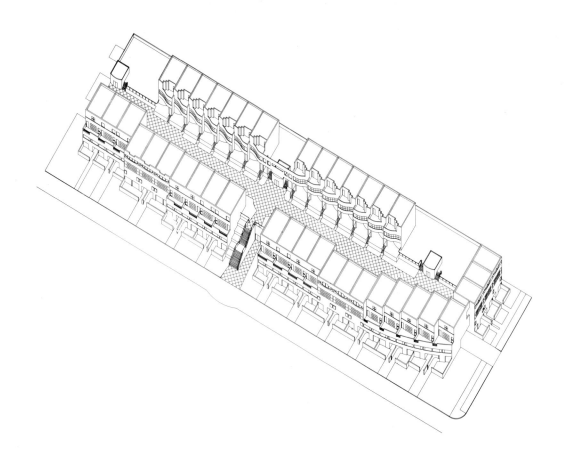

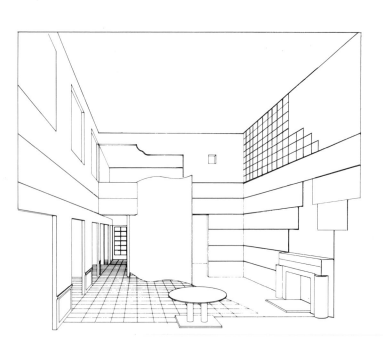

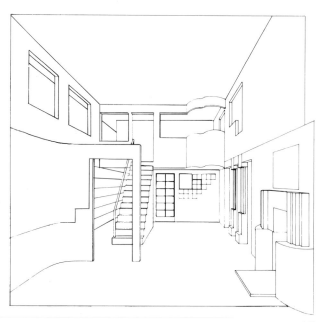

113

FACILITIES CENTER

Methodist Hospital of Indiana, Indianapolis, Indiana, 1980
con/with Louis Michelsen, James Weith, Michael Gabriel, Warren Kendrickson, Karl Wegener, Bert Legg, Harold Dittmer, William Graves, George Kase

Questo centro di servizi comprende lo spazio per le caldaie, la lavanderia, la stazione di carico e il centro per i rifiuti oltre a quello per gli uffici, i negozi, il deposito per gli effetti personali. Il centro rappresenta una nuova tipologia per una costruzione urbana ed industriale ad uso diversificato e rappresenta una ricomposizione appropriata e rinnovata dei principi classici e moderni dell'architettura. La progettazione della costruzione è attenta all'uso dell'energia ed anche ai requisiti ambientali.

This center, embracing a boiler house, laundry, loading dock and refuse center, as well as offices, shops, lockers and a cafeteria, has been designed as a relationship between technological functions and the human functions needed to support that technology. The Facilities Center represents a new typology for an urban, industrial /multi-use building, and it presents an appropriate and innovative recomposition of classical and modern principles of the building arts.

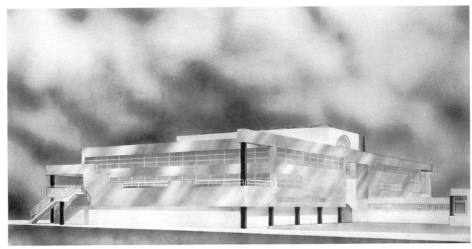

114

115

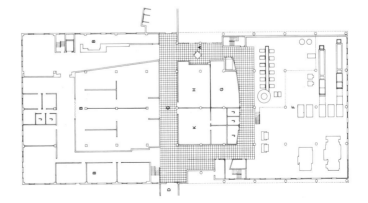

116

114 Prospettiva/perspective view
115 Foto esterno/exterior view
116 Pianta primo piano/first floor plan

167

METHODIST FAMILY HEALTH CENTER

Methodist Hospital, Gary, Indiana, 1980
con/with Wayne Fishback, Chris Liakakos, Hal
Sriver, Greg Surufka, Beverly Jablonski, Kate
Joneson

Il centro comprende sale d'aspetto e di ricevimento, stanze per le infermiere, ambulatori, studi per i medici, sala per il personale e salone per conferenze, parcheggi separati per personale e pubblico. Gli ingressi sono individuati da pensiline. All'interno, le cinque zone funzionali più importanti sono chiaramente segnate sia dal colore sia dalla forma. Una tensione creativa è resa dalla forma cilindrica grande che penetra il volume rettangolare più basso.

This center includes waiting room, reception-nursing station, examination rooms, supportive functions, doctors' offices, general staff room, and conference room. Separate parking facilities are provided for staff and public. Entryways are identified by screen walls. Inside, the five main functional areas are clearly defined by shapes and color coding. A creative tension is established with the larger cylindric form penetrating the lower rectangular mass.

117

117 Plastico/model
118 Foto esterno/exterior view
119 Foto esterno/exterior view

118

168

119

PITTSBURGH CENTER FOR THE ARTS
Pittsburg, Pennsylvania, 1981
con/with Mihai Marcu, Joel Van Ryzin, Robert Moro, Christopher Rudolph, Warren Hendrickson, Peter Frisbee, Suzanne Underwood, Dennis Mika, Joe Henderson

Il progetto integra due case esistenti con una costruzione nuova e una zona pedonale in un parco. Il passaggio scende dalle zone di parcheggio accanto alla *Scaife House* verso il nuovo ingresso della *Marshall House* con una passeggiata a terrazze. Il passaggio orizzontale si dirige agli studi di pittura e di scultura e al livello superiore del nuovo ampliamento. Un'invenzione formale contemporanea e una reinterpretazione della retorica architettonica tradizionale consentono al progetto di creare un'espressione più significativa che leghi il formalismo della *Marshall House* con l'informalità del contesto ambientale e delle attività del centro artistico.

The design integrates the two existing houses on the site with a new structure and circulation path through the beautiful undulating park setting. Pedestrian circulation extends from the parking areas flanking the *Scaife House* down to a new entrance at the *Marshall House* with a terraced promenade. Horizontal circulation goes to the painting and sculpture studios on the upper level of the new addition, overlooking the promenade. Throughout the design scheme, contemporary formal invention and reinterpretation of traditional architectonic rhetoric strive to create a more meaningful expression, one which relates to the formality of the *Marshall House* and the informality of the site and the Art Center activities.

120 Plastico/model
121 Prospetto/elevation
122 Prospetto/elevation
123 Pianta/plan

120

169

121

122

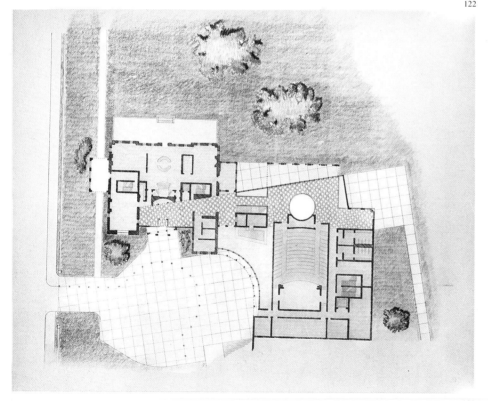

123

170

NEW RECREATION CENTER

Marian College, Fond Du Lac, Wisconsin, 1981
con/with Joel Van Ryzin, Steve Heimerle, Warren Hendrickson, Jeffrey Farnsworth, Karl Wegener, Dennis Mika

La costruzione si trova in fondo al più importante asse dell'edificio scolastico. L'edificio ricreativo contiene un campo da palla canestro, posti per 1 200 persone ed un piano ammezzato per altre attività ginniche. La zona sotto il mezzanino contiene spazi per i servizi, l'ingresso principale ed altri spazi. La facciata anteriore funziona come uno schermo che definisce il bordo dell'area scolastica, e la sua definizione formale è appropriata al ruolo di "punto focale" della costruzione.

The building is located appropriately at the end of the main campus axis. The recreation building contains a basketball court, seating for up to 1,200 persons and a mezzanine floor for other gym activities. The area below the mezzanine floor contains support spaces, concession stand, a "hall of fame" room and the main entry. The front facade acts as a screen defining the edge of the campus, and its formal treatment is appropriate for the building's "focal point" role, with the axis indented in the front plane.

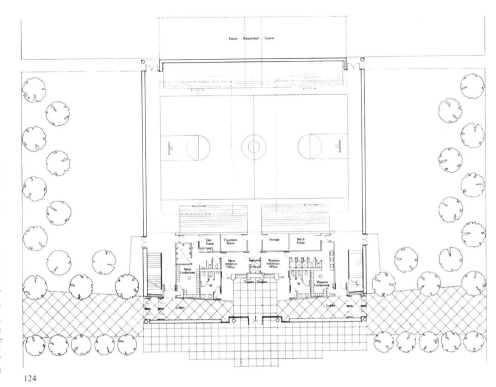

124

124 Pianta/plan
125 Particolare prospettico/perspective detail

125

171

BLOOMINGTON HOSPITAL ADDITION

Bloomington, Indiana, 1981
con/with Wayne Fishback, Chris Liakakos, Hal Sriver, Barry Goralnick, Warren Hendrikson, Christopher Rudolph, Suzanne Underwood, Jill Lerner, Peter Frisbee, Dennis Mika, Beverly Jablonski

Il progetto prevede il rinnovo e l'espansione di un ospedale esistente. L'immagine estetica della nuova costruzione ha come riferimento le vecchie costruzioni tradizionali della comunità di Bloomington,·la vicina università e il complesso ospedaliero stesso. La nuova costruzione e le strutture esistenti saranno rivestite di pietra calcarea locale.

The project renovates and expands an existing community hospital. The aesthetic expression of the new construction makes formal reference to the older, traditional buildings of the Bloomington community, the nearby university, and the hospital complex itself. Limestone, a geographically indigenous material, will surface the new building just as it does the existing structures.

126

127

126 Plastico/model
127 Prospettiva dell'auditorio/auditorium perspective
128 Prospettiva/perspective
129 Assonometria/axonometric

172

128

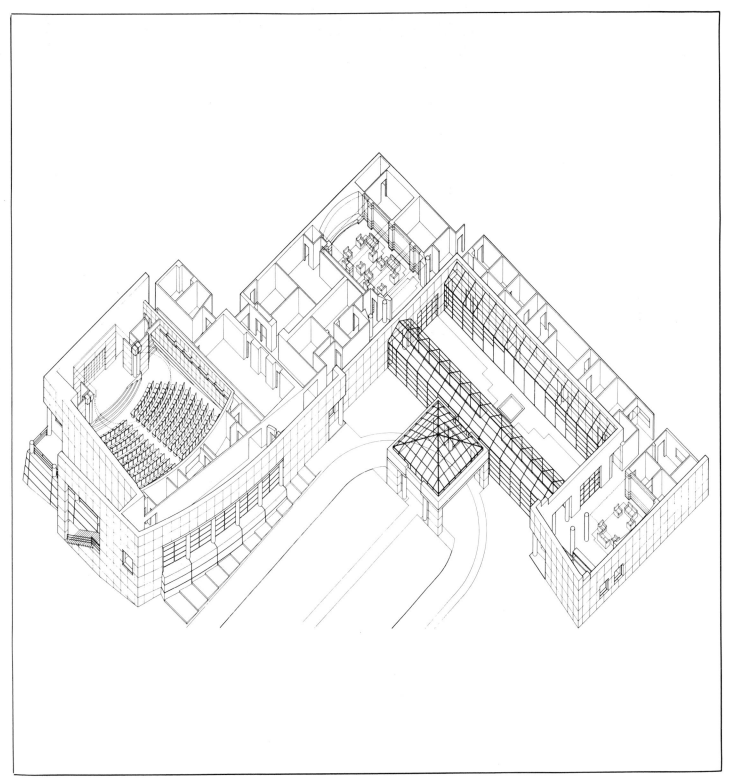

Kenneth A. Schroeder

Nato nel 1943 a Chicago, Illinois, ha conseguito la laurea in architettura alla University of Illinois, Urbana-Champaign nel 1967 ed un diploma di architettura all'University of Toronto nel 1971. È il responsabile della Kenneth A. Schroeder and Associates, e professore incaricato di architettura all'University of Illinois at Chicago Circle dal 1971. I suoi lavori e i suoi progetti sono stati esposti presso: Chicago Art Institute, Graham Foundation for the Arts, Walker Art Center and Frumkin Struve Gallery. Inoltre i suoi lavori sono stati esposti in due mostre itineranti "Chicago Architects" e recentemente al concorso "Chicago Tribune Tower". Ha tenuto conferenze in varie università.

Born in 1943 in Chicago, he holds a Bachelor of Architecture degree from the University of Illinois, Urbana Champaign, 1967, and a Masters of Architecture from the University of Toronto, 1971. Kenneth Schroeder is the principal of Kenneth A. Schroeder and Associates, and Associate Professor of Architecture at the University of Illinois at Chicago Circle (since 1971). He has exhibited work and projects at the Chicago Art Institute, Graham Foundation for the Arts, Walker Art Center, and Frumkin Struve Gallery. In addition his work has been part of two major travelling exhibits, "Chicago Architects" and the "Chicago Tribune Tower Competition".

OPERE ESPOSTE/EXHIBITED WORKS

FOUR LITTLE HOUSES OF THE PRAIRIE, Chicago, Illinois, 1976/81
MERGENTHALER LINOTYPE LOFTS, Chicago, Illinois, 1980

DONAHUE DINER, Chicago, Illinois, 1980
con/with G. Pappageorge
RAINBOW DAY CARE CENTER, Chicago, Illinois, 1981
DOUBLE AEDICULA HOUSE, Chicago, Illinois, 1981
SEDGWICK STREET TOWNHOUSE, Chicago, Illinois, 1981

MERGENTHALER LINO TYPE LOFTS
Chicago, Illinois, 1980

Questo lavoro consiste nella ristrutturazione in ventuno unità di un edificio sorto come tipografia in tutta una zona di laboratori obsoleti. Ogni unità è progettata a "pianta aperta" in cui si inseriscono gli elementi della cucina e del bagno come grande mobilio. Il carattere dell'esterno è mantenuto, a parte i "bay-windows" e un nuovo ingresso.

A twenty-one unit loft condominium conversion in an area of industrial printing lofts. Each unit is designed as an open loft plan in which various kitchen and bath cores are placed within, as large scale furniture. The exterior character of the building is retained, with the exception of new bay windows and entry.

130 Piante/plans
131 Sezione/section
132 Sezione assonometrica/axonometric section
133 Foto interno/interior view
134 Facciata/front facade

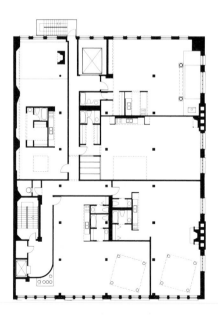
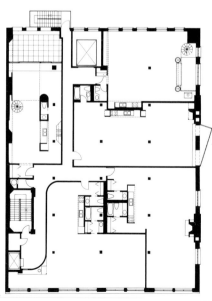

130

174

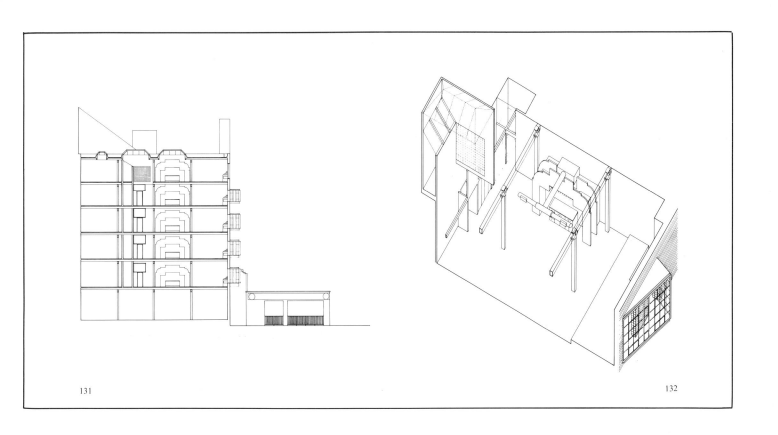

131

132

133

134

175

DONAHUE DINER
Chicago, Illinois, 1980

È un appartamento *loft* per una persona appassionata di cucina. Fra quattro colonne esistenti, è inserita una riproduzione in miniatura di un ristorantino "White Tower" degli anni Trenta.

A loft apartment for a "fast food junkie". A loft size miniature "White Tower" 1930's deco diner is placed within the four existing columns.

135 Assonometria/axonometric

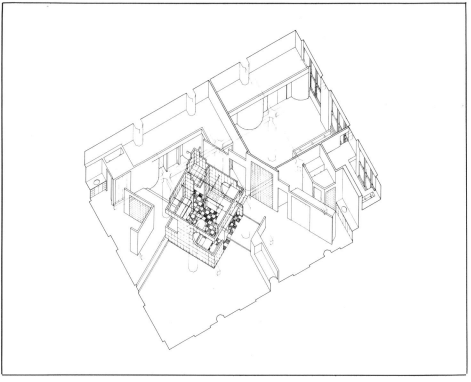

135

RAINBOW DAY CARE CENTER
Chicago, Illinois, 1981

Questo progetto si basa su un singolo corridoio che è stato progettato come una strada interna. Questa strada è proporzionata alla misura dei bambini (età da due a cinque anni) e contiene facciate di case che, in realtà, segnano l'ingresso ad un'aula.

The scheme is organized around a single loaded corridor designed as an interior street that is scaled to children (ages two-five) and contains house facades which define each classroom.

136 Assonometria/axonometric

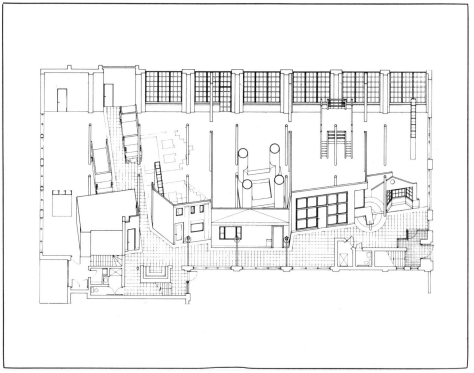

136

FOUR LITTLE HOUSES OF THE PRAIRIE
Chicago, Illinois, 1976/81

I progetti riguardano quattro edifici residenziali
così suddivisi:
a) ampliamento in due parti che utilizza la sala
da pranzo come legame fra struttura frontale esistente e la nuova costruzione in mattoni e legno
sul retro. La costruzione posteriore allude alle tipiche "scuderie" di Chicago.
b) La facciata centrale è costituita da una polie-
drica veranda ed è arretrata all'angolo formando
un ingresso spostato e una scala esterna.
c-d) Il "recupero" di due case a schiera vittoriane che furono largamente alterate.

A series of four residential projects in Chicago:
a) The bi-partite addition utilizes the dining
room as the link that joins the existing front
building with a new brick and frame rear building. The rear building alludes to typical Chicago
"coach houses" in mass and profile.
b) The facade is centered by a series of cascad-
ing windows and is eroded at the edge to form an
off center entry and exterior stair.
c-d) A "re-claiming" of two existing Victorian
rowhouses that had been extensively altered.

137 Assonometria/axonometric

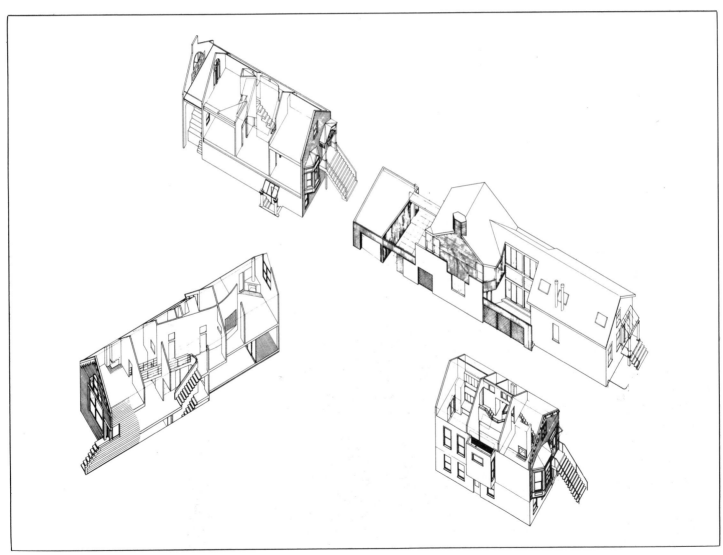

137

DOUBLE AEDICULA HOUSE
Chicago, Illinois, 1981

Progetto di una townhouse inserita nel sottotetto di un magazzino. Gli spazi per dormire ed abitare sono indicati dalla posizione di una "aedicula" a tre piani che è spostata in rapporto all'orginale rete progettuale, contenente la tromba della scala e la luce. Il principale spazio per dormire sul secondo piano viene definito dalla installazione di una seconda "aedicula" contenente il bagno.

A loft townhouse within a sub-divided warehouse volume. Spaces for living and sleeping are defined by the grid shift placement of a three story lightwell/stairwell "aedicula". The main sleeping space at the second floor is further defined by placement of a second "aedicula" which contains bathing functions.

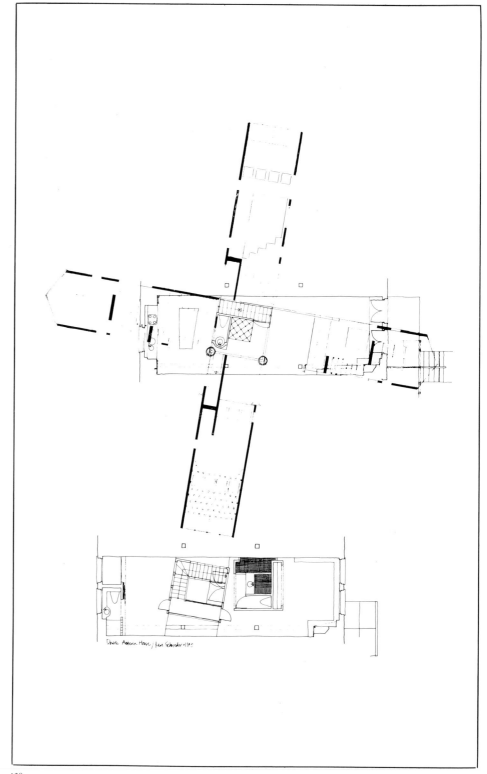

138 Piante e sezioni/plans and sections
139 Piante, assonometria, sezione/plans, axonometric, section

178

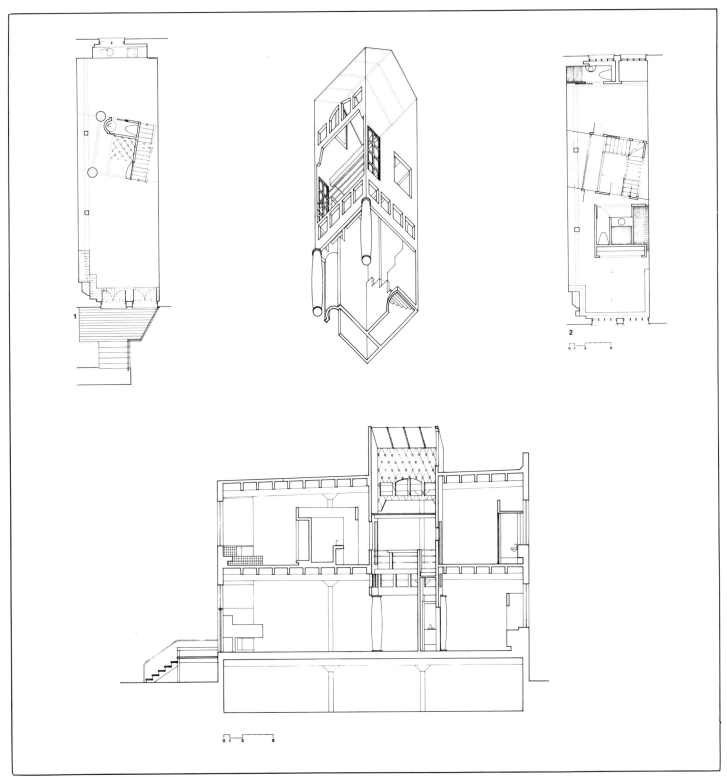

John M. Syvertsen

Nato nel 1950, nel 1968-70 studia alla George-town University, e in Svizzera. Si laurea al Georgetown University nel 1972-73 in filosofia dell'arte. Nel 1976 si laurea in architettura alla Princeton University, ove nel 1975 diventa assistente di Dean Robert Geddes, di Michael Graves e, nel 1976, di Charles Gwathmey nel 1976, e nel 1978 è professore aggiunto nella scuola di architettura dell'University of Illinois at Chicago Circle. Le sue esperienze professionali sono: nel 1976-77 ha lavorato nello studio di Hinds, Schroeder e Whitaker. Nel 1978 ottiene il premio AIA. Dal 1977 lavora nello studio di Hammond, Beeby e Babka e nel 1980 è presente come associato. Nel 1977 partecipa alla mostra organizzata dall'Istituto per l'Architettura e Studi Urbani di New York.

Born in 1950, he attended Georgetown University, Washington D.C., where he studied the Philosophy of Art and received his Bachelor in Philosophy in 1973. In 1976 he completed a Master's Degree in Architecture at Princeton University. He was Teaching Assistant to Dean Robert Geddes, Fall 1975, and to Michael Graves and Charles Gwathmey, Spring 1976, Princeton University. Now he is Adjunct, Assistant Professor, School of Architecture, University of Illinois at Chicago Circle, since 1978. His professional experiences are Office of Hinds, Schroeder and Whitaker; Summer 1976 to Spring 1977; Member Design and Production Team for National College of Chiropractic Student Union/Gymnasium, Lombard, Illinois; AIA Award, 1978. Office of Hammond, Beeby and Babka, Inc., Spring 1977 to present, Associate Partner, February 1980 to present. He is also Charter Member, Chicago Architectural Club. He was present at the Exhibition of the Institute for Architecture and Urban Studies, New York, January-February 1977.

OPERE ESPOSTE/EXHIBITED WORKS

A ROOM FOR SIXTY-FOUR PEOPLE, 1981
FOUR AGRARIAN PATTERNS, 1981

NORTH SHORE CONGREGATION ISRAEL, Glencoe, Illinois, 1981
con/with Thomas Beeby, Dennis Rupert

A ROOM FOR SIXITY-FOUR PEOPLE
1981

A tutti gli spazi, "servito e servitore" è data uguale importanza. Viene impiegata una serie di nuclei che gira a spirale verso una "destinazione finale" che è identica ad ogni altro "luogo". Così, mentre l'organizzazione implica una gerarchia, questa articolazione risulta democratica.

All spaces, served and servant, are given equal importance. A series of centers is implied. The series spirals to a "final destination" which is identical to all the other "places". Thus while the organization implies a hierarchy, the actual articulation is democratic.

140 Disegno/drawing

140

FOUR AGRARIAN PATTERNS
1981

Il progetto presenta quattro modelli agrari che raggruppano elementi simili in molteplici modi. Viene mantenuta l'integrità di ogni singolo elemento, ma la sua funzione cambia secondo il modello. Il progetto si sviluppa in un ambiente curato che funge da intermediario fra lo schema rigido e un'aspra natura. I modelli hanno variabilità potenziali primarie, secondarie e terziarie.
1 Variazione primaria: incremento di aggregazione. Nei quattro progetti presentati, la griglia 9x9 è costante. Anche il limite verticale rimane costante.
2 Variazione secondaria: il tipo di organizzazione. Ne sono presentati quattro: a) arbitraria, casuale; b) concentrica; c) vuota; d) compatta.
3 Variazione terziaria: articolazione degli elementi. I particolari di costruzione che nella griglia distinguono un elemento dall'altro.
Nelle immagini presentate sei elementi sono usati in numero e combinazioni variabili.

A series of agrarian patterns aggregating similar elements in a variety of manners. The integrity of the individual element is maintained but the meaning of the element changes according to the pattern. The pattern is extended into the "groomes" landscape which acts as intermediary between the hard-edged pattern and raw nature.

The patterns have the potential for primary, secondary and tertiary variation.
1 Primary variation: increment of aggregation. In the four patterns presented, the 9x9 grid is constant. The vertical boundary also remains constant.
2 Secondary variation: the organization type. There are four presented: a) arbitrary, chance; b) concentric; c) figural void; d. figural solid.
3 Tertiary variation: element articulation. The particulars of construction which, within the grid, distinguish one element from another.
In the patterns presented there are six elements used in varying numbers and combinations.

141 Disegno/drawing, concentric
142 Disegno/drawing, figural void

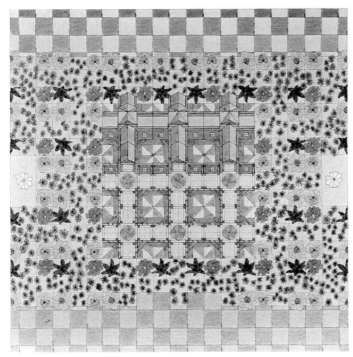

141

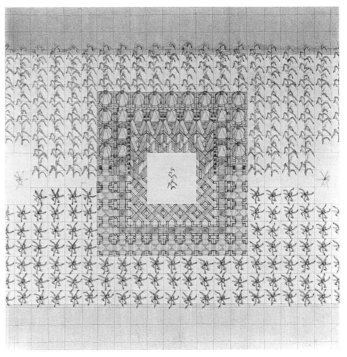

142

181

NORTH SHORE CONGREGATION
ISRAEL
Glencoe, Illinois, 1981

La costruzione originale progettata da Yamasaki all'inizio degli anni Sessanta è a forma di grande santuario. Nel primo progetto (NSCI 1) viene formato un recinto portando a termine la configurazione dei servizi secondari già esistenti. Vengono così creati tre cortili: un cortile per bambini delimitato dall'ala scolastica già esistente e da una galleria pedonale nuova, il cortile del santuario definito dal santuario nuovo, da quello già esistente e dalle zone di amministrazione, ed un cortile per l'aula sociale definito dall'aula sociale e da un'altra galleria pedonale. Nel secondo progetto (NSCI 2) il santuario nuovo viene incorporato nel cortile per l'aula sociale, lasciando in questo modo il cortile del santuario aperto da un lato. Le gallerie rimangono e servono da corsie che portano dalle zone di parcheggio agli ingressi della costruzione principale. Il terzo progetto (NSCI 3) riduce considerevolmente le nuove aggiunte. Le gallerie vengono rimosse e il volume dell'aggiunta contrappone il volume dell'ala scolastica. In questo progetto il volume del nuovo santuario piccolo si esprime in modo più indipendente. Nei tre progetti il santuario nuovo è concepito come una sala centralizzata, illuminata da uno spazio rotondo per la circolazione che avvolge il cubo interno.

The original complex, designed by Yamasaki in the early 1960's, consists of a large sanctuary. Spaces required in the program for the addition include a small sanctuary, a social hall, meeting spaces and a gallery. In the first scheme (NSCI 1) a "precinct" is established by completing the configuration of the existing secondary facilities. Three courtyards are created: a children's courtyard defined by the existing school wing and a new pedestrian arcade, a sanctuary courtyard defined by the existing and new sanctuaries and the administrative areas, and a social hall courtyard defined by the social hall and another pedestrian arcade. In the second scheme (NSCI 2) the new sanctuary is incorporated in the social hall court, thus leaving the sanctuary court open at one end. The arcades remain and serve as passageways from the parking areas to the main building entrances. The third scheme (NSCI 3) reduces the area of the addition considerably. The arcades are removed and the mass of the addition balances the mass of the school wing. In this scheme the volume of the new small sanctuary is again expressed more independently. In all three schemes the new sanctuary is a centrally focused room with light from a ring of circulation space which surrounds the inner cube.

143

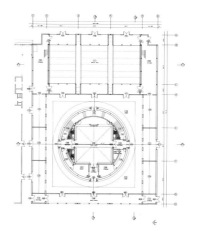

144

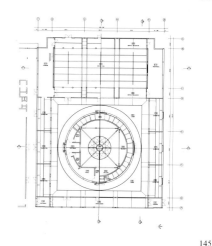

145

146

182

143 NSCI 1 – plastico, vista dall'alto/model, views from above

144 NSCI 2 – piano terra: piccolo santuario, aula sociale, esposizioni/ground floor plan, small sanctuary, social hall, exhibition

145 NSCI 2 – pianta del soffitto, piccolo santuario e aula sociale/reflected ceiling plan, small sanctuary and social hall

146 NSCI 2 – plastico, vista frontale/model, frontal view

147 NSCI 3 – interno piccolo santuario/small sanctuary internal

148 NSCI 3 – prospetti, sezioni/elevations, section

147

148

183

Stanley Tigerman

Nato a Chicago nel 1930, si è laureato alla Yale University. Ha cominciato la propria attività di architetto nel 1964. Ha insegnato in diverse università e fino al 1971 è stato professore d'architettura all'University of Illinois at Chicago Circle Campus. È docente dell'American Institute of Architects ed attualmente fa parte del comitato della facoltà di architettura alla Yale University. Nel 1976 ha esposto alla Biennale di Venezia. Ha organizzato la mostra "Chicago Seven" e ne ha coordinato molte altre. Nel 1979 è stato professore di architettura "Charlotte Shepherd" alla Yale University e nel 1980 è stato nominato architetto in sede all'Accademia Americana a Roma. È autore del libro "Late Entries to the Chicago Tribune Competition" ed è stato coordinatore della mostra omonima. Nel 1980 ha rappresentatoto gli Stati Uniti alla Biennale di Venezia.

Stanley Tigerman was born in Chicago, 1930. He received architectural degrees from Yale University. In 1964 he began his own architecture practice. He has been a visiting lecturer at many universities and until 1971 was Professor of Architecture at the University of Illinois at Chicago Circle Campus. He is a Fellow of the American Institute of Architects and is currently on the Advisory Committee of the School of Architecture at Yale University. In 1976 he was one of eleven architects chosen to represent the United States at the Venice Biennale. He organized the "Chicago Seven" and has coordinated their several shows. He was the 1979 Charlotte Shepherd Davenport Professor of Architecture at Yale University, and in 1980 he was appointed the Architect-in-Residence at the American Academy in Rome. He authored the 1980 book *Late Entries to the Chicago Tribune Competition* and coorganized the same exhibition; in 1980 he represented the United States at the Venice Biennale.

OPERE ESPOSTE/EXHIBITED WORKS

HOT DOG HOUSE, 1972-73
LITTLE HOUSE IN THE CLOUDS, 1976
BAHA'I ARCHIVES CENTER, Wilmette, Illinois, 1976/79
con/with Timothy Sullivan, Wesley Goforth
VILLA PROEH, 1979/80
PRIVATE RESIDENCE IN HIGHLAND PARK, Illinois, 1979/80
OPTIMISM AND SKEPTICISM AND LINEAR CITY, Pensacola Place, 1978/81
THE BEST HOME OF ALL, 1979
DOM COMPETITION, 1980
PRIVATE RESIDENCE IN CRETE, Illinois, 1980
PRIVATE RESIDENCE IN KINGSPOINT, Long Island, N.Y., 1980
A BATHROOM IN THE INTENTION OF DANTE'S INFERNO, 1980

GUERNICA, 1981

SCHIZZI/SKETCHES

1 Palladio, VILLA GODI, Lonedo; Palladio, VILLA POIANA; PANTHEON, Roma; VILLA TRISSINO, Vicenza
2 Sansovino, VILLA GARZONI; Palladio, VILLA EMO, Franzolo; Palladio, VILLA BARBARO, Maser; Palladio, S. GIORGIO MAGGIORE, Venezia
3 S. CLEMENTE, Roma; VILLA ADRIANA, Tivoli; ISOLA SARRE, Ostia; S. PRISCA, Roma
4 Palladio, VILLA MALCONTENTA, MADONNA DELLA SALUTE, Venezia; Michelangelo, CAMPIDOGLIO, Roma; COLOSSEO, Roma

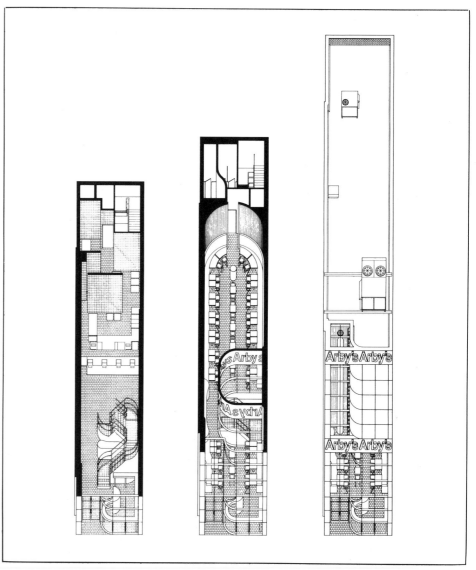

ARBY'S

Chicago, Illinois, 1975
con/with David Woodhouse, Wesley Goforth

La costruzione costituisce un'operazione importante di ristrutturazione e di rinnovamento di un edificio a quattro piani già esistente. La facciata viene rivestita in stucco e in vetro. L'involucro è una superficie piatta, bianca e trasparente ed è quasi una "non architettura" poiché sono messi in rilievo i condotti, la tubatura antincendio dipinta con colori primari codificati.

The building is a major remodelling and renovation infill of an existing four-story structure. The facade as infill is clad in stucco and glass. The envelope is effectively detailed as a flush precise white and transparent skin, almost as "non-architecture", so as to better expose ducts, conduit and fire-protection piping color coded in the primaries.

149 Assonometria/axonometric

ILLINOIS REGIONAL LIBRARY

For the Blind and Phisically Handicapped
Chicago, Illinois, 1974
con/with Robert Fugman, Daniel Sutherland, Richard Taransky, Rafique Islam

L'edificio comprende una biblioteca per i ciechi e gli handicappati e una piccola biblioteca per il prestito. Dato che i ciechi sono i fruitori primari, tutti gli spazi pubblici sono stati progettati in modo lineare, per assisterli nell'utilizzare e ricordare la pianta dell'edificio. La costruzione è uno studio di rovesciamenti e di inversioni: i volumi che danno l'impressione di essere più alti sono di due piani mentre quelli che sembrano più bassi sono di tre piani.

The building contains at once the Library for the Blind and Physically Handicapped as well as a small branch library. With reference to the use of the facilities by blind people primarily, public spaces have been established in linear patterns because plan recognition and remembrance are made easier for the blind when linear in character. The building is a study in reversals and inversions. The volumes which appear higher are two stories and those that appear smaller are three stories.

150 Assonometria/axonometric
151 Foto esterno/exterior view

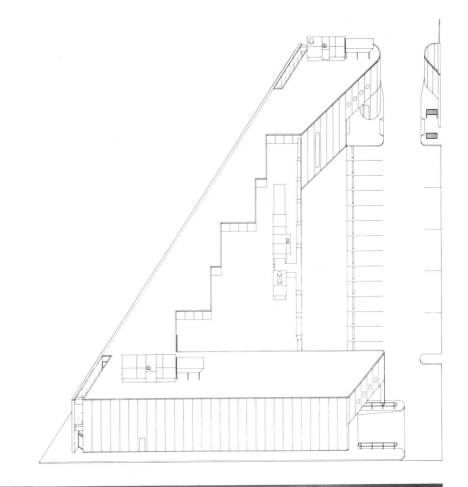
150

151

185

ANIMAL CRACKERS

Highland Park, Illinois, 1976
con/with Robert Fugman, Wesley Goforth, Gilbert Gorski, Margaret McCurry (interior design consultant)

Casa di 232 mq. per una famiglia di tre persone, che si trova nel sobborgo Highland Park, Chicago. Sono stati usati legno e gesso e altri elementi tipici della tradizione delle case suburbane. La casa allude ai biscotti "Animal Crackers" e al retro di una "Volkswagen". L'intento era quello di creare un'immagine che superasse il linguaggio architettonico dei sobborghi servendosene.

A 2,500 square foot house for a family of three in the Chicago Suburb of Highland Park. Using stucco and wood, with exposed down spout and gutters, and all the other genre of suburban home builders USA, the house alludes at once to a calliope, a box of Animal Crackers, or even a "Volkswagen" backed onto the property. The primary intention was to establish an image that, while transcending the suburban genre, uses all of its components to achieve that end.

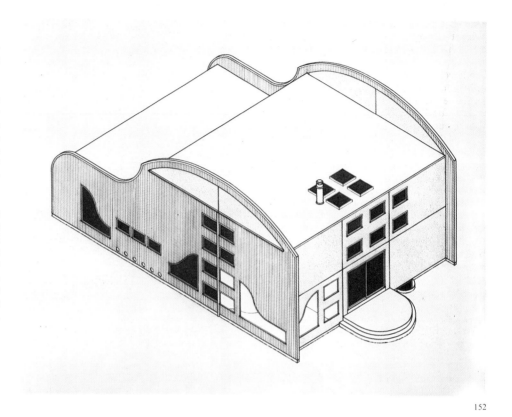

152

152 Assonometria/axonometric
153 Foto interno/interior view
154 Foto esterno/exterior view

153

154

186

BAHA'I ARCHIVES CENTER
Wilmette, Illinois, 1976
con/with Timothy Sullivan, Wesley Goforth

Questa costruzione è stata considerata come un servizio fuori tempo, dato che il cliente pretendeva un edificio vecchio di mille anni. Il primo passo fu quello di dividere un quadrato. Una metà di questa forma è diventata specchio sagomato dell'altra metà, che assume la funzione dell'abitazione eterna dell'uomo. La forma della casa racconta il "soffitto celeste" per mezzo di una colonna sacra considerata come il tronco di un albero che sostiene foglie, nuvole e il cielo sovrastante. Il quadrato dominante si trova sullo stesso asse di uno dei nove lati del tempio, ma è nascosto da una massa di terra in modo che, per il visitatore occasionale, niente possa sembrare cambiato nel tempo.

The building is thought of as an element dealing in timelessness insofar as the client established a program that was based on the intention of evolving a 1,000 year old building. To achieve this a square is bisected. One half of the originating form reverts to nature as a mirror image in topiary of the other half-form which becomes man's perpetual home. It is the story of the "Celestial Soffit" where the sacred pillar as tree trunk supports the real leaves above with real clouds and sky over all. The overall square is on axis with one of the nine sides of the temple but removed from vision by a great earth form so that to the occasional traveler nothing will have ever changed.

155

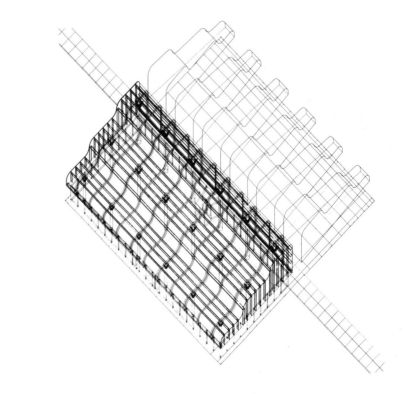

155 Prospettiva/ perspective
156 Assonometria/axonometric

156

THE DAISY HOUSE
Porter, Indiana, 1976-1978
con/with Timothy Sullivan, Dan Sutherland

La casa si trova in alto su una duna di sabbia sopra il lago Michigan. La base della costruzione è costituita da due parti bi-nucleari con spazi per dormire disposti a destra e a sinistra, separati dallo spazio primario. L'informale modo di vivere familiare si evoca entrando direttamente in cucina, che si trova più alta del soggiorno. La casa, come il corpo è simmetrica fuori ma assimmetrica all'interno. L'opposizione maschio-/femmina viene simboleggiata tramite interno/esterno, la forma principale della casa è trilaterale e sembra appesa al muro di gesso che, in planimetria, assomiglia alla architettura delle missioni spagnole.

The house is sited high on a sand dune overlooking Lake Michigan. It is basically a bi-nuclear parti with nocturnal spaces disposed left and right separating adult quarters from two teenage daughters by the primary space itself. Informal family living is evoked by directly penetrating the house into the kitchen, which is located two feet above the living room. The house, like the body, is symmetrical on the outside and asymmetrical on the inside. Secondarily, the reversal of male and female is symbolized by the outside versus the inside. The house as a primary form is effectively three-sided and appended to the stucco wall which in elevation reminisces about Spanish Mission architecture.

157

158

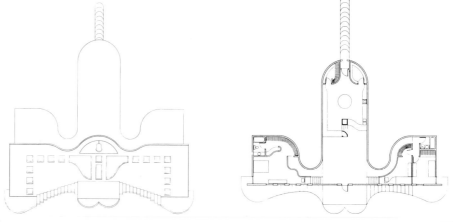

159

160

157 Foto esterno/exterior view
158 Foto esterno/exterior view
159 Assonometria frontale/frontal axonometric
160 Pianta/plan

PENSACOLA PLACE
Chicago, Illinois, 1978/81
con/with Robert Fugman, Philp Holden e staff
L'ottimismo, lo scetticismo e la città lineare

Il contesto permette all'autore di confrontare il proprio passato, e cioè una precedente "Chicago Frame Tower". Il confronto con essa avviene in una torre nuova che racchiude in sé la vecchia torre, il lago e l'orizzonte come simbolo del futuro, e il passato nel simbolo del cimitero Graceland dove sono sepolti Louis Sullivan e Mies van der Rohe. Queste strutture sono situate assialmente rispetto alle altre.

La vita moderna era, all'inizio, basata sull'ottimismo. La rivoluzione aveva assicurato un nuovo inizio per tutti. I futuristi, i dadaisti e i suprematisti indicavano una vita dove l'egualitarismo industriale avrebbe, una volta per sempre, eliminata l'aristocrazia superflua e il suo residuo: l'architettura. Il primo decennio della vita moderna fu movimentato dal linguaggio polemico dei giornali dall' "Architecture Vivante" e dall' "Art Nouveau". Sfortunatamente gli anni Venti produssero una depressione internazionale e gli anni Trenta un altro olocausto. Nel quinto e sesto decennio i primi scopi furono realizzati ma, oramai, l'ottimismo originale era già sepolto dalla concretizzazione di concetti intellettuali. Erano passati cinquant'anni, la vita era ancora pura, e non era cambiato molto. I cinquant'anni precedenti (quelli criticati da Sullivan) erano stati riempiti da icone delle proprie origini. C'erano diversi innesti sull'evoluzione di quell'epoca. Sfortunatamente c'era qualcos'altro: l'epoca rappresentava un legame ancora col principe nero, la chiesa onnipotente e l'onnipotente stato e, in questo modo, divenne l'Auschwitz dell'aristocrazia. Solo nominare gli ordini o la decorazione produceva un isterismo Loosiano e gli studi Be-aux Arts erano considerati retroguardia. In questo modo l'umanesimo dell'Ottocento fu dissipato e rimpiazzato dall'intellettualismo di questo secolo. La città dell'uomo si trovò in conflitto con le idee dell'uomo sulla sua città.

La città lineare ha due aspetti poiché la sua vita contiene anche la sua morte, come le due facce di una medaglia su cui sono rispecchiati il suo passato e il suo futuro, il sottile spessore tra le due è la sua esistenza. La città lineare è in conflitto permanente. La sua schizofrenia si trova in un ottimismo utopico che rispecchia un futuro desiderato in opposizione ad uno scetticismo ultimo: la conoscenza della condizione finita dell'uomo. (S.T.)

Optimism and Skepticism and the Linear City

The context represents a chance for the author to confront his own past, i.e., an earlier "Chicago frame tower". Paralleling it is a new tower which deals with the old tower, with the future (i.e. the lake and the Horizon line), and with the past (i.e. Graceland Cemetery, the permanent resting place of both Louis Sullivan and Mies van der Rohe). All of these are axial to one another.

Modern Life was, by its very nature, optimistic. The revolution secured for all a new beginning. Futurists, Dadaists, Suprematists alike all pointed to a utopian life where industrialized egalitarianism would, once and for all, dispose of an unnecessary aristocracy and its archeological residue: architecture. The first decade of modern life was dramaticized by the polemic journalese of both "l'architecture vivante" and "l'art nou-veau". Unfortunately the 1920's produced an international depression, while the 1930's produced another major holocaust. It wasn't until the fifth and the sixth decades of modern life that the early polemical pursuits were realized, and by then the need for fulfillment was so great that the original pure optimism was buried by an epoch that gorged itself on the concretization of an intellectual concept. Fifty years had transpired, life was still pure and not much had really changed.

Now the fifty years before that (you know, the years Louis Sullivan had belatedly decried) had been filled with the icons of its own origins. It had roots and ties and all sorts of connective tissue grafted on to its own evolution. Unfortunately, it had something else as well. It represented the vestigal link with the Black Prince, the omnipotent Church and the all-powerfull State, and as such, became the Auschwitz of the aristocracy. The very mention of "the orders" or ornament brought about Loosian hysteria and Beaux Arts training was considered retardataire and evoked skepticism. It was thus that nineteenth century humanism was dissipated and replaced by twentieth century intellectualism and the city of man came into conflict with man's ideas about his city.

Now the linear city has two sides, in its life lies its death: not life after death – for that is a concept – but rather life and death, like the two sides of a coin whose future and whose past are mirrored in its faces but whose presence is represented by its thin present. The linear city is in eternal conflict. Its schizophrenia is represented by a utopian optimism mirroring a desired future opposing the ultimate skepticism: knowledge of the finite condition of Man. (S.T.)

161 Assonometria/axonometric
162 Prospettiva/perspective

161

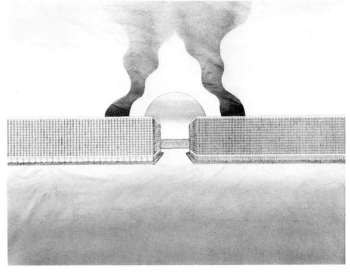

162

THE BEST HOME OF ALL 1979
assistito da/assisted by Michael Abbott, Susan Regan, Kenneth Richmond, Emily Patrick

Dalla fine della seconda guerra mondiale gli Stati Uniti hanno avuto un'evoluzione tipologica che è stata tanto americana quanto John Wayne: la casa suburbana. La forma è tipicamente americana, come Frank Lloyd Wright: il tetto inclinato, la finestra ad angolo e il muro ad ala; sono tutti elementi che richiamano il tentativo di Wright di uscire dagli schemi aristocratici della casa "box" dell'Europa ottocentesca. Ora la casa suburbana ha una sua identità dimensionale che è reale come un mattone.

Con un tale retroscena la Best cominciava la sua ricerca di un lotto per la sua nuova casa. Avrebbe dovuto essere il posticino giusto, il genere di posto in cui, una volta arrivati, sarebbe sembrato come se non si avesse lasciato affatto la propria casa, anzi che si stesse per parcheggiare sul proprio prato inglese. La buca per le lettere sarebbe stata come quella di casa, ma quattro volte più grande, la porta dell'autorimessa sarebbe stata semiaperta, come a casa, e anche la porta sarebbe stata aperta: invitante come in un sogno. E dalla strada nessuno avrebbe notato mai che ogni gradino è di 81 cm d'altezza, che la porta è 8,10 m d'altezza e che ogni mattone è di 81 cm di lunghezza e che si deve entrare attraverso la finestra della cantina.

Le cose migliori si sarebbero viste, poi, durante gli eventi più importanti dell'anno quando tutto sarebbe stato enorme, dall'albero di natale all'uovo di pasqua. Ma il giorno più bello sarebbe stato il 4 luglio, quando si sarebbe alzata una bandiera come in tutte le case dei sobborghi, ma una bandiera di 7 m di altezza. Naturalmente la casa BEST, la casa MIGLIORE in assoluto, era la casa che si trovava dove non la si sarebbe pensata di trovare: nel cuore verde dei sobborghi americani; e tutti i cretini dell'America urbana erano verdi d'invidia. (S.T.)

Since World War II (an unbelievable 35 years ago!) the United States of America has quietly been nurturnig typological evolution as homespun as John Wayne: the suburban house. The objecthood of this form is as solidly American as Frank Lloyd Wright, embracing the hip roof (replete with overhangs), the corner window and the wing wall (both of which represent vestiges of Wright's breakup of the foursquare, symmetrically axial, 19th century aristocratic European box). Now the suburban house has an identity of scale as solidly real as the brick. By now, almost the entire recent generation-come-of-age has experienced the suburban context. Iconographically, the suburban house is as American as television. Only one small, alien element clouds the otherwise clear azure dome over suburban America: the uneuphemized, naked capitalist without any emperor's clothes – the commercial strip shopping center. And so it was that the Best search for a new home began. Really they just had to find a comfortable place, one that could kind of nuzzle up to its little friends, so that when they came out to shop it would be as if they had never left home. If they drove to the store, why, they could just park their car right on the front lawn. The Best mailbox would be just like their very own, only four times as big. The garage door would be partially open, just like their own broken one, and the front door would be invitingly open as well, revealing an American-dream-come-true-at-last. You would never even really notice that each front step was 32" high, that the front door was 12' wide x 26'8" high, that each brick was 15" high x 32" long and that you would walk right by the areawell-as-bench right into the basement window-as-door. Nearly the Best part of all was the four seasons. Halloween would feature a 10' black cat peering from behind the living-room window, with 20' corn stalks and 8' grinning jack-o-lantern on the lawn. At Christmastime 16" lights would be strung around the picture window revealing a 25' Christmas tree. Easter would find 4' tall bunny-rabbits hopping up and down on the lawn searching for colorful 12". Easter eggs hidden between the cars. But the Best season of all would be the Fourth of July. A 24' American flag would join the rest of the neighboring flags in celebrating America's birthday. Of course the very Best thing about their new home lay in its neighborliness, insofar as they had finally found an American symbol right there where they least expected it – at home in the suburban United States of America – and all the snotty bastards in the urban United States were simply green with envy. (S.T.)

163 Prospettiva/perspective

THE GREAT AMERICAN CEMETERY 1981
con/with Richard Haas; (assisted by) Michael Abbott, Peter Hawrylewicz

L'America ha sempre importato "alta cultura" e buon gusto dall'Europa nella sua ricerca di legittimazione, così come il Cimitero Americano è stato un deposito del sarcofago, l'edicola, e altre memorie di culture passate. Oggetti somiglianti alla *Maison Carrée*, il *Tempio di Athena Nike*, e la *Cattedrale di Rouen*, erano considerati sufficientemente vecchi per poter rappresentare adeguatamente un luogo di riposo per i defunti. Le forme dell'avanguardia non sono mai state considerate come appropriate per i monumenti funerari. Ovviamente non hanno avuto un tempo sufficiente per guadagnare una legittimazione nel rappresentare l'eterno. Però l'America ha sviluppato negli ultimi due secoli una vasta gamma di forme per la sua architettura residenziale. Noi crediamo che il trasferimento della "piccola casa" in una forma di tipologia funeraria sia tanto appropriato quanto l'uso delle forme tradizioonali greche, romane ecc., per i monu-

menti funerari. Il nostro progetto rappresenta la fuga dalle città verso i sobborghi, come si ritorna al suolo da cui siamo scaturiti.

Just as Americans have for so long imported high art and good taste from Europe in order to gain legitimacy, so has the American cemetery been the repository of the European sarcophagus, aedicule and other remembrances of past culture. Objects resembling the *Maison Carrée*, the *Temple of Athena Nike* or the *Cathedral of Rouen* were thought sufficiently old to adequately represent a peaceful place of rest for the deceased. Avant-garde forms have never been considered appropriate for this purpose. However, in the last two centuries America has developed an entire range of forms within its residential architecture. We believe the transference of the "little house" into funerary typology to be every bit as appropriate and dignified for funerary monuments as the traditional Greek, Roman, etc., forms. The purpose of our project is to suggest the flight of the European emigré from the density of his continent to the sparsity of America, and the flight from collective morality "the good of the many", to the strength of the individual "the good of every single one of us." Our project also represents the fleeing of the city for the suburbs as we move back through life towards the soil from which we all sprang. Thus our project is a box within a box.

A BATHROOM IN THE INTENTION OF DANTE'S INFERNO
1980
assistito da/assisted by Pat Burke, Deborah Doyle

Questo progetto per la Kohler Company, destinato a realizzarsi, è un ambiente di metri 5x5 e 3 di altezza. È sopraelevato di un metro rispetto al terreno e si stacca dalla casa e dal giardino come luogo indipendente totalmente dedicato al bagno. Riscaldato autonomamente, ha vasche calde e fredde ai lati. L'intera struttura è fatta di blocchi di vetro con giunture di silicone, elementi questi che forniscono al tutto un aspetto solare. Sotto l'influenza della Commedia Dantesca, la metafora del purgatorio è espressa dall'abluzione. La pulizia interna del corpo, per cui water-closed, lavabo, bidet, doccia e vasca sono posti in loro definiti spazi come altari; la metafora dell'inferno è il bagno a vapore al quale si scende dai bordi, purgatorio del piccolo edificio. La metafora del paradiso è data da una *chaise lounge* cui si sale, con nuvole dipinte in *trompe l'oeil* sul soffitto. Credo che questo progetto meriti attenzione, in quanto il bagno dell'epoca post-vittoriana ha sofferto abbastanza di una privacy eccessiva dovuta all'imbarazzo delle funzioni corporali. Questo progetto vuole cambiare la situazione celebrando la stanza da bagno come luogo di gioia.

This project for the Kohler Company, intended for construction, is 5m x 5m x 3m high. It is entered one meter above the ground and it separates both house and garden as a total bathing environment unto itself. Heated independently, it has hot and cold plunges at either end. The entire structure is made of glass block with silicone joints where the walls are intended as *trombé* elements so that at least the domestic water is passively accommodating from a solar point of view. Influenced by Dante's Inferno, the metaphor for Purgatory is intended as absolution – the internal cleansing of the body, such that water closet, lavatory, bidet, shower and tub are intended as independently residing each in it's own altar-like space. The metaphor for Hell is the steambath into which one descends from the peripheral purgatorial edges of the little building. The Heavenly metaphor is couched in a chaise lounge to which one ascends with clouds painted on the ceiling in *trompe l'oeil*. I believe this project deserves recognition because the bath of the post – Victorian era has suffered long enough from excessive privacy due to embarassment involved with bodily functions. This project intends to change that condition by celebrating the bathroom as a place of joy.

164 Prospettiva/perspective
165 Assonometria/axonometric

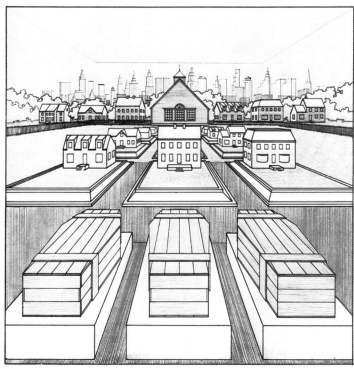

164

165

A HOUSE DONE IN THE INTENTION OF THE VILLA MADAMA
1981
con/with Robert Fugmid, Deborah Doyle, Polly Hawkins, Betty Rack

I disegni dimostrano l'interesse per il fenomeno della simmetria e dell'antropomorfismo e rimandano ad un umanesimo ottocentesco. La casa è per una famiglia di cinque persone. Il progetto è un tentativo di sviluppare il concetto della "tenuta", cioè l'utilizzazione del proprio terreno per la riflessione e il diletto. In questo caso vengono definiti da piante sagomate in un campo da Croquet, un giardino di rose, un campo da tennis, un labirinto, una piscina e un prato inglese: le forme del "poché", attraverso il quale bisogna passare per entrare nella biblioteca.

The drawings represent the author's interest in the phenomena of symmetry and anthropomorphism, both of which support a 19th century humanism. The house is for a family of five. The project is an attempt at the re-development of the "estate concept", that is, the utilization for one's reflection and pleasure of one's grounds. In this case a croquet court, arbored rose garden, tennis court, maze, pool, gazebo and lawns are defined in topiary as edged spaces, the topiary edging of which is not dissimiliar as is the poché through which one moves to enter the library.

166 Sezione/section
167 Plastico/model
168 Planimetria/site plan
169 Pianta/plan

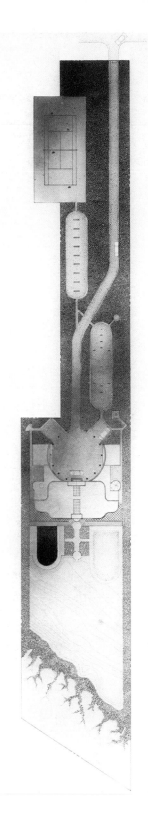

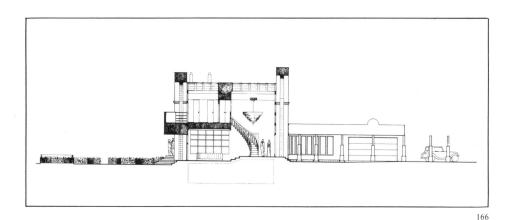

166

167

168

192

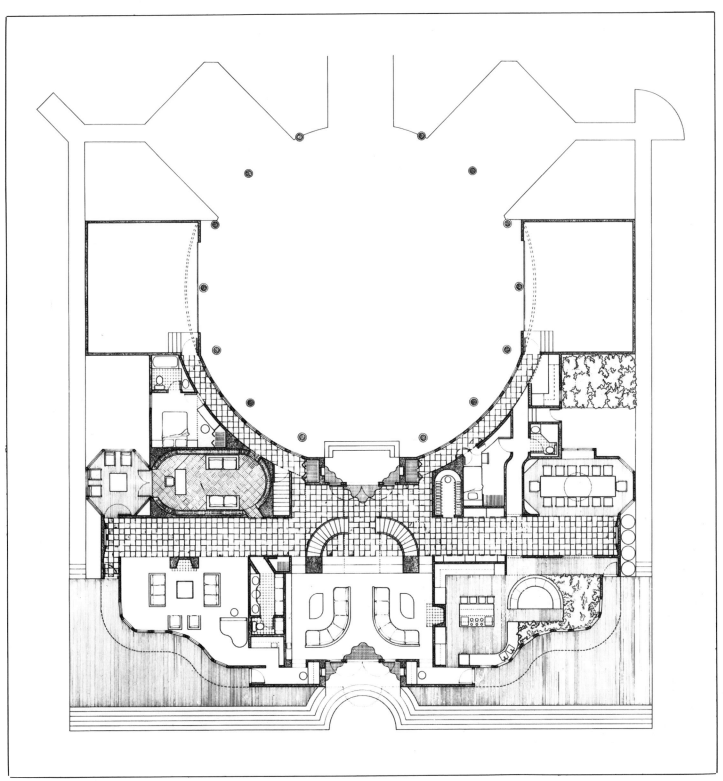

Ben Weese

Nato nel 1929 ad Evanston, Illinois, si è laureato alla Harvard College nel 1951 e nel 1957 si è specializzato presso la Graduate School of Design. Nel 1953-54 ha prestato servizio alla Brethren Service Commission. Dal 1957 al 1977 è presidente alla Harry Weese & Associates, Chicago. Nel 1977 ha fondato la Weese Seegers Hickey Weese, i cui soci collaboratori sono Arnie Seegers, Tom Hickey e Cynthia Weese. Ha collaborato per la fondazione della Chicago School of Architecture Foundation, la quale ha acquistato e possiede tuttora la Richardson's Glessner House nella Prairie Avenue, facendone la sede di un centro di architettura. Ha ricevuto numerosi riconoscimenti ed è membro dell'American Institute of Architects.

Born in 1929 in Evanston, Illinois, he received degrees at Harvard College and the Graduate School of Design. In 1953-54 he performed alternate service in Germany and Austria with the Brethern Service Commission. He was President of Harry Weese & Associates, when he left in 1977 Ben Weese helped establish the Chicago School of Architecture Foundation, which bought and preserved Richardson's Glessner House on Prairie Avenue as an architectural center. His work has received numerous design awards, and he is a Fellow of the AIA.

OPERE ESPOSTE/EXHIBITED WORKS

LA SALLE TOWER, Chicago, Illinois, 1977
con/with Cynthia Weese, Richard Green project architects

RAY GRAHAM ASSOCIATION, SUNRISE COURT, Roselle, Illinois, 1977
con/with Tom Hickey e Janet Null
FINLEY APARTMENTS, Lombard, Illinois, 1978
con/with Peter Landon
LAWNDALE TERRACE, Chicago, Illinois, 1978
con/with con Tom Hickey
SIX BUILDING PLANS, Chicago, Illinois, 1977-80
ARMITAGE HUMBOLDT APARTMENTS, Chicago, Illinois, 1980
con/with con Dennis Langley

CHESTNUT PLACE APARTMENTS, Chicago, Illinois, 1980
con/with Cynthia Weese e Peter Landon
ATRIUM II, Chicago, Illinois, 1980
con/with Tom Hickey
MILWAUKEE PARK WEST, Milwaukee, Wisconsin, 1981
con/with Cynthia Weese e Tom Hickey e Arnie Seegers

LA SALLE TOWER
Chicago, Illinois, 1977

Questo edificio di diciotto piani è stato costruito negli anni Venti. La sua facciata è di pietra e mattoni, in uno stile che si può chiamare "Tudor Eclettico", le altre tre facciate erano di mattoni comuni su un'armatura di calcestruzzo grezzo. A Richard Haas fu commissionato di dipingere un affresco sui tre lati incompiuti e il suo tema fu "omaggio alla scuola di Chicago". La costruzione fu rinnovata all'interno e cambiò funzione: da albergo divenne un edificio per alloggi di quattro unità per piano.

This eighteen story 1920's building has a west shirtfront facade of cut stone and brick in the Tudor eclectic style. The three remaining facades were exposed to long views and built of common brick and rough concrete frame. Richard Haas was commissioned to do a mural on the three unfinished sides. His theme was "Homage to the Chicago School". The building was renovated internally from an apartment hotel to four units per floor.

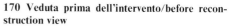

170 Veduta prima dell'intervento/before reconstruction view
171 Veduta dopo l'intervento/after reconstruction view

170

171

ARMITAGE HUMBOLDT APARTMENTS
Chicago, Illinois, 1980

Questi appartamenti di quarantacinque unità sorgono su un lotto importante sul Humboldt Boulevard che fa parte del famoso sistema di viali progettati da Daniel H. Burnham. L'ala principale a quattro piani, con un'ala più piccola di tre piani, è posta obliquamente per permettere la vista del panorama lungo il viale e per restare proporzionata alle adiacenti costruzioni di due o tre appartamenti. La struttura è costituita da corsi di mattoni a due colori, scuri in basso e in alto, chiari nel mezzo, ed è decorata in pietra. L'edificio, con il suo cornicione piatto e "galleggiante", richiama gli appartamenti popolari in mattoni della Chicago degli anni Venti.

This forty-five unit apartment occupies a key frontage on Humboldt Boulevard, part of Daniel Burnham's famous boulevard system. The main four-story wing with a smaller three-story wing is offset to allow views up and down the boulevard and to keep in smaller scale with the adjacent two and three flat buildings. The building is banded with two colors of brick, dark on the base and top, light in the middle, and trimmed with stone. The building with its flat "floating" cornice, except for the irregular placement of windows, is close in spirit to the brick vernacular apartment buildings from Chicago of the 1920's.

172

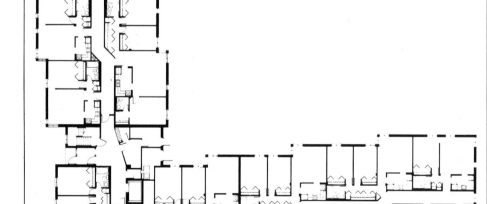

173

172 Prospettiva/perspective
173 Pianta/plan

FINLEY APARTMENT
Lombard, Illinois, 1978

Due edifici residenziali a tre piani di venti unità ciascuno sono accoppiati in modo obliquo sul lotto. La forma che è espressiva sia come pianta sia come *silhouette* rivela il desiderio di andare contro certi moduli, formalismi e simmetrie. Il tetto è molto inclinato in modo da dominare il complesso e per avere una forma simbolica di riparo.

Two three-story residential buildings of twenty units each are paired in a splayed fashion on the site. The expressive shape in plan and silhouette represents a desire to defy certain canons of module, formalism and symmetry. The roof is exaggerated to a position of dominance, a shape important to the symbol of shelter.

174 Pianta/plan
175 Foto di esterno/external view

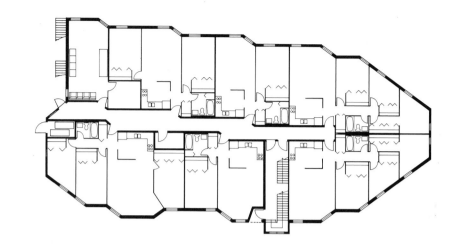

174

175

COMMUNITY BANK OF LAWNDALE
Chicago, Illinois, 1980
con/with Tom Hickey

Tramite l'uso della simmetria questo edificio fa di tutto per superare la sua scala ridotta e sembrare imponente. Gli ingressi biassiali e una facciata laterale organizzata su un asse disimmetrico e costruito in mattoni di colori contrastanti mettono a fuoco il simbolismo della banca come luogo sicuro e stabile.

By symmetry this building does everything in its small power to look powerful and imposing. Double ended axial entrances and the centralized side facade framed in contrasting brick produce focus on the self important symbol of Bank as the place of security and stability.

176 Prospettiva/perspective

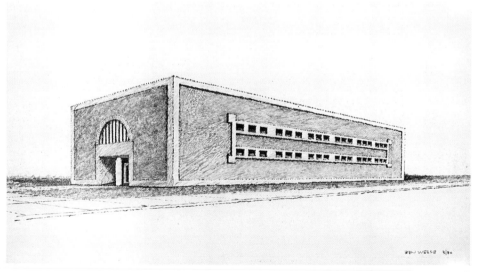

176

196

MILWAUKEE PARK WEST DEVELOPMENT
Milwaukee, Wisconsin, 1981

Questo progetto per un'unità di 800 abitanti sarà costruito lungo una fascia di 1 miglio di autostrada, non ancora realizzata a Milwaukee. Questi acquarelli rappresentano le prime idee sugli alloggi urbani per famiglie in ville autonome vicino ad altre in duplex, come è tipico dell'urbanistica del Milwaukee.

This 800 dwelling unit project will be constructed on a mile long strip of unbuilt expressway in Milwaukee. These watercolors represent initial thinking in single family detached housing and side by side duplexes reflective of low density family housing typical of Milwaukee.

177 Planimetria/site plan
178 Sezione e prospetto/elevation and section
179 Prospetto/elevation
180 Prospetto/elevation

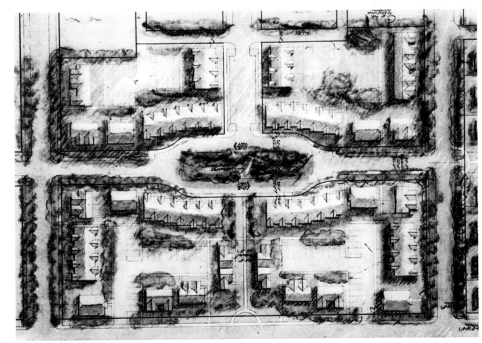

177

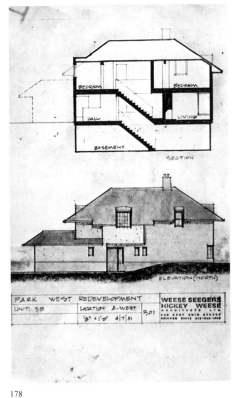

178

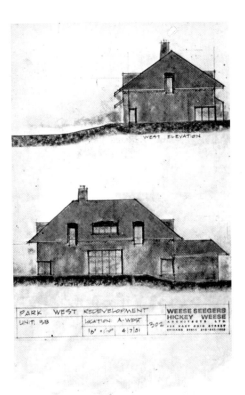

179

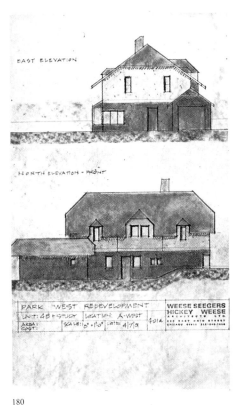

180

197

Referenze fotografie/Acknowledgements

Aerial Photograph by Brandt & Associates, K 1; Orlando Ca-
banban, K 2, C 15, 17, 18, 21, 24, 35, 51, 52, 85, 101, 167; Foto
Walter Campara, C 3, 5, 6, 16, 29, 35, 36, 37, 136, 165; Chicago
Architectural Photographing Company, Z 1; Hedrich-Blessing-
Harr, S 11; Paul Hester, J 4; HNK Architectural Photography,
Howard N.Kaplan, J 6, 7, C, 3, 6, 7, 8, 9, 151, 153, 154, 157,
158; Photo Labs, C 33; Nannini-Roma, S 13; Photo Pallas
Labsing, C 163; Sadin/Karant Photographi Inc., 8, 16, C 27,
117, 118, 119, 120, 126, 133; James R. Steinkamp Photographi,
C 73, 75,76, 81, 83, 84; Ezra Esto, S 9, 10; Paul Zakoian Photo-
grapher, C 170, 171, 175.

J = Jenckes
K = Klotz
M = Miller
S = Schulz
C = Catalogo/Catalogue

Verona, PALAZZO DELLA GRAN GUARDIA
Da una stampa del Settecento/From an 18th c. engraving